KB214375

제왕운기의 산실

천은사

제
왕운기의
산실

천은사

초판 1쇄 인쇄 2020년 12월 21일
초판 1쇄 발행 2020년 12월 28일

—

지은이 김도현
펴낸이 이방원
편 집 정조연·김명희·안효희·정우경·송원빈·최선희·조상희
디자인 박혜옥·손경화·양혜진
영 업 최성수

—

펴낸곳 세창출판사
　　　　　신고번호 제1990-000013호 주소 03736 서울특별시 서대문구 경기대로 58 경기빌딩 602호
　　　　　전화 02-723-8660 팩스 02-720-4579 **이메일** edit@sechangpub.co.kr **홈페이지** http://www.sechangpub.co.kr
　　　　　블로그 blog.naver.com/scpc1992 **페이스북** fb.me/Sechangofficial **인스타그램** @sechang_official

—

ISBN 979-11-6684-047-0 93220

제왕운기의 산실

천은사

김도현 지음

세창출판사

　　천은사와의 첫 인연은 1983년 여름으로 거슬러 올라간다. 당시 천은
사 주지 스님이었던 일봉 스님의 배려로 약 1달간 육화료에 머무르며 대
학입시 준비를 위해 공부하였던 기억이 난다. 당시의 새벽예불, 천은사
계곡에서의 목욕재계, 아침·저녁 무렵 천은사에서 내려다본 아름다운 전
경은 지금도 잊을 수 없다. 이후 천은사에서 소장한 금동약사여래입상과
목조아미타삼존불을 심층 조사하기 위해 여러 번 방문하였다. 특히 목조
아미타불 복장을 조사한 후 이에 대한 보고서를 밤새도록 쓴 기억이 지
금도 생생하다. 조사 결과를 바탕으로 쓴 논문과 보고서를 근거로 천은
사 금동약사여래입상과 목조아미타삼존불은 강원도유형문화재로 지정
되었다. 필자가 잠시 머물렀던 육화료를 2004년 다시 지을 때, 중수 상량
문을 지어 달라는 부탁을 받고 필자와 천은사와의 인연이 천 년 이상 이
어질 것을 기대하며 기쁜 마음으로 작성하여 대들보에 매립하였다.

　　이와 같은 인연에 더하여 이승휴 선생이 이곳 천은사 자리에 용안
당을 지어 은거하면서 『제왕운기』를 쓰셨기에 (사)동안이승휴사상선양
회에서 매년 10월 3일 동안대제를 천은사 내 동안사에서 지내는 등 선양
회 일로 자주 방문하게 되었다. 그리고, 이승휴 선생을 좀 더 정확하게
정리·연구할 필요성이 제기되어 생애와 관련 유적, 불교관, 『제왕운기』
에 소개된 천왕天王 관련 논문을 발표하였다. 이와 함께 준경묘·영경묘를

1899년 수축할 때 조포사로 지정하였다는 기록을 찾아서 능찰로서 새롭게 인식될 수 있는 계기를 만들었다. 이를 계기로 지금도 천은사는 능찰로서의 전통을 잇기 위해 매년 4월 20일 준경묘·영경묘 청명제를 지낼때, 두부를 만들어 제공하고 있다.

천은사는 쉰움산 자락에 있다. 매년, 이 지역 사람들은 문중 단위로 산멕이를 하기 위해 쉰움산을 찾는다. 필자는 2005년부터 산멕이 조사를 위해 지금까지 15회에 걸쳐 쉰움산 산멕이 현장을 찾았다. 쉰움산에 오르내릴 때 늘 천은사를 지나가야 한다. 특히 내려올 때 천은사 감로수 한 잔은 그야말로 감로수 그 자체였다.

평소 천은사가 지닌 역사성과 함께 개인적인 인연으로 '천은사 사찰지' 편찬을 늘 머릿속에 그렸는데, 2020년 가을, 하영미 삼척시 문화공보실장님에 의해 그 계기가 만들어졌다. 이 책은 필자가 그간 발표한 천은사 관련 연구 성과와 천은사 내 통방아를 비롯한 민속 유적 조사 내용, 그리고 천은사의 1년과 신앙 공간으로서의 천은사에 대한 이해를 위해 직접 조사한 천은사 불교 세시를 실었다.

천은사를 조사·연구하면서 천은사의 역사와 관련 유적이 지닌 의미가 삼척이라는 공간에 머무르지 않고, 신라·고려·조선 시대의 역사를 삼척 지역과 연계하여 폭넓게 이해할 수 있는 계기를 마련하였다는 점을 깨닫게 되었다. 그리고, 신앙 공간으로서의 천은사는 각종 전각과 전각 내에 모셔진 불보살, 스님들과 함께 신도들의 운력과 불심이 불교 의례·기도와 종교 실천으로 연결되어 모여진 성소聖所임을 알게 되었다.

『《제왕운기》의 산실, 천은사』는 필자 혼자만의 노력으로 만들어지지 않았다. 신라 시대부터 현재에 이르기까지 천은사를 지켜 온 법능·일봉·동은 스님을 비롯한 모든 스님, 천은사와 함께 한 신도님들, 불상·전각과 숲을 조성한 분들, 이승휴 선생과 자녀들, 조선 왕실, 그리고 천은사를 각종 지리지·고지도와 문헌에 남긴 분들, 이규헌 부사·김양호 삼척시장님을 비롯하여 후원과 격려를 아끼지 않은 분들, 천은사와 소장 유물·유적 발굴과 연구를 위해 노력을 아끼지 않은 홍성익·홍영호 박사를 비롯한 많은 학자의 공력 덕분이다. 그리고, 좋은 책을 만들기 위해 현장 조사 지원과 많은 자료를 제공해 주시고, 글을 다듬어 주신 천은사 동은 주지 스님, 조사에 협조해 주신 효담 스님과 신도님들, 성심을 다한 세창출판사 이방원 대표님과 김명희 이사님, 필자를 만족시킨 진행을 도와주신 정조연 님을 비롯한 세창출판사 가족들의 노력이 모아졌기에 이 책이 완성될 수 있었다. 공덕을 베풀어 주신 모든 분께 지면으로나마 머리 숙여 감사드린다.

천은사가 지닌 역사성은 매우 다양하다. 이 중 이승휴 선생이 중국과 대등한 우리 역사의 시작을 알리고, 고구려사·발해사에 대한 새로운 인식을 바탕으로 우리 역사 무대를 만주 지역으로 확장한 대서사시『제왕운기』를 이곳에서 집필하였다는 점은 매우 중요하다. 『제왕운기』를 지은 정신을 바탕으로 천은사가 부처님의 자비가 충만하고, 삼척과 대한민국을 넘어 세계인들이 소통과 화합을 이루어 내는 구심체로 자리매김하길 기대한다.

2020년 12월
태백산과 동해가 바라보이는
삼척 연구실에서
김 도 현

이승휴李承休 선생이 『제왕운기帝王韻紀』를 편찬한 곳으로 유명한 천은
사天恩寺는 신라新羅 경덕왕景德王 또는 흥덕왕興德王 대에 창건되었다고 후대
의 기록에 전해지나, 이에 대한 정확한 근거는 확인할 수 없다.[1] 다만 천
은사 경내에서 발견된 8세기 중반~9세기 전반 사이에 제작된 것으로 추
정되는 금동약사여래입상金銅藥師如來立像과 인근의 삼화사三和寺 석탑石塔과
철불鐵佛, 태백시 황지동 절골 입구에서 발견된 본적사지本寂寺址 석탑재石
塔材, 그리고 삼척시 도계읍에서 발견된 9세기에 제작된 것으로 추정되는
흥전리 사지興田里寺址 석탑재·석등재·금동 번·기와·청동 정병[2] 등으로 보

---

1 天恩寺는 白蓮臺(白蓮寺)·看藏寺(看藏庵)·黑岳寺라고도 불렀는데, 본문에서는 옛 寺名이 필요한
경우를 제외하고 '天恩寺'란 명칭으로 통일하여 서술한다. 天恩寺의 연원과 관련한 내용은 『頭陀
山三和寺古今事蹟』(崔始榮, 1847)·『三陟郡誌』(沈宜永, 1916)·「天恩寺紀實碑」(朴漢永, 1921)·『江原道誌』
(1940)·『眞珠誌』(崔晩熙·洪鍾凡, 1963) 등에 실려 있다.

2 신라 하대에 영동 남부 지역에서도 나름의 불교문화가 융성하였음을 보여 주는 유적과 유물
에 대한 발굴 및 조사·연구 성과는 다음과 같다. 洪永鎬·金道賢, 1996, 「三陟市 道溪邑 興田里寺址
에 대한 考察」, 『博物館誌』 3, 강원대학교 박물관; 黃壽永, 1997, 「三和寺의 新羅鐵佛坐像의 背刻
銘記」, 『文化史學』 8, 한국문화사학회; 鄭永鎬, 1997, 「三和寺 鐵佛과 三層石塔의 佛敎美術史的 照
明」, 『文化史學』 8, 한국문화사학회; 洪永鎬·金道賢, 2003, 「三陟市 未老面 天恩寺의 佛像 考察」,
『강원지역문화연구』 2, 강원지역문화연구회; 洪永鎬, 1998, 「韓國 三重基壇石塔의 出現과 展開에
關한 試考」, 『文化史學』 10, 한국문화사학회; 강원문화재연구소, 2003, 『본적사지 시굴조사보고
서』, 강원문화재연구소·태백시; 강원문화재연구소, 2003, 『삼척 흥전리사지 지표조사 및 삼층석탑
재 실측 보고서』, 강원문화재연구소·삼척시; 불교문화재연구소 편, 2014~2020, 『삼척 흥전리사지
시발굴·정밀발굴조사 약식보고서』, (재)불교문화재연구소; 박찬문, 2017, 「삼척 흥전리사지 출토

아 이 지역의 불교문화가 신라 하대에 융성하였음을 알 수 있다. 천은사도 이러한 시대적 배경을 바탕으로 신라 하대에 창건되어 고려 시대와 조선 시대를 거쳐 현재에 이르기까지 그 법등法燈을 유지하고 있다.[3]

　강원도 삼척시 미로면 내미로리에 있는 천은사의 불교 유물로는 강원도 유형문화재 제147호로 지정된 목조아미타삼존불木造阿彌陀三尊佛[4]이 극락보전極樂寶殿에 봉안되어 있고, 경내에서 발굴된 금동약사여래입상은 강원도 유형문화재 제148호로 지정되어 현재 월정사 성보박물관에 소장되어 있으며, 설선당說禪堂에 소형 목조불상小形木造佛像이 봉안되어 있다. 이와 함께 천은사 경내는 '이승휴 유적지李承休遺蹟地'로서 사적 제421호로 지정되어 있다.[5]

고승비편 소개」, 『木簡과 文字』 18, 한국목간학회; 최연식, 2018, 「흥전리사지 출토 고승비편의 내용과 흥전리사지의 역사적 성격」, 『木簡과 文字』 20, 한국목간학회; 홍영호, 2018, 「삼척 흥전리사지 삼층석탑의 미술사적 의미」, 『한국고대사 탐구』 29, 한국고대사탐구학회; 문화재청·佛教文化財研究所·삼척시 편, 2019~2020, 『韓國의 寺址: 시·발굴조사 보고서: 삼척 흥전리사지(三陟 興田里寺址)』 1-2, (재)불교문화재연구소.

3　天恩寺의 寺歷은 이미 알려진 바와 같이 고려 시대에 이승휴 선생이 편액을 건 看藏寺(看藏庵)와 관련된다. 영동 남부 지역의 고려 시대 불교문화와 관련한 조사·연구 성과는 다음과 같다. 車長燮, 1989, 「高麗 初期 佛像研究: 강원도 동해시 池香寺 鐵佛을 중심으로」, 『三陟工事 論文集』 22; 洪永鎬·金道賢, 1998, 「三陟市 遠德邑 臨院里寺址와 石佛立像 研究」, 『江原文化史研究』 3, 강원향토문화연구회; 洪永鎬·金道賢, 1998, 「三陟市 新基面 大坪里寺址와 石塔 紹介」, 『博物館誌』 4·5, 강원대학교 박물관; 김도현, 2006, 「삼척시 미로면 천은사의 역사와 목조아미타불 복장」, 『박물관지』 13, 강원대학교 중앙박물관; 김도현, 2015, 「동안 이승휴의 불교 인식과 看藏寺」, 『이사부와 동해』 10, 한국이사부학회.

4　2007년 1월 19일 자로 지정되었다.

5　'李承休遺蹟地'에 대한 발굴조사 보고서는 다음과 같다. 관동대학교 박물관, 1999, 『三陟 天恩寺 李承休 遺墟址 發掘 調査 報告書』, 관동대학교 박물관·삼척시; 강원문화재연구소, 2006, 『三陟 天恩寺 李承休 遺墟址 發掘調査 報告書』, 강원문화재연구소·삼척시. 이승휴 선생과 관련한 연구 성과는 매우 많은데, 다음 論文集에 실려 있는 論文과 參考文獻에 주요 論文과 史料가 소개되어 있다. 김도현·차장섭·배재홍·김태수, 2004, 『이승휴와 제왕운기』, (사)동안이승휴사상선양회.

이와 함께 고려 시대 도요지陶窯址, 승탑원僧塔園에 있는 용파당聳波堂 비碑, 인담당 대선사仁潭堂大禪師 영순永淳 부도浮屠와 비, 해운당 대선사海雲堂大禪師 탄숙坦淑 부도와 비, 일명逸名 승탑僧塔, 그리고 1921년에 세운 「천은사기실비天恩寺紀實碑」와 각종 기록이 남아 있어 천은사의 역사歷史를 대략이나마 파악할 수 있다.

이와 같이 인근의 다른 사찰에 비해 비교적 많은 자료와 유물을 가지고 있는 천은사에 대한 관심은 이승휴[6] 선생과 관련하여 최근 다양한 연구 성과들이 발표되어 천은사의 역사성과 불교 유물·유적에 대한 이해를 심화시키고 있다.[7]

천은사 목조아미타삼존불은 고려 후기 단아 양식의 불상을 계승한 조선 전기의 불상으로부터 조선 후기로 넘어가는 과도기 양식을 대표할 수 있다는 점에서 매우 중요한 불상[8]이다. 그럼에도 불구하고, 이를 증명

6 李承休 先生(1224~1300)의 字는 休休, 號는 動安居士로 加利 李氏의 시조라 전한다. 고려 고종 때 문과에 급제한 후 삼척에 내려왔다가 몽골의 침입으로 인해 10여 년간 삼척에서 생활하다가 40세를 넘어서 안집사 이심의 권유, 이장용과 유경의 천거를 받아 경흥부 서기로 보임된 후 본격적인 관직 생활을 시작하였다. 이후 서장관이 되어 원나라에 가서 문명을 떨쳤고, 돌아와 우사간·전중어사를 지냈다. 충렬왕 때 고쳐야 할 폐단 10개 조를 올린 후 파직된 이승휴 선생은 두타산 아래에 容安堂이라는 茅屋을 짓고 삼화사의 불경을 10여 년간 빌려 읽으면서 『帝王韻記』·『內典錄』을 저술하였고, 충렬왕 24년(1298)에 다시 등용되었다가 물러나기를 요청하여 다시 삼척으로 돌아왔다. 왕은 이에 밀직부사 감찰대부를 致仕하였는데, 돌아온 지 2년 후인 충렬왕 26년(1300) 10월에 생을 마쳤다. 주요 저서로『帝王韻記』·『內典錄』 등이 있고, 선생의 詩文 등을 아들 연종이 편집한『動安居士集』이 있다(김도현, 2004,「이승휴의 생애와 관련 유적」, 김도현·차장섭·배재홍·김태수,『이승휴와 제왕운기』, 11~33쪽).

7 위에서 소개한 주 5번과 함께 다음 논문이 참고가 된다. 金道賢, 1997,「歷代 地理誌의 三陟郡 敍述에 대한 一考察」,『江原文化史硏究』 2, 강원향토문화연구회; 金道賢, 2000,「歷代 地理誌의 三陟 지역 寺刹 관련 史料 및 遺物·遺蹟 검토」,『悉直文化』 11, 삼척문화원; 洪永鎬·金道賢, 2003,「三陟市 未老面 天恩寺의 佛像 考察」,『강원지역문화연구』.

8 문명대는 조선조 조각의 편년을 4기, 즉 1기(1400년경~1500년경), 2기(1500년경~1650년경), 3기(1650년경~1800년경), 4기(1800년경~1900년경)로 나누어 볼 수 있고, 이를 다시 전기(1~2기)와 후기(3~4기)로 크게 구분할 수 있다고 하였다. 본문에서 언급한 전기와 후기는 편년 구분을 크게 두 시기로 구분하였을 때

12

할 자료를 발견하지 못하여 양식학적인 분석을 바탕으로 조성 시기를 추정할 수밖에 없다는 한계를 지니고 있었다. 또한 준경묘·영경묘 수축과 관련하여 이중하가 조포소를 설치하고, 총섭을 배치하게 됨에 따라 '天恩'이란 사명寺名을 하사하였다는 내용이 실려 있는 『삼척군지三陟郡誌』(심의승, 1916)와 「천은사기실비」의 기록을 직접적으로 증명해 줄 수 있는 기록을 지금까지 찾지 못하였다.[9]

다행히 필자는 2006년 12월 14일 천은사 극락보전에 봉안된 아미타불阿彌陀佛의 복장腹藏을 조사할 기회를 갖게 되어 복장유물腹藏遺物을 확인할 수 있었는데, 복장 내에는 만력 24년 세차 병신년(1596)에 제작된 「중수기重修記」, 『천수다라니경』 목판본, 강원도 삼척부 두타산 흑악사 각판江原道三陟府頭陀山黑嶽寺刻版, 「서천불설팔만대장경목록西天佛說八萬大藏經目錄」, 「아미타불원문阿彌陀佛願文」, 「시주질施主秩」, 「삼존불개금발원문三尊佛改金發願文」, 「삼존상개금후불탱개채원문三尊像改金後佛幀改彩願文」, 「셔천불셜팔만디장경목녹」, 「강원도삼척군천은사극락전개금시주기江原道三陟郡天恩寺極樂殿改金施主記」, '성주사인聖住寺印'이 있는 『능엄경楞嚴經』·『묘법연화경妙法蓮華經』을 포함하는 다량의 유물을 발견하였다.[10] 복장의 발견으로 목조아미타삼존불의 편년이 올라감으로써 불상에 대하여 한층 깊이 있는 이해와 분석을 가능케 하였다. 이와 함께 천은사의 연혁을 좀 더 세부적으로 살펴볼 수

의 전기와 후기를 의미한다. 洪永鎬·金道賢, 2003, 「三陟市 未老面 天恩寺의 佛像 考察」, 28쪽.

9　이와 관련하여 『高宗實錄』과 『肇慶壇濬慶墓永慶墓營建廳儀軌』, 『各司謄錄』을 조사하였으나, 李重夏가 '天恩'이란 寺名을 하사하였다는 내용은 찾지 못하였다.

10　天恩寺 阿彌陀佛 내 腹藏에 대한 조사는 2006년 12월 14일 오후 2~4시 사이에 이루어졌는데, 이때 당시 주지였던 天恩寺 一峰 스님의 주도로 正完 스님과 太宗 스님이 복장 내 유물을 꺼내었으며, 삼척 시청 서성남 학예연구사와 심영진·박병준 님이 함께 참관하였다.

있게 되어 천은사와 영동 남부 지역의 불교문화에 대한 이해를 한층 심화시킬 수 있는 계기를 마련하였다.

그리고 『조경단 준경묘 영경묘 영건청 의궤肇慶壇濬慶墓永慶墓營建廳儀軌』에서 준경묘·영경묘 수축과 관련하여 기해년(1899) 11월 흑악사黑嶽寺에 내려진 「완문完文」과 1900년에 작성된 「수호절목守護節目」을 발견하였는데, 이는 천은사가 준경묘·영경묘의 원찰願刹로 기능하였음을 알려 주는 매우 중요한 자료이다.

이 책은 지금까지 조사·연구된 천은사 관련 연구 성과를 바탕으로 민속문화재, 전각, 불교 민속 등을 새롭게 조사·정리하여 소개하였다. 이에 더하여 천은사가 터를 잡은 쉰움산과 천은사 불사佛事에 동참하였던 이 지역 전통 사찰을 간단하게 서술하였다. 이를 통하여 천은사의 연혁과 역사적 의미를 새롭게 정립하고, 도량이 지닌 성격, 사찰과 스님·신도들이 어우러진 신앙 공간으로서의 천은사를 새롭게 보여 주려 한다.

사찰지寺刹誌로서의 면모를 갖추기 위해 위에서 언급한 내용들과 함께 『천은사 사적기』를 부록으로 실으려 하였으나 지면 문제로 다음 기회를 기약하려 한다. 대신 주요 지리지地理志와 고지도古地圖에 실린 기록을 소개하여 천은사를 좀 더 다양하게 이해할 수 있도록 하였다.

1. 지리적 배경

『세종실록지리지』 산천 조에 "두타산頭陀山은 부府의 서북쪽에 있다. 산허리 돌 사이에 우물 50곳이 있으므로, 이름을 오십정五十井이라 한다. 크게 가물면 모두 마르고 오직 한 우물만 마르지 아니한다. 읍인邑人들이 봄·가을에 제사 지낸다"라고 소개하였다. 『신증동국여지승람』을 비롯하여 이후에 간행된 지리지에는 위 내용에 더하여 "고려 충렬왕忠烈王 때에 이승휴李承休가 전중시어殿中侍御로서 정사를 말하다가 임금의 뜻을 거스르게 되어 파직당했다. 승휴는 이 산 밑에 터를 잡아 살면서 스스로 동안거사動安居士라 하였다"[11]라고 서술되어 있다.

그러므로, 각종 지리지地理志에 실린 내용을 통해 천은사는 두타산 자락에서 뻗어 내린 산줄기가 이어진 쉰움산 자락에 있었으며, 삼척시 미로면 내미로리에 속하였음을 알 수 있다.

내미로리는 본래 미로면 명칭을 사용하여 마을 이름을 정한 것이다. '미로'라는 지명은 삼척부사였던 미수眉叟 허목許穆이 지은 『척주지陟州誌』(1662)에서 방리坊里를 언급하면서 '미로眉老, 이후 미로리未老里'를 언급하면서 처음 보이며, 『삼척군지三陟郡誌』(1916) 미로면 조에서는 '미로'라는 지명의 어원과 관련하여 "미로는 '미-느리'라고 부르는 속음俗音"에서 유래되었거나, "오십천 다리를 판자 한 개씩을 연결하여 길게 가설한 곳이 여러 곳에 있으므로 '미-근늘다리(連回板橋, 널다리)'라고 불리던 것을 한자음으로 미로리眉老里라고 쓴 것으로도 추측한다. 이와 함께 미-근늘다리 가설 이전에는 오십천을 늘 여러 번 건너다닌다는 의미에서 '미-근늘창나드리(連回屢度)'라고 불리던 것이 와전되어 미로眉老 또는 미로未老로 부르게 되었다고도 한다.

『삼척군지』(심의승, 1916)에 의하면 300년 전에 신계승辛啓承이 이주해 왔고, 100년 전에는 밀양 박씨 귀채貴采와 김시진金始振·이용욱李龍郁 등이 이주

11 위 내용은 『신증동국여지승람』에 실린 내용이며, 이후의 다른 지리지에는 표현을 달리하였지만, 이승휴 선생이 이곳에 주석하였음을 소개하였다.

하여 왔다. 그 후에도 백원진白原鎭을 비롯한 여러 성씨들이 들어와 거주하였다고 한다. 1916년 당시 총호수는 150호이고 인구는 676명이었다.

내미로리는 미로면의 북쪽 끝자락에 위치하여 동쪽은 무사리에, 서쪽과 남쪽은 고천리에, 북쪽은 동해시 삼화동에 서로 접하고 있으니 동서 10리, 남북 15리이다. 종정전種井田·평지동平地洞·천태전天台田·방현芳峴·석탄石灘·조지전鳥池田·신리곡辛梨谷·반석곡盤石谷 등 여덟 개의 마을로 이루어져 있다.

그리고 내미로리 서쪽에 두타산頭陀山이 우뚝 솟아 있고 그 기슭에 흑악黑岳이 있다. 천제봉天祭峯과 고조봉顧祖峯은 솔모산率母山 줄기로 본 동리 동쪽에 각각 준순逡巡하고 있다. 두타산에서 발원하여 천은사를 지나는 내미로천內未老川은 동남쪽으로 흘러가 사둔리에 들어간다. 도로는 거리가 35리인 삼척시와 15리인 미로면, 10리인 삼화사三和寺 등으로 통한다.

내미로리에는 각종 지리지地理志에 삼척 사람들이 봄·가을에 제사를 지냈으며, 가물면 기우제를 지냈다고 기록된 쉰움산이 있으며, 천년 고찰인 천은사와 함께 고려 시대의 인물인 이승휴 선생이 머물며 『제왕운기』를 저술한 곳으로도 유명하다. 이와 함께 마을 공동 제의로써 천제봉에서 천제天祭를 지내며, 마을별로 정월 초하루와 단오에 서낭고사를 지낸다. 이와 함께 봄에는 각 집안이 제물을 성의껏 각각 준비하여 쉰움산에서 집안 시조인 산을 비롯하여 군웅, 윗대 조상 등을 위하는 산멕이[12]를 한다.

---

[12] 산멕이의 개념과 설행 형태에 대하여 다음 논문을 참고할 것. 김도현, 2020, 「삼척 상두산 산멕이에서 모시는 신령들의 구조와 성격」, 『한국무속학』 41집, 한국무속학회.

2. 삼척 지역 전통 사찰

고대 국가의 형성과 발전 과정에서 불교가 도입된 이래 신라 하대에 이르러 선종 계통의 불교가 유행하면서 각 지방에서도 유력 호족 세력과 연대하여 많은 사찰이 건립되었다. 삼척 지역도 예외가 아니어서 유물과 유적의 발굴로 그 존재가 확인된 본적사지, 홍전리 사지를 비롯하여 고려 시대에 조성된 것으로 추정되는 임원리 사지와 대평리 사지, 그리고 현존하는 전통 사찰인 삼화사·지상사·천은사·영은사·신흥사에 이르기까지 신라 하대를 지나며 삼척 지역 나름의 불교문화가 형성되어 오늘에 이르고 있다.

좀 더 구체적으로 천은사 경내에서 발견된 8세기 중반~9세기 전반 사이에 제작된 것으로 추정되는 금동약사여래입상, 인근의 삼화사 석탑과 철불, 태백시 황지동 절골 입구에서 발견된 본적사지 석탑재, 그리고 삼척시 도계읍에서 발견된 9세기에 제작된 것으로 추정되는 홍전리 사지 석탑재와 석등재, 청동 정병, 각종 기와편 등으로 보아, 이 지역의 불교문화가 신라 하대부터 융성하였음을 알 수 있다. 고려 시대에 제작된 것으로 추정되는 임원리 사지 석불과 대평리 사지 석탑재, 이승휴 선생과 관련한 유적지는 이 지역의 불교문화가 고려 시대에도 계속 이어졌고, 이러한 전통은 천은사 목조아미타삼존불, 영은사·신흥사 내의 불상과 전각, 탱화 등으로 보아 조선 시대를 거쳐 지금까지 잘 계승되고 있음을 알 수 있다.

문헌상으로는 고려 시대의 「간장사기看藏寺記」·「간장암중창기看藏庵重創記」가 있으나, 본격적인 기록은 조선 시대에 들어서 확인되기 시작한다. 즉, 『신증동국여지승람』, 『척주지』를 비롯한 각종 관찬·사찬 지리지와 사찰 관련 자료집을 통해 삼척 지역 불교문화의 대략을 확인할 수 있다. 구체적으로 『신증동국여지승람』 삼척도호부三陟都護府 불우佛宇 조條를 보면 두타산에 중대사·삼화사·간장암이 있었음을 기록하고 있다. 이 중에서 『범우고梵宇考』(1799)에는 중대사는 '今廢'라고 되어 있고, 간장암은 흑악사로 불리고 있음을 기록하였다. 그 대신 새로이 단교암·운홍사·영은사가 나온다. 조선 후기에 간행된 각종 관찬 및 사찬 지리지에도 삼척 지역의 사찰에 대한 기록이 많이 남아 있다. 불교 유물·유적에 대한 조사는 일제강점기에 간행된 『조선보물고적조사자료朝鮮寶物古蹟調查資料』에 하장면 중봉리 사지를 비롯한 13개의 유적이 소개되었으며, 해방 이후에는 『문화유적총람文化遺蹟總攬』·『강원도 향교·서원·사찰지江原道鄉校·書院·寺刹誌』·『삼척三陟의 역사歷史와 문화유적文化遺蹟』 등이 있다.

　　이와 같이 지역 나름의 전통을 가지며 발달하였던 이 지역의 불교문화에 대한 지금까지의 연구 성과 또한 만족할 수준은 아니지만 다양한 관점에서 그 기초적인 연구가 축적되어 가고 있다.[13]

13　신라 하대 이후 영동 남부 지역에서도 나름의 불교문화가 융성하였음을 보여 주는 유적과 유물에 대한 발굴 및 조사·연구 성과는 다음과 같다. 秦弘燮, 1976, 「三和寺의 塔像」, 『美術史學研究』 129·130, 한국미술사학회; 車長燮, 1989, 「高麗 初期 佛像 研究: 강원도 동해시 池香寺 鐵佛을 중심으로」; 李殷希, 1994, 「三陟 靈隱寺 佛畵에 대한 考察」, 『文化財』 27, 국립문화재연구소; 洪永鎬·金道賢, 1996, 「三陟市 道溪邑 興田里寺址에 대한 考察」; 金道賢, 1997, 「歷代 地理誌의 三陟郡 敍述에 대한 一考察」; 黃壽永, 1997, 「三和寺의 新羅鐵佛坐像의 背刻銘記」; 鄭永鎬, 1997, 「三和寺 鐵佛과 三層石塔의 佛敎美術史的 照明」; 洪永鎬·金道賢, 1998, 「三陟市 新基面 大坪里寺址와 石塔 紹介」; 洪永鎬·金道賢, 1998, 「三陟市 遠德邑 臨院里寺址와 石佛立像 研究」; 배일환, 1999, 「본적사지 답사기」, 『태백문화』 20, 태백 문화원; 洪永鎬·金道賢, 2003, 「三陟市 未老面 天恩寺의 佛像 考察」; 홍영호, 2003, 「불교 유적」, 『태백 함백산 서학골 문화유적』, 강원대학교 중앙박물관; 洪永鎬, 1998, 「韓國 三重基壇石塔의 出現과 展開에 關한 試考」; 강원문화재연구소, 2003, 『본적사지 시굴조사보고서』; 강원문화재연구소, 2003, 『삼척 흥전리사지 지표조사 및 삼층석탑재 실측 보고서』; 김창균, 2003, 「영은사 괘불탱화에 대한 연구」, 『영은사 괘불 탱화 수리보고서』, 강원도·평창군청·오대산 월정사; 홍영호, 2004, 「삼척 도계읍 흥전리사지의 寺名 추정」, 『강원지역의 역사와 문화』, 한국대

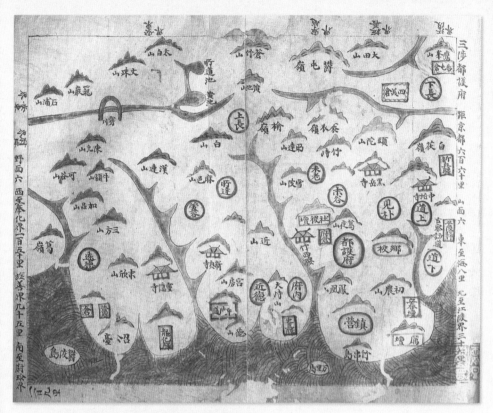

상백본 『척주지』(1870)에 표기된 삼척 지역 전통 사찰

각종 지리지를 종합해 보면 삼척 지역의 사찰로는 조선 전기에 중
대사·삼화사·간장암(현재 천은사)이 있었는데, 허목이 『척주지』를 저술한
17세기 후반에는 위 사찰과 더불어 금정암·민태사·은선암·돈각사·본적
사 등이 있었음을 알 수 있다. 『범우고』에 삼화사·흑악사(현재 천은사)·단교
암·운흥사(현재 신흥사)·영은사가 있었던 것으로 기록되어 있는데, 이후에

학박물관협회 50회 춘계학술발표회; 김도현, 2004, 「삼척시 하장면 中峯里寺址 小考」, 『悉直文化』
15, 삼척문화원; 강원문화재연구소, 2006, 『三陟 天恩寺 李承休 遺墟址 發掘調査 報告書』; 김도현,
2006, 「삼척시 미로면 천은사의 역사와 목조아미타불 복장」.

저술된 지리지에 단교암을 제외하고 위의 4개 사찰이 존재하였다는 것으로 보아 삼척 지역의 불교문화는 위의 4개 사찰이 중심이 되었음을 알수 있다.

허목의 『척주지』로부터 『강원도지』 편찬에 이르는 시기에 존재한이 지역의 주요 사찰로는 삼화사三和寺·신흥사新興寺·천은사天恩寺·영은사靈隱寺와 각 사찰의 부속 암자가 있고, 유물·유적을 통해 그 존재가 확인된 중대사지·흥전리 사지·대평리 사지·임원리 사지·본적사지·기곡리 사지·중봉리 사지 등이 있다. 이와 관련하여 각종 지리지 및 사료에 수록된 사찰을 정리하면 [표 1]과 같다.

표 1 역대 지리지 및 사서史書에 수록된 삼척 지역의 사찰

참고 자료	간행 연도	삼척 관내 사찰명
『世宗實錄地理志』	1454	항목이 없음
『新增東國輿地勝覽』	1530	中臺寺, 三和寺, 看藏庵
「重修記」 (天恩寺木彫阿彌陀佛腹藏物)	1596	黑岳寺, 中臺寺, 五峯庵, 靈隱寺
『陟州誌』(許穆)	1662	三和寺, 黑嶽寺, 靈隱寺(宮房寺), 雲興寺, 金井庵, 隱禪庵, 頓覺寺, 敏泰寺, 本寂·深寂·妙寂·隱寂 등의 암자, 中臺寺, 指祖庵, 觀音寺, 上院寺. 成道庵
『東國輿地志』[14]	1680頃	中臺寺, 三和寺, 黑嶽寺, 宮房寺
『輿地圖書』	1757~1765	中臺寺, 看藏庵, 靈隱寺, 雲興寺, 中峯菴
『伽藍考』[15]	1781 以前	中臺寺, 看藏庵, 中峯菴, 靈隱寺, 雲興寺
『梵宇攷』	1799 以前	中臺寺, 三和寺, 黑岳寺, 斷橋菴, 雲興寺, 靈隱寺
『關東誌』	1826~1830	三和寺, 黑嶽寺, 斷橋菴, 靈隱寺, 雲興寺
『三陟府邑誌』	1826~1830 以後	三和寺, 斷橋庵, 指祖庵, 大乘庵, 黑嶽寺, 華嚴庵, 明寂庵, 靈隱寺, 三聖庵, 大圓庵, 雲興寺, 青蓮庵, 圓通庵
『大東地志』	1864	항목이 없음

참고 자료	간행 연도	삼척 관내 사찰명
『關東邑誌』	1870	許穆의 『陟州誌』 내용 전재
『陟州誌』(金宗彦)	1848~1888	三和寺, 斷橋菴, 黑岳寺, 雲興寺, 靈隱寺, 明寂菴
『三陟郡邑誌』	1895 以後	三和寺, 黑嶽寺, 斷橋菴, 靈隱寺, 雲興寺
『朝鮮地誌資料』	1910~1911	白蓮菴(상장면), 深寂寺(상장면), 深源庵(상장면), 三和寺, 南庵, 指祖庵(도상면), 靈隱寺, 新興寺(근덕면), 天恩寺(미로면), 登陽寺(노곡면)
『三陟郡誌』	1916	三和寺, 新興寺, 天恩寺, 靈隱寺, 寒山寺, 池香寺, 竹藏寺, 敏泰寺, 中臺寺, 觀音庵, 明寂庵, 登陽寺(靑蓮庵), 東坮寺, 竹坊庵, 蕃積寺, 深寂寺, 深源寺, 萬景臺, 桃陵寺
『朝鮮寰輿勝覽』	1922	三和寺, 指祖庵, 新興寺, 靑蓮庵, 般若庵, 地興寺, 天恩寺, 看藏庵, 助運菴, 華嚴庵, 靈隱寺, 宮房寺, 竹藏寺, 城窟庵, 敏泰佛宇, 白雲庵, 蕃積寺, 深寂寺, 深源寺, 桃陵寺, 寒山寺, 登陽寺, 明寂庵, 成道庵
『江原道誌』	1940	三和寺, 新興寺, 天恩寺, 靈隱寺, 石室道場, 각 부속 庵子
『陟州誌』(崔晩熙)	1946	中臺寺, 三和寺, 天恩寺, 新興寺, 靈隱寺, 池興寺, 上院寺, 觀音寺, 宮傍寺, 池香寺, 敏泰寺, 桃陵寺, 九房寺, 頓覺寺, 僧榜寺, 白楊寺, 東臺寺, 寒山寺, 登陽寺, 竹藏寺, 大乘寺, 淨巖寺, 高寂臺, 각 부속 庵子
『三陟鄕土誌』(金鼎卿)	1955	中臺寺, 三和寺, 天恩寺, 新興寺, 靈隱寺, 기타 사찰과 암자 다수 소개됨
『眞珠誌』	1963	中臺寺, 三和寺, 天恩寺, 新興寺, 靈隱寺, 池興寺, 上院寺, 觀音寺, 宮傍寺, 池香寺, 敏泰寺, 桃陵寺, 九房寺, 頓覺寺, 僧榜寺, 白楊寺, 東臺寺, 寒山寺, 登陽寺, 竹藏寺, 淨巖寺, 高寂臺, 虎大寺, 釋宗寺, 興馥寺, 甘露寺, 長明寺, 普德寺, 黃龍寺, 天王寺, 각 부속 庵子

14 『동국여지』는 조선 현종 대(1660~1674)에 반계 유형원이 편찬한 사찬 전국 지리지로써 9권 10책. 필사본이다. 편찬 연대가 명시되어 있지 않으나 효종조까지의 내용이 있고, 1662년에 허목이 편찬한 『척주지』가 참고도서 목록에 있어 현종 대 반계 유형원의 저작으로 추정된다. 범례에 따르면 이 책은 조선 전기 지리지의 완성편인 『신증동국여지승람』을 증수하는 것을 1차적인 목적으로 하고 있는데, 『신증동국여지승람』이 편찬된 지 130여 년이 지난 시기에, 그리고 임진·병자 양난을 겪은 후에 편찬되었으므로 조선 전기와 후기를 연결해 주는 전국 지리지로서 의의가 크다.

이와 같이 지역 나름의 전통을 가지며 발달하였던 이 지역의 불교 문화에 대한 지금까지의 연구 성과 또한 만족할 수준은 아니지만 다양한 관점에서 그 기초적인 연구가 축적되어 가고 있다.

　　삼화사·천은사·영은사·신흥사 등의 창건 설화를 종합적으로 분석해 본다면 삼척 지역에 불교佛敎가 널리 유포된 시기는 범일 국사梵日國師가 강릉에 굴산사崛山寺를 세운 이래로, 이때부터 이 지역에도 불적佛蹟이 형성되었던 것으로 보인다. 그러므로 삼척 지역의 불교문화 역시 선종禪宗의 유행으로 나타나는 지방 문화의 성장과 함께 융성하기 시작했음을 알 수 있다. 따라서 이 지역은 신라 말기와 고려 시대에 불교문화가 전국의 다른 지역에서와 같이 번영하였으며, 조선조에 이르러서도 일부 사찰들이 존속되어 면면히 그 맥을 이어 왔음을 조선 시대에 편찬된 지리지를 통해 파악할 수 있다. 구체적으로 소개하면 조선 중기부터 『강원도지』(1940) 편찬에 이르는 시기에 존재한 이 지역의 주요 사찰로는 삼화사·신흥사·천은사·영은사와 각 사찰의 부속 암자가 있고, 유물·유적을 통해 그 존재가 확인된 중대사지·홍전리 사지·대평리 사지·임원리 사지·본적사지·기곡리 사지·중봉리 사지 등이 있다.

---

15 『가람고』는 조선 후기의 학자 신경준(1712-1781)이 한국 각처에 산재한 절의 이름과 소재지 등을 밝힌 책이다. 필사본으로 1책이다. 520여 개의 절을 도별로 나누어 각 지방에 따라 조사·수록하였고, 그중에서 중요한 사찰은 간략한 유래를 설명하였다. 그 밖에 사찰에 딸린 비·현판·금석문 등 단편적인 기록을 망라하였다. 이 책은 『범우고』와 함께 유물과 유적에 관해 상세한 기록을 남긴 것이 특징인데, 자료에 대한 비판 없이 고기를 인용한 것이 많기 때문에 문헌학적인 가치는 다소 떨어진다.

천은사 극락보전과 오층석탑

가. 삼척 지역의 전통 사찰

1) 천은사

천은사天恩寺는 '백련대白蓮臺(백련암白蓮庵, 백련사白蓮寺)'라 하였으며, 이후 '간장사看藏寺(간장암看藏庵) → 흑악사黑岳寺'를 거쳐 현재의 사명인 천은사로 바뀌어 오늘에 이르고 있다. 천은사에 대한 기록은 고려시대의 기록인 「간장사기」·「간장암중창기」가 있으나, 본격적인 기록은 조선시대에 작성된 『신증동국여지승람』, 『척주지』를 비롯한 각종 관찬·사찬 지리지와 사찰 관련 자료집, 그리고 천은사 관련 내용이 실려 있는 『두타산삼화사고금사적』, 천은사 경내의 「천은사기실비」, 극락보전에 있는 목조아미타삼존불을 개금改金하는 과정에서 나온 「중수기」, 「아미타불원문」,[16] 「삼존상개금후불탱개채원문」[17] 등과 함께 천은사를 소재로 채제

---

16 極樂寶殿의 阿彌陀佛에서 발견된 것으로서 嘉慶 三年 戊午(1798)에 改金 후 작성한 것이다.

공 등이 남긴 시와 준경묘·영경묘를 수축할 때 천은사에 내려 준 「완문」
과 「수호절목」이 남아 있어 천은사의 창건 유래와 사명의 변화 과정, 역
사성을 잘 알려 준다.[18]

2) 영은사

영은사에 대한 기록은 조선 시대에 들어서 확인되기 시작한다. 즉,
영은사와 관련하여 현재까지 발견된 공식적인 기록은 조선 중기인 선조
29년(1596)에 만들어져 천은사 목조아미타삼존불 복장으로 발견된 「중수
기」로, 여기에 '영은사'란 사명이 처음 등장한다. 이후 허목의 『척주지』
를 비롯한 각종 관찬·사찬 지리지와 사찰 관련 자료집 등에서 빠짐없이
볼 수 있으며, 영은사 경내에서 발견되는 각종 중수기를 비롯한 유적·유
물과 영은사 관련 내용이 실려 있는 『두타산삼화사고금사적』, 그리고
천은사 경내의 「천은사기실비」 등에서도 보인다. 이들 기록은 영은사의
창건 관련 유래, 사명의 변화 과정과 함께 그 역사성을 잘 알려 준다.

이들 자료를 통하여 사명이 '궁방사宮房寺 → 운망사雲望寺 → 영은사靈
隱寺'로 변화됨을 알 수 있고, 옛 사명으로 '금련대金蓮臺(남적南寂 또는 연대蓮臺)'
라고 불렸음을 알 수 있다.

좀 더 구체적으로 영은사의 연혁을 살펴보면 다음과 같다. 영은사
는 신라 하대에 범일 국사가 처음 창건한 것으로 전해지며, 그 후 사명
대사泗溟大師가 현재의 위치에 절을 옮겨 지은 후 '영은사'로 사명을 바꾸었

17 極樂寶殿의 阿彌陀佛에서 발견된 것으로서 1922년 작성한 것이다.

18 천은사의 창건 설화와 역사, 그리고 寺名 변화 과정 등에 대하여 '1장 천은사의 역사' 항목에서
자세하게 서술하였기에 이를 참고하기 바란다.

영은사 대웅보전

영은사 심검당 내 김규진 글씨

다고 전한다. 연혁과 관련하여 나타나는 공식적인 기록은 1596년 천은사 목조아미타삼존불을 중수한 후 복장물로 봉안한 「중수기」에 '영은사' 스님들이 참여하였다는 기록이 보이며, 1602~1604년 사이에 영은사 범종과 관련하여 허목의 『척주지』에 다음과 같은 내용이 보인다. 영은사 불종의 무게는 800근인데, 임진왜란 후라 어수선하여 부사 안종록[재임 기간: 선조 35(1602)~선조 37(1604)]이 여름에 종을 진鎭 동문 안에 옮겨 놓고 비상시 민병을 모았는데, 사정이 안정되자 다시 절에 돌려주었다.[19]

위의 내용을 종합해 보면 영은사는 이미 16세기 후반에 삼척 지역의 중심 사찰로서 나름의 사격寺格을 갖추었음을 알 수 있다. 정조 12년(1788)에는 창건주 범일 국사 진영과 사명당 대선사 진영을 봉안하여 영은사의 창건과 중수에 대한 역사성을 드러내고자 하였다.

그 후 순조 4년(1804) 봄에 화재로 인해 대웅보전大雄寶殿을 비롯한 10여 동의 건물이 전소되어 다음 해에 당시 삼척부사였던 심공저沈公著의 지원을 받아 중건하였다고 한다. 순조

영은사 괘불(© 강원도청, 한국문화정보원)

19 허목, 배재홍 역, 2001, 『국역 척주지』, 삼척시립박물관, 74쪽.

10년(1810)에는 학송鶴松 스님이 석조비로자나불石造毘盧舍那佛을 주존으로 석가모니불釋迦牟尼佛과 노사나불盧舍那佛이 협시하는 삼신불三身佛을 봉안하였으며, 순조 11년(1811)에는 중수한 대웅전에 영산회상도, 신중탱화, 지장보살도를 제작하여 봉안하였고, 철종 7년(1856)에는 팔상전에 괘불을 조성하고, 영산회상도와 신중탱화를 봉안하였다. 고종 1년(1864)에는 심검당尋劍堂을 지었으나, 고종 6년(1869)에 모든 불전과 각 승방이 화재를 당하였다. 이에 본사 치상致祥 스님이 스스로 중건할 성의를 가졌지만, 호사다마好事多魔라 중도에 그만두고 말았다. 고종 17년(1880) 5월에 이르러 해명당解溟堂 보언 대사甫彦大師가 불법을 위해 몸을 생각하지 않고 힘을 다해 재물을 모아서는 옛터에 다시 복구하였다.[20] 1923년에는 독성도·칠성탱화·산신도를 조성하여 영은사 칠성각에 봉안하였다.

3) 신흥사

신흥사에 대한 기록은 조선 시대에 들어서 확인되기 시작한다. 즉, 신흥사와 관련하여 현재까지 발견된 공식적인 기록은 1745~1760년 사이에 제작된 것으로 추정되는 「비변사인 방안지도備邊司印方眼地圖」에 등장하는 '신흥사' 이전의 사명인 '운흥사雲興寺'란 사명이다. 이후 『여지도서』를 비롯한 각종 관찬·사찬 지리지와 사찰 관련 자료집 등에서 빠짐없이 볼 수 있으며, 신흥사 경내에서 발견되는 각종 중수기를 비롯한 유적·유물과 신흥사 관련 내용이 실려 있는 『척주선생안陟州先生案』 등에서도 보인다. 이들 기록은 신흥사의 창건 관련 유래, 사명의 변화 과정과 함께

---

20 차장섭·배재홍·김도현, 2006, 「八相殿重修記」, 『삼척지방의 金石文과 記文』, 강원대학교 강원전통문화연구소·삼척시, 308~309쪽.

신흥사 대웅전 전경

그 역사성을 잘 알려 준다.

이들 자료를 통하여 신흥사의 연혁을 살펴보면 다음과 같다. 신흥사는 신라 하대에 범일 국사가 처음 창건한 것으로 전해진다. 사명의 변화 과정을 검토한 아래 단원에서 알 수 있는 바와 같이 동해시 지흥동에서 창건하여 사명을 '지흥사'라 한 이후 '광운사廣雲寺 → 운흥사雲興寺 → 신흥사新興寺'로 바뀌면서 근덕면 동막리에서 불사를 일으켜 현재에 이르고 있다. 세부적으로 살펴보면 다음과 같다.

신라 민애왕 원년(838)[21] 범일 국사가 창건한 이후, 조선 현종 갑인년(1674), 심검당·대웅전大雄殿을 중건重建하고, 이어 불상과 탱화幀畵 등을 조

---

21 『삼척군지』를 비롯한 각종 기록에 신라 희강왕 3년이라 하였으나, 희강왕은 재위 3년차 되던 해의 정월에 사망하여 사실상 재위 기간이 2년이므로 희강왕 3년은 민애왕 원년으로 볼 수 있다

성造成하였으며, 설선당·미타전彌陀殿·종루鍾樓 등을 중건하였다. 경종 4년(1724)에는 청운靑雲 보한普閑 화상和尙이 화주化主가 되어 삼존불三尊佛을 개금하였고, 여러 탱화를 만들었다. 영조 46년(1770) 화재로 많은 건물이 소실되었는데, 영조 49년(1773) 미타전과 응향각을 수선하였다. 순조 30년(1830) 운흥사의 법당과 여러 요사가 화재로 소실되었으나, 영담 화상이 불사를 일으키고, 응하 선사가 이 일을 추진하였다. 이때 부사 이규헌[재임 기간: 헌종 1(1835)~헌종 5(1839)]은 운흥사에 화재가 나자 돈 200냥과 쌀 30석을 주어 중건을 도왔고, 이후 사명을 신흥사로 고쳤다.

고종 6년(1869)에는 덕암 화상과 지수 선사가 불사를 시작하여, 해운 대사가 뒤따라 하였으며, 다음 해인 고종 7년(1870) 월암月庵·최염最念 등의 스님들이 중건하였다. 1911년에는 심응문沈應文·김두흠金斗欽·이정법李正法 스님들이 중수불사重修佛事를 하였고, 일제강점기부터 광복 후에 걸쳐 30여 년을 금강산金剛山에 계시던 동선문인東宣門人 송암松庵 스님이 해방 이후 이곳에 주석住錫하여 대웅전을 비롯한 여러 건물을 중수하였다.[22] 1977년에는 우재석禹在奭·박영진朴永鎭·이정기李正麒·오덕수吳德秀·장두환張斗煥·장의환張義煥·정대형鄭大炯 등 재가보살在家菩薩 외 보현회원普賢會員 내지 여러 단월檀越들의 대발원大發願으로 개금불사改金佛事·단청불사丹靑佛事, 청련암靑蓮庵·심검당·설선당·성령각聖靈閣 누각 등 각 법당法堂 요사寮舍를 중수한 후 이를 기념하는 「신흥사 사적新興寺寺蹟」 및 「중수비重修碑」를 건립하였으며, 1983년에는 학소루를 중창하였다.

---

22 정확한 연대를 알 수 없으나, 이 지역 출신으로 근대 한국 민화 발전을 선도하였던 石岡 黃昇奎 선생이 신흥사 단청 작업에 참여하였다고 한다(차장섭, 2005, 「석강 황승규의 생애와 작품세계」, 『한국의 문자도』, 삼척시립박물관, 69~79쪽).

나. 삼척 지역 전통 사찰의 창건 설화와 사명 변화

1) 창건 설화와 연대 검토

가) 천은사

『두타산삼화사고금사적』·『삼척군지』(심의승, 1916)·「천은사기실비」·「삼존상개금후불탱개채원문」·『조선환여승람』·『강원도지』·『삼척향토지』·『진주지』 등에는 천은사의 창건과 관련하여 창건 시기나 설화가 기록되어 있다.

「천은사기실비」(1921)

이들 자료에 소개된 창건과 관련된 설화와 기록을 종합적으로 검토하여 천은사의 창건 연대를 검토해 보면, 첫째, 『진주지』에는 신라 경덕왕 무술년(758)에 '백련대'라는 사명으로 창건되었다고 소개하고 있다. 그러나, 이에 대한 구체적 설명이나 증거가 제시되어 있지 않고, 관련 유물이나 유적이 발견되지 않아서 믿기는 어렵다.[23] 둘째, 천은사의 창건

---

23 인근의 삼화사 初創과 관련하여 『頭陀山三和寺古今事蹟』(1847)에 자장이 선덕여왕 11년(642)에 오대산 주변을 성역화하는 과정에 두타산에 黑蓮臺(현재 삼화사)를 창건하였다고 기록되어 있다. 인

연대를 적은 대부분의 문헌에서 인근의 삼화사와 같은 시기로 볼 수 있는 신라 하대인 홍덕왕 4년 기유(829)에 창건하였다고 기록되어 있다.

이들 기록을 종합해 보면, 백련대 창건설과 범일 국사 창건설이 융합되어 "범일 국사가 홍덕왕 4년에 절을 창건하였는데, '백련'이라 이름 하였다"라는 형태로 나타난 것으로 보인다. 천은사 경내에서 통일신라 최전성기의 양식을 계승한 금동약사여래입상이 출토되었으므로[24] 위의 창건 설화와 관련한 단서가 될 수 있다.[25] 그러므로, 천은사는 창건 설화와 출토 유물을 통해 신라 하대에 창건되었다고 볼 수 있다.

나) 영은사

영은사의 창건과 관련하여 창건 시기나 설화를 전하는 문헌은 허목의 『척주지』를 비롯하여 「영은사 사적비」·『두타산삼화사고금사적』·『삼척군지』·「천은사기실비」·『강원도지』·『삼척향토지』·『진주지』 등이다.

「영은사 팔상전 중수기」에는 이 절을 처음 창건한 시기가 멀리 삼한三韓 이전이라 소개되어 있으며, 『두타산삼화사고금사적』을 비롯한 『삼척군지』·「천은사기실비」·『강원도지』·『삼척향토지』·『진주지』에 '금련대'라는 사명으로 창건하였음을 소개하였다. 영은사의 창건과 관련

근의 정암사와 오대산 월정사의 창건 연기에 자장이 건립하였다고 전하는 것으로 보아 삼화사도 자장과의 관련성을 생각해 볼 수는 있다. 따라서 삼화사 창건이 자장의 오대산 성역화와 어떤 형태로든 관련성을 지니고, 黑蓮臺·白蓮臺라는 寺名의 유사성으로 보아 삼화사 창건 이후 현재 天恩寺 자리에 어떤 형태로든 삼화사와 관련한 사찰이 존재하였을 가능성은 있다.

24 洪永鎬·金道賢, 2003, 「三陟市 未老面 天恩寺의 佛像 考察」, 31쪽.

25 천은사의 창건 설화에 대하여 '1장 천은사의 역사' 항목에서 자세하게 서술하였기에 이를 참고하기 바란다.

하여 「천은사기실비」에 실려 있는 내용을 소개하면 다음과 같다.

… 이 절의 이름과 연혁을 보면 4시기로 구분할 수 있는데, 그 첫
번째가 백련대이다. 개산조는 두타 삼선으로서 서국으로부터 와
서 산의 4곳에 머물면서 연화로서 표했는데, 동쪽이 청련대, 즉
지상사이나 지금은 없어졌고, 남쪽은 금련대, 즉 영은사이며, 북
쪽은 흑련대, 즉 삼화사이고, 서쪽은 백련대, 즉 이 절이다. …

그런데 이와 유사한 창건 설화가 삼화사·천은사의 창건과 관련하여
「삼화사 사적」에도 보이는데, 이는 당시 이 지역의 사찰 창건과 관련하
여 널리 유포된 형태로도 볼 수 있다.
　창건과 관련하여 전하는 내용을 창건주와 사명을 고려하여 분류하
면 다음 4가지 유형으로 구분할 수 있다.

제1 유형

삼화사 숲속에 삼층보탑이 있는데 약사藥師의 삼형제불三兄弟佛이 서역에
서 돌로 된 배를 타고 동해에 와서 놀다가, 제일 맏이는 흑련화黑蓮花를
들고 지금의 삼화사에 오니, 흑련대라 하고, 둘째는 청련靑蓮을 들고 지
금의 지상사로 오니, 청련대라 하고, 끝은 금련金蓮을 들고 영은사로 오
니, 금련대라 부른다고 한다. …[26]

제2 유형

도선이 지었다고도 하고, 품일品日이 이 금련대를 지었다고도 한다.[27]

당 태종 정관 26년(신라 선덕왕 16 임자) 범일 국사梵一國師가 창건하였는데, 처음 이름은 궁방宮房이라 하였고, 그 후 운망雲望 → 영은으로 그 사명이 바뀌었다.[28]

진성왕 5년 신해에 범일 국사가 창건하였는데, 사명은 금련대, 남적 또는 연대라 하였다.[29]

위의 내용과 함께 범일이 신라 말에 삼공암을 창건하였다는 기록[30]으로 보아 신라 하대인 9세기 중반에 범일이 사굴산파를 개창하면서 이 지역의 사찰이 그의 영향을 받았다고 본다면 영은사는 삼화사·천은사와 함께 범일의 사굴산파와 어떤 형태로든 관련을 맺었다고 볼 수 있으며,

---

26 '金蓮'이라는 寺名은 『陟州誌』(1662)에 처음 보이며, 이후에 만들어진 각종 기록에 등장하다가 『頭陀山三和寺古今事蹟』(1847)에 위와 같이 기록되어 있으며, 「天恩寺紀實碑」(1921)에서 천은사의 창건과 관련하여 완성된 형태의 창건 설화를 정리하면서 부수적으로 금련대(영은사) 관련 내용을 언급하였음을 확인할 수 있다.

27 許穆, 1662, 『陟州誌』.

28 「靈隱寺事蹟碑」, 〈…唐太宗貞觀二十六年卽新羅善德王十六年壬子歲梵一國師所刱也初名宮房次曰雲望今扁靈隱…〉.

29 김정경, 1955, 『삼척 향토지』, 寺刹 條.

30 『新增東國輿地勝覽』, 三陟都護府 佛宇 三和寺 條, 〈釋息影菴의 기문에, "… 신라 말에, 세 선인이 있었는데, 각자가 거느린 무리가 매우 많았다. 여기에 모여서 서로 더불어 의논하였는데, 옛날 제후가 회맹하던 예와 같았다. 오랜 뒤에 헤어져 갔으므로, 지방 사람이 그 봉우리를 三公이라 이름하였다. 지난번 도굴산 品日祖師가 그곳에 가서 절을 세우고 또한 三公이라는 현판을 걸었다. …"〉.

이는 사찰의 창건이나 중창과 관련한 이야기로 전해진다고 볼 수 있다. 다만 창건 당시 사명이 제1, 2, 4 유형에서는 '금련대'라 하였으나, 제3 유형에서는 사명이 '궁방 → 운망 → 영은'으로 변화되어 감을 소개하고 있다. 1916년에 간행된 『삼척군지』와 1940년에 간행된 『강원도지』에서도 사명이 이와 같이 바뀌고 있음을 소개한 것으로 보아 인근의 삼화사·천은사와 관련된 창건 연기를 소개할 때는 '금련대'라 하였으나, 영은사 사명의 실제 변천 과정을 소개할 때는 제3 유형의 형태로 나타남을 알 수 있다.

이와 같은 창건과 관련된 설화와 기록을 종합적으로 분석하여 영은사의 창건 연대를 검토해 보면 다음과 같다.

첫째, 「영은사 사적비靈隱寺事蹟碑」에는 당 태종 정관 26년, 즉 신라 선덕왕 16년 임자에 범일 국사가 창건하였다고 하였으나, 정관이란 연호는 정관 23년까지 존재하였고, '신라 선덕왕 16년 임자' 또한 존재하지 않는 연호이다.[31] 신라 선덕왕 11년 임인년(642)에 범일 국사가 궁방산 아래에 창건하였다는 『삼척군지』(1916)·『강원도지』(1940)의 기록과 1955년에 만들어진 김정경의 『삼척향토지』에서 진성왕 5년 신해년(891)에 범일 국사가 창건하였다는 기록 또한 범일 국사의 생몰연대가 '810~889년' 사이라는 점과 이 시기와 관련한 유물이나 유적이 발견되지 않은 점으로 보아 믿기는 어렵다.

---

31 '당 태종 정관 26년', '신라 선덕왕 16년 壬子'를 당시의 '壬子年'으로 산정한다면 진덕여왕 6년인 652년에 해당한다. 범일 국사가 이 절을 창건하였다는 기록이 꾸준히 등장하는 것으로 보아 정확하게 알 수는 없으나, 7세기경에 창건된 영은사는 이후 당시 명주 지역에서 세를 형성하고 있던 범일 국사의 사굴산과 영향력 아래에 있었던 것으로 볼 수도 있다. 그러나 이를 증명할 문헌이나 유물·유적이 발견되지 않아서 정확한 창건 연대를 알 수 없다.

둘째, 영은사의 창건 연대를 적은 문헌은 위에서 알 수 있는 바와 같이 그 신빙성을 믿기 어려우나, 공통적으로 신라의 범일 국사가 창건하였다고 전한다. 이와 같은 사실은 『척주지』(허목, 1662)에 처음 등장한 이래 이후에 제작된 각종 기록에서 이를 전재하였다. 이와 함께 1788년에는 창건주로서 범일 국사 진영을 제작하여 봉안하였다는 점으로 보아 최초의 창건은 신라 하대에 명주를 중심으로 사굴산파를 형성하여 이 지역의 선종 불교 발전을 선도하였던 범일 국사나 그의 산문에서 주도하여 영은사를 창건한 것으로 보인다.

한편 속설에는 고려 공양왕이 이 고장에서 은거하다 죽었으므로 그 영혼을 이 절에 모셔 영은사라 했다고도 한다.

허목의 『척주지』에는 궁방사 밑에 쌍석 돌 독이 있는데 이는 옛 부도로써 선혜善惠의 사리를 넣어 두었다고 하며, 또한 한 사미가 있었는데, 그가 죽자 화장하여 머리뼈를 간직했다고 한다. 그런데 후에 요사스러운 기운이 있어 부도는 헐어 없애고 돌 독만 남겨 두었다고 한다. 이 절의 폐사와 관련된 듯하다.

다) 신흥사

신흥사의 창건과 관련하여 창건 시기나 설화를 전하는 문헌은 「운흥사 사적」(1870)을 비롯하여 『삼척군지』(1916)·『강원도지』(1940)·『진주지』(1963)·「신흥사 사적」 및 「중수비」(1977) 등이다.

「운흥사 사적」에는 신라 때 범일이 창건하였음과 사찰이 처음에는 삼척부 북쪽에 있었으나 퇴락 후 다시 중창하는 과정에서 현재의 위치로 이건하여 운흥사라는 절을 세웠다고 소개하였다. 이에 비해 『삼척군지』와 『강원도지』에는 신라 희강왕 무오년(838) 범일 국사가 창건하였다고 좀 더 구체적으로 소개하고 있다. 삼척 지역 전통 사찰 대부분은 그 창건 연기에서 범일 국사가 해당 사찰을 창건하였다고 전한다. 이는 당시 이 지역의 사찰 창건과 관련하여 널리 유포된 형태로도 볼 수 있는데, 창건과 관련하여 전하는 내용은 다음 3가지 유형으로 구분할 수 있다.

제1 유형

… 경주 불국사에서 불상을 주조하여 배에 싣고 이동 중 근덕 덕산 남하진에 이르러 움직이지 않자 절을 지을 승지가 인근에 있음을 감지하고 터를 잡고 건물을 지었다. 그 큰 법사가 틀림없이 범일 국사라고 여겨진다. …[32]

제2 유형

… 신라 희강왕 무오년(838) 범일 국사가 창건…[33]

제3 유형

… 삼척부 북쪽에 지흥사地興寺가 있었는데, 절이 낡고 스님도 떠났다. 태백산 바깥에 광운사廣雲寺를 세워 거처하였다. 이후 밤낮 종소리가 나는 곳이 있어 스님들이 찾아가 보니 법사가 불상을 모시고 도착하였기에 이곳에 공역을 모아 절을 세워 '운흥사雲興寺'라 하였다. …[34]

---

32 「雲興寺事蹟」(1870), 삼척시립박물관 소장 유물번호 549번.

33 『삼척군지』와 『강원도지』 등에서 희강왕 무오년에 창건하였다고 하였는데, 앞서 언급한 것처럼 희강왕은 무오년 정월에 사망하였으므로 사실상 민애왕 원년에 해당한다.

34 「雲興寺事蹟」(1870).

위의 내용과 함께 범일이 신라 말에 삼공암을 창건하였다는 기록으로 보아 신라 하대인 9세기 중반에 범일 국사가 사굴산파를 개창하면서 이 지역의 사찰이 그의 영향을 받았다고 본다면 신흥사는 삼화사·천은사·영은사와 함께 범일의 사굴산파와 어떤 형태로든 관련을 맺었다고 볼 수 있으며, 이는 사찰의 창건이나 중창과 관련한 이야기로 전해질 수 있다고 볼 수 있다.

그리고 「운흥사 사적」, 『삼척군지』 등의 기록에서 보이는 제3 유형은 신흥사의 실제 창건과 중창 과정을 기술한 것으로 보인다. 왜냐하면 위의 기록과 함께 구 한중대학교가 위치한 지흥동에 절터가 있어 다양한 불교 유적이 수습되었으며, 지역 주민들 또한 이곳이 신흥사의 전신인 지흥사가 있었던 곳이라 여기고 있다.[35] 조선 후기에 이르러 삼척 근덕면 동막리로 이전하여 운흥사라 하였다가 현재는 신흥사로 불린다고 하였다.

위의 사실들을 종합해 보면 사찰의 창건과 관련하여 이 지역에서 신라 하대부터 사굴산파의 영향이 컸으므로 범일 국사 창건설을 따르고, 실제 전개 과정은 『삼척군지』(1916) 등에서 보이는 '지흥사 → 광운사 → 운흥사 → 신흥사'로 바뀌었음을 알 수 있다.

2) 사명寺名의 변화
가) 천은사

천은사는 이전에 '백련대'라 불리었다. '백련대'라는 사명은 허목의 『척주지』에 처음 등장한 이후 「아미타불원문」[36]·「천은사기실비」 등에

---

35   고 김원우 님(삼척 부시장, 삼척문화원장 역임) 제보.

36   "陟州 文蹟에 白蓮寺라고 하였다"라는 내용이 소개되어 있다. 〈…陟州文蹟白蓮寺…〉.

서 확인할 수 있다. 천은사 창건 설화와 관련하여 전하는 '백련대(백련)'라는 명칭이 실제 조선 시대에 사용되었다기보다는 천은사의 옛 사명이었음이 기록에 나타난다.

간장사(간장암)라는 명칭은 「간장사기」, 「간장암중창기」에 나오는데,[37] 조선 시대의 각종 기록에는 고려 시대 최해의 「간장암중창기」에 실려 있는 내용을 전재하였고, 절 이름이 간장사(간장암)라고 소개된 문헌으로는 고려 시대의 「간장사기」와 「간장암중창기」로부터 조선 시대에 편찬된 『여지도서』·삼척 김씨 족보 『기유보己酉譜』 등의 문헌과 고지도古地圖에서 찾을 수 있다. 이로 보아 간장암(간장사)이라는 사명은 고려 후기부터 조선 후기까지 사용되었음을 알 수 있다.

'흑악사'라는 사명은 만력 24년(1596)에 제작되어 아미타불 복장으로 발견된 「중수기」에 처음 등장한다. '흑악사'라는 사명이 정확하게 언제부터 사용되었는지는 알 수 없으나, 「중수기」(1596)와 「삼존상개금후불탱개채원문」(1922)의 관련 내용으로 보아 1596년 이전부터 사용되었다고 볼수 있다.[38]

---

37 『高麗史』, 列傳 19 諸臣 李承休 條에서 李承休가 이곳에 거처하였다는 관련 기록을 발췌해 보면 다음과 같다. 〈…頭陀山 龜洞에 들어가서 몸소 밭을 갈아 어머니를 봉양하여 10여 년을 살았는데 安集使 李深이 돈독히 권하여 서울에 나아가게 하고 李藏用, 柳璥이 薦擧하여 慶興府書記에 補하였다가 들어와 都兵馬錄事가 되었다. … 스스로 動安居士라 이름하였는데 잠시 후에 불러 殿中侍史를 除拜하니 10事를 조목으로 陳述하였고 또 上疏하여 利害를 極論하다가 뜻에 거슬려 파면되어 龜洞의 이전 隱居地로 돌아와서 따로 容安堂을 짓고 佛書를 읽으매 『帝王韻紀』와 『內典錄』을 지었다. 10년을 기거하매 忠宣王이 受禪하여 교서 내리기를, … 忠烈王 26년에 죽으니 나이 77세였다. 性品이 正直하여 세상에 구함이 없었으며 浮屠法을 좋아하였다. …〉.

38 「三尊像改金後佛幀改彩願文」(1922)에 〈…改名藏看復改金 大師西山改黑岳 住持法能彩金像 時年萬歷丙申秋…〉이라 쓴 것으로 보아 관련 기사가 시대순으로 배열되었다고 볼 때, 萬歷 丙申(1596) 이전에 서산 대사가 寺名을 '黑岳'으로 바꾸었다고 볼 수 있다. 그리고 이에 앞서 만들어진 「重修記」(1596)에도 '黑岳寺'라는 寺名이 기재되어 있으므로 '黑岳寺'라는 寺名은 1596년 이전부터 사용되

그런데, 『여지도서』[39]와 숙종 8년(1682)경에 제작된 「동여비고東輿備攷」에서 간장암이란 명칭이 사용되었으며, 삼척 김씨 족보 『기유보』에서도 '간장사'라는 사명이 보인다. 즉, '천은사' 사명이 시기별로 구분되어 사용되었다기보다는 흑악사와 간장사라는 명칭이 조선 중기 이후 사용하는 사람에 따라 달리 불렸음을 알 수 있다.[40]

'천은'이란 사명은 『조선지지자료朝鮮地誌資料』[41](1910~1911 추정)에서 처음 확인할 수 있는데, 1916년 삼척군수였던 심의승에 의해 만들어진 『삼척군지』에는 이와 관련하여 기해년(1899) 준경묘와 영경묘를 수축할 당시 영건 당상 이중하가 '천은'이란 사명을 하사하여 이후 천은사로 불리게 되었다고 전한다.

'흑악사'라는 사명이 사용된 마지막 기록이 1900년이고, '천은사'라는 사명이 처음 등장하는 시기가 1910~1911년 사이에 조사된 『조선지지자료』임을 감안할 때 준경묘·영경묘 수축과 제사에 도움을 주면서 원찰

었다고 볼 수 있다.

39 『輿地圖書』는 조선 英祖朝에 各道 邑誌를 收聚, 改修하여 成册한 것인데, 『輿地圖書』라 함은 「輿地圖」(각 邑 地圖)와 「書」(각 邑 邑誌)로 이루어진 전국 지리지임을 뜻한다. 『輿地圖書』의 각 邑 邑誌의 편성 시기는 各道 邑誌의 上送을 명한 것이 영조 33년이니 영조 33년에서 41년 사이(1757~1765)로 추측할 수 있다.

40 이와 같이 寺名이 사용하는 사람이나 시대에 따라 달리 불리는 예는 춘천 淸平寺의 예에서도 확인할 수 있다. 현재 춘천시 오봉산에 있는 淸平寺는 광종 24년(973) 承賢이 창건하여 白岩禪院이라 하였으나, 폐사된 후 李顗의 아들 李資玄이 寺名을 '文殊院'으로 하여 중창하였다. 이후 명종 5년(1550) 普雨가 청평사로 개칭하였다. 조선 후기의 기록인 『여지도서』(1757~1765)와 『관동지』(1826~1830)에는 寺名이 '文殊寺 一名 靑平寺'라 하였으며, 1872년에 제작된 「春川府地圖」에는 '淸平寺'라 기재되어 있다. 이와 같은 사례로 보아 부르는 사람이 자신이 선호하는 寺名을 공식 명칭으로 남길 수 있다고 볼 때 조선 시대에 '看藏寺(看藏庵)'와 '黑岳寺'가 혼용되는 것은 전혀 문제가 되지 않는다. 다만 '黑岳'이라는 寺名이 처음 등장한 시기가 언제인가라는 것이 문제인데, 기록에 청허 대사가 '黑岳'이라 하였는데, 공식적으로는 萬曆 24年(1596)에 만들어진 「重修記」에 처음 등장한다.

41 신종원 편, 『강원도 땅이름의 참모습: 조선지지자료 강원도편』, 경인문화사, 2007.

로서의 지위를 확보함에 따라 '천은사'로 사명을 바꾸게 된 계기가 된 것으로 볼 수 있다.[42]

정리하면, 조선 시대에 천은사 사명이 간장암에서 흑악사로 바뀌어 가고, 허목이 『척주지』를 서술한 이후에도 천은사의 사명은 흑악사와 간장사(간장암)가 서로 교대 또는 혼용되고 있음을 알 수 있다.[43]

나) 영은사

영은사는 이전에 금련대, 궁방사, 운망사로 불렸다.

금련대라는 사명은 위에서 살펴본 바와 같이 창건 설화에 등장하는데, 실제 기록에는 허목의 『척주지』에 처음 등장한 이후 『두타산삼화사 고금사적』·『삼척군지』·「천은사기실비」·『강원도지』·『진주지』 등에서 보인다. 즉, 『삼척군지』·「천은사기실비」·『진주지』 등에 의하면 창건 설화와 관련하여 금련대(납적 또는 연대)라는 명칭이 실제 조선 시대에 사용되었다기보다는 영은사의 옛 사명이었음이 기록에 나타난다.

'궁방사'라는 명칭도 허목의 『척주지』에 처음 등장한 이후 영은사의 창건과 발전 과정을 소개한 대부분의 기록에서 보이는데, 영은사를 처음 창건하면서 불렀던 사명으로 볼 수 있다. '운망사'라는 사명 또한 '궁방사'라는 사명 이후 사용되었는데, 영은사의 발전 과정을 소개한 대부분의 기록에서 보인다.

'영은사'라는 사명에 대한 기록은 천은사에서 발견된 「중수기」(1596)

42　『三陟郡誌』(1916)를 비롯한 각종 기록에 1899년 寺名을 '天恩'이라 바꾼 것으로 기재되어 있는데, 이는 「完文」을 내려 준 시기와 일치한다.

43　천은사의 사명 변화 과정에 대하여 '1장 천은사의 역사' 항목에서 자세하게 서술하였기에 이를 참고하기 바란다.

삼척시 근덕면 영은사 내 부도와 비석군

에서 처음 발견된다. 이후 허목의 『척주지』를 비롯하여 「영은사 사적
비」·『삼척군지』·『강원도지』·『진주지』 등에서 보인다. 『삼척군지』와
『강원도지』에서는 사명 대사가 현재 자리로 이전한 후 사명을 '영은사'
로 바꾸었다고 소개하였는데, 이후에 만들어진 『삼척향토지』와 『진주
지』에는 조선 명종 22년 정묘(1567)에 '궁방사'를 이전하여 '운망사'라 하였
다가 뒤에 '영은사'로 사명을 바꾸었다고 하였다.

　　이를 종합해 보면 첫째, 창건 연기와 관련하여 '금련대'라는 사명이
사용되었고, 둘째, '궁방사'라는 사명으로 처음 창건한 후 그 명칭이 '운망
사'라 하였다가 사명 대사에 의해 '영은사'로 사명이 바뀌어 오늘에 이르
고 있음을 알 수 있다.

　　각종 자료에 나타난 영은사와 관련된 사명을 정리하면 다음 [표 2]와
같다.

표 2 각종 지리지 · 기문 등에 기재된 영은사 사명

연대	참고 자료	사찰명
1596	「重修記」	靈隱寺
1602~1604	『陟州誌』(許穆)[44]	靈隱寺
1662	『陟州誌』(許穆)	宮房寺〈南寂又曰金蓮臺〉→ 靈隱寺
1745~1760	「備邊司印方眼地圖」(지도)	靈隱寺
1757~1765	『輿地圖書』(지도)	靈隱寺
1774	「八相殿靈山會上圖畵記」	靈隱寺
1788	「創建主梵日國師眞影畵記」	靈隱寺
1799	『梵宇攷』	靈隱寺
1811	「大雄殿地藏菩薩畵畵記」	靈隱寺
1826~1830	『關東誌』	靈隱寺 (南寂 又曰 金蓮臺 → 靈隱寺)
1830	「靈隱寺事蹟碑」	宮房 → 雲望 → 靈隱
1847	『頭陀山三和寺古今事蹟』	金蓮臺 → 靈隱寺
1848 以後	『陟州誌』(金宗彦)	南寂 又曰金蓮臺 → 宮房寺 → 雲望寺 → 靈隱寺
1856	「靈隱寺八相殿掛佛畵記」	靈隱寺
1870頃	想白本 『陟州誌』(지도)	靈隱寺
1870	『關東邑誌』(지도)	靈隱寺
1872	「三陟營鎭地圖」(지도)	靈隱寺
1872	「三陟府地圖」(지도)	靈隱寺
1883	「靈隱寺八相殿重修記」	靈隱寺
1916	『三陟郡誌』(沈宜承)	宮房寺 → 雲望寺 → 靈隱寺
1922	「天恩寺記實碑」	靈隱寺
1940	『江原道誌』	宮房寺 又曰 雲望寺 → 靈隱寺
1941	「梵鐘功德文」	靈隱寺
1946	『陟州誌』(崔晩熙)	古金蓮臺〈一曰 南寂〉→ 雲望寺 → 靈隱寺
1955	『三陟鄕土誌』(金鼎卿)	金蓮臺, 南寂 또는 蓮臺 → 宮房寺 → 雲望寺 → 靈隱寺
1963	『眞珠誌』	金蓮臺, 南寂 또는 蓮臺 → 宮房寺 → 雲望寺 → 靈隱寺

다) 신흥사

신흥사는 이전에 지흥사地興寺·광운사廣雲寺·운흥사雲興寺로 불렸다.

'지흥사'라는 사명은 위에서 살펴본 바와 같이 「운흥사 사적雲興寺事蹟」, 『삼척군지』 등의 기록을 통하여 확인할 수 있는데, 그 위치는 '삼척부 북쪽' 또는 '북삼면 지흥리'라고 명시되어 있는 것으로 보아 현재의 동해시 지흥동에 있었음을 알 수 있다.

이후 사세寺勢가 기울어 현종 갑인년(1674) 이건移建하여 사명을 '광운사'라 하였다. 이와 관련하여 「운흥사 사적」과 『강원도지』 등의 기록에는 현종 갑인년(1674)에 대웅전·심검당 등을 중건하고, 불상을 봉안하는 등, 대규모 불사가 진행되었다는 사실을 기록하고 있다. 절을 옮긴 후 대규모 중창불사를 단행하면서 '광운사'라는 사명으로 바뀌었을 가능성도 있다.

'운흥사'라는 사명이 구체적으로 언제부터 사용되었는지는 알 수 없으나, 창건 연기와 각종 기록을 종합해 보면 절을 현재의 자리로 이전하여 부처님을 새로이 모시면서 '운흥사'라는 사명을 사용한 것으로 보인다. 현전하는 기록으로는 「비변사인 방안지도」(1745~1760)에 '운흥사'라는 사명이 처음 보이는데, 이로부터 110여 년 뒤에 만들어진 「운흥사 사적」 등에서는 이전의 사명인 '광운사'의 '雲' 자와 '지흥사'의 '興' 자를 차용하여 '운흥사'라는 사명을 사용하였다고 하였다.

순조 30년(1830) 화재로 사찰이 소실되자, 부사 이규헌이 돈 200냥과 쌀 30석을 주어 중건하고는 이름을 신흥사로 고쳤다고 한다. 이후 사명이 '신흥사'로 바뀌었는데, 「삼척부지도」(1872) 등에서는 '운흥사'라는 사

---

44 許穆, 1662, 『陟州誌』. 삼척부사 안종록 때의 영은사 범종 기사이다.

신흥사 내 부도와 비석군

명을 계속 사용하고 있다. 이와 관련하여 고 김원우 님은 일제강점기 아래서도 사람에 따라 '신흥사'와 '운흥사'라는 사명을 함께 사용하였다고 한다.[45]

이를 종합해 보면 첫째, 인근의 다른 사찰과는 달리 창건 연기와 관련한 별도의 명칭은 존재하지 않으며, 둘째, '지흥사'라는 사명으로 현재의 동해시 지흥동에 처음 창건한 후 그 명칭이 '광운사 → 운흥사'라 하였다가 부사 이규헌이 중창불사를 지원하면서 '신흥사'로 사명이 바뀌어 오늘에 이르고 있음을 알 수 있다.

각종 자료에 나타난 신흥사와 관련된 사명을 정리하면 다음 [표 3]과 같다.

표 3 각종 지리지 · 기문 등에 기재된 신흥사 사명

연대	참고 자료	사찰명
1745~1760	「備邊司印方眼地圖」(지도)	雲興寺
1755	「雲興寺天龍幀畵畵記」	雲興寺
1757~1765	『輿地圖書』	雲興寺
1757~1765	『輿地圖書』(지도)	雲興寺

연대	참고 자료	사찰명
1791	「雲興寺般若庵木造阿彌陀佛坐像陀仏願文」	雲興寺
1799	『梵宇攷』	雲興寺
1826~1830	『關東誌』	雲興寺
1826~1830	『關東誌』(지도)	雲興寺
1835~1839	『陟州先生案』中 府使 李奎憲	雲興寺 → 新興寺
1860	「影潭大師浮屠碑」	新興寺
1861	「新興寺阿彌陀後佛幀畵」1畫記	新興寺
1870頃	想白本『陟州誌』(지도)	新興寺
1870	『關東邑誌』(지도)	新興寺
1870	「雲興寺事蹟」	地(池, 智)興寺 → 廣雲寺 → 雲興寺 → 新興寺
1872	「三陟府地圖」(지도)	雲興寺
1872	「三陟營陣地圖」(지도)	新興寺
1875	「新興寺阿彌陀後佛幀畵」2畫記	新興寺
1916	『三陟郡誌』(沈宜承)	地(池, 智)興寺 (북삼면 지흥리) → 현종 甲寅年 이건하여 廣雲寺 → 雲興寺 → 新興寺
1940	『江原道誌』	地(池, 智)興寺 → 이건하여 廣雲寺 → 雲興寺 → 新興寺
1946	『陟州誌』(崔晚熙)	廣雲寺 → 雲興寺 → 新興寺
1955	『三陟鄕土誌』	智興里 → 현종 甲寅年 이건하여 廣雲寺 → 雲興寺
1963	『眞珠誌』	廣雲寺 → 雲興寺 → 新興寺
1977	「新興寺寺蹟」・「重修碑」	廣雲寺 → 雲興寺 → 新興寺

45 이와 같이 동일한 사찰에 대하여 사명을 달리 부르는 예는 '흑악사'와 '간장사'라는 사명이 조선 후기까지 같이 사용되었던 인근의 천은사에서도 발견된다.

다. 삼척 지역 전통 사찰의 역사성

현재까지 법등을 이어 가는 천은사·영은사·신흥사와 동해시에 있는 삼화사의 창건 연기를 종합하여 삼척 지역 불교문화의 성립 과정을 보면 공통적으로 신라 하대에 사굴산파를 형성하여 영동 지역 불교문화를 이끌었던 범일 국사에 의해 창건되었다는 것을 각종 기록에서 확인할 수 있었다. 이와 함께 신라 하대에 조성된 본적사지 석탑재·흥전리 사지 석탑재와 청동 정병·삼화사 삼층석탑과 철불·천은사 금동약사여래입상은 신라 하대에 이 지역에서도 불교문화가 융성하였음을 실증적으로 보여 주고 있다.

또한 이들 유물과 유적은 이 지역 불교문화의 형성과 발전이 신라 하대에 사굴산파의 영향과 함께 경상북도 내륙과 태백산을 연결하는 백두대간을 따라 북상한 불교문화가 태백산 권역을 경계로 일부 세력이 삼척 지역을 거쳐 동해안을 따라 북상하였음을 보여 주고 있다.

이러한 불교문화의 전통이 고려 시대에 와서도 계속되었음은 이승휴 선생과 간장사, 임원리 사지 석불, 대평리 사지 석탑재 등을 통해 알 수 있다.

조선 시대 삼척 지역의 불교문화는 각종 기록과 불상·탱화·전각 등을 통해 알 수 있는데, 천은사 목조아미타삼존불 복장물로 발견된 「중수기」와 조선 시대에 제작된 각종 사적기 등을 종합해 보면 이 지역의 전통 사찰들이 유기적으로 연결되어 있었음을 알 수 있다. 이는 창건 연기와 각종 불사에서 서로 협조한 기록, 주로 월정사나 금강산에서 활동한 화사들이 이 지역 사찰의 각종 탱화를 그려 봉안하였다는 사실에서 나타난다.

좀 더 구체적으로 삼척 지역의 전통 사찰이 법등을 이어 가는 과정에 나타난 역사성을 정리하면 다음과 같다.

먼저 천은사의 사력에서 발견할 수 있는 역사성을 정리하면 다음과 같다. 첫째, 천은사가 역사적으로 불교문화와 관련하여 천은사 경내에서 출토된 금동약사여래입상, 목조아미타삼존불과 복장물을 소장하고 있다는 것은 역사적으로나 불교문화적으로 매우 중요한 의미를 지닌다고 볼 수 있다.

둘째, 고려시대에 편찬된 사서史書 중 민족의식과 역사적 정통성을 내포한 『제왕운기』를 이승휴 선생이 용안당(현재의 천은사)에 10여 년 이상을 머무르며 저술한 유서 깊은 사찰이라는 점에서 역사적으로 매우 중요하다.

셋째, 천은사는 인근의 준경묘와 영경묘를 수축하는 과정에서 일정한 역할을 하였으며, 수축 후 조포사로 지정되어 제수祭需를 준비하는 등 원찰로서의 역할을 수행하였다. 즉, 기해(1899) 12월 초사일에 작성된 「완문」(흑악사 관련)[46]을 보면 미로면 활기리와 동산리에 준경묘와 영경묘를 각각 수축한 이후 흑악사로 하여금 향사享祀와 조포사로서의 역할을 수행하고, 대신 각청의 잡역과 세금을 면제해 준다는 내용을 담고 있다. 그리고 준경묘와 영경묘를 수축한 이후 이를 수호하고 유지하기 위한 「수호절목」[47]에 흑악사를 조포사로 하여 삼척군의 잡역 일체를 면제해 준다는 내용이 실려 있다.

이들 자료를 통해 천은사는 법등을 이어 가는 과정에서 준경묘와 영

---

46 『肇慶壇濬慶墓永慶墓營建廳儀軌(下)』(光武 五年 庚子 十二月 日 濬慶墓上), 移照 訓令附, 삼척시립박물관 소장 유물번호 450번. 강원도에서 발견할 수 있는 이와 유사한 사례로 영월 莊陵의 願刹로서 報德寺를 造泡守護之寺로 지정하고, 正宗 庚戌에 免稅를 주청하여 받아들여진 내용 등이 다음에 실려 있다. 『關東誌』, 第四冊, 「莊陵事蹟 下」, 報德寺 條.

47 『肇慶壇濬慶墓永慶墓營建廳儀軌(下)』(光武 五年 庚子 十二月 日 濬慶墓上), 「守護節目」.

경묘의 수축[48] 이후 1899년에 능침 수호 사찰로 지정되었으며, 치제致祭에 필요한 제수를 준비하는 조포사로서의 역할을 수행하여 조선 왕실과 밀접한 관계를 지녔음을 보여 주고 있다.[49]

영은사와 관련한 내용을 종합해 보면 이미 16세기 후반에 삼척 지역 중심 사찰로써 나름의 사격을 갖추었음을 알 수 있다. 정조 12년(1788)에는 창건주 범일 국사 진영과 사명당 대선사 진영을 봉안하여 영은사의 창건과 중수에 대한 역사성을 드러내고자 하였다.

그 후 순조 4년(1804) 봄에 화재로 인해 대웅보전을 비롯한 10여 동의 건물이 전소되어 다음 해에 당시 삼척부사였던 심공저의 지원을 받아 중건하였고, 순조 10년(1810)에는 학송 스님이 석조비로자나불을 주존으로 석가모니불과 노사나불이 협시하는 삼신불을 봉안하였다. 순조 11년(1811)에는 중수한 대웅전에 영산회상도, 신중탱화, 지장보살도를 제작하여 봉안하였으며, 철종 7년(1856)에는 팔상전에 괘불을 조성하고, 영산회상도와 신중탱화를 봉안하였다. 이는 임진왜란과 병자호란을 지난 후 각 지방에서 지방 세력의 후원을 받아 사찰을 중수한 사례가 많은데, 이와 궤를 같이한다고 볼 수 있다.

그리고 영은사에는 조선 시대 태조에서 정조 대까지의 역대 왕들과 왕비들의 기일忌日을 기록한 현판인 「국기國忌」가 있다. 이 현판 말미에

---

48 삼척시 미로면 활기리와 동산리에 있는 준경묘와 영경묘에 대한 수축과 관련하여 다음 논문이 참고가 된다. 원영환, 1993, 「목조의 활동과 홍서대고」, 『강원사학』 9, 53~74쪽; 배재홍, 2003, 「조선 태조 이성계의 고조 목조 이안사와 삼척」, 『조선사연구』 12, 1~35쪽; 김도현, 2013, 「준경묘·영경묘 수호활동과 제향」, 『박물관지』 20, 강원대학교 중앙박물관; 김도현, 2019, 『준경묘·영경묘 청명제』, 삼척시·준경묘영경묘봉향회.

49 천은사의 역사성에 대하여 '2장 이승휴 선생과 천은사(간장사), 3장 준경묘·영경묘와 조포사 천은사, 4장 천은사가 보유한 유물·유적' 항목에서 자세하게 서술하였기에 이를 참고하기 바란다.

경모궁 장헌세자景慕宮莊獻世子와 혜경궁 홍씨惠慶宮洪氏, 그리고 문희묘 문효
세자文禧廟文孝世子의 기일을 적은 것으로 보아 정조대왕의 후손이 영은사에
서 기일 제사를 지낸 것으로 보인다. 이는 위패의 일부가 보관되어 있어
왕실과의 연관성을 추정하게 한다.

소장 문화재로는 순조 5년(1805)에 중건한 대응보전(지방유형문화재 제76호),
인조 19년(1641)에 건립한 팔상전(지방유형문화재 제77호)이 있으며, 철종 7년
(1856)에 제작한 괘불(지방유형문화재 제108호)[50]이 있다. 이 외에 탱화幀畵, 범일
국사 및 사명 대사의 진영과 월파당 대선사 부도月波堂大禪師浮屠(1770), 「영곡
당대선사부도비靈谷堂大禪師浮屠碑」(1780), 비로자나불을 주존으로 석가모니
불·노사나불의 삼신불(1810) 등이 있다. 이와 같은 문화재는 조선 후기에
중수한 영은사가 이 지역의 대표적인 사찰로서 불교문화의 중심지였음
을 잘 보여 주고 있다.

신흥사는 영조 46년(1770)과 순조 30년(1830)에 화재로 많은 건물이 소
실되었는데, 영담 화상이 불사를 일으키고, 응하 선사가 이 일을 추진하
였으며, 부사 이규헌이 돈 200냥과 쌀 30석을 주어 중건을 도왔다. 이후
고종 6년(1869)에는 덕암 화상과 지수 선사가 불사를 시작하여, 해운 대사
가 뒤따라 하였으며, 다음 해인 고종 7년(1870) 월암·최염 등의 스님들이
중건하였다. 즉, 신흥사도 영은사와 함께 조선 후기에 많은 어려움이 있
었으나 삼척부와 지방 세력의 도움으로 중창을 하여 오늘에 이르고 있음
을 알 수 있다.

신흥사 소장 문화재로는 지방문화재자료 제108호인 설선당과 심검
당이 있다. 설선당은 1674년, 심검당은 1771년에 건립되었다고 전하는

---

50 현재 오대산 월정사 성보박물관에서 보관하고 있다.

데, 심검당은 일명 진영각眞影閣이라고도 한다. 그리고 대웅전 안에는 조선 후기의 삼존불과 6점의 탱화가 봉안되어 있었다. 탱화 5점은 건륭 연간(1736~1795)의 것이고, 1점은 함풍 11년(철종 12, 1861)에 조성된 것이라고 한다. 심검당에는 10점의 진영이 봉안되어 있었는데, 지금은 행방을 알 수 없다.

현재 남아 있는 탱화는 대부분 월정사 성보박물관에 보관되어 있는데, 구체적으로 보면 1755년에 조성된 운흥사 천룡탱화, 1861년 월정사에서 조성하여 신흥사에 봉안하였던 신흥사 아미타후불탱화, 1875년 조성하여 신흥사 대웅전에 봉안한 신흥사 아미타후불탱화, 조선 후기에 제작된 신중도神衆圖 등이 전한다. 그리고 건륭 36년(1871)에 건립한 화운당 대사 부도花雲堂大師浮屠 외 부도 3기가 있으며, 「화운당대사비花雲堂大師碑」(1871)와 「영담대사비影潭大師碑」(1860)가 있다.

위에서 소개한 당우堂宇와 탱화들은 영은사와 함께 신흥사가 이 지역의 대표 사찰로써 불교문화의 중심지였음을 잘 보여 주고 있다.

1장

천은사의 역사

천은사의 연혁을 알려 주는 고려 시대의 기록은 이승휴 선생과 관련하여 1280년에 당호堂號를 '용안당容安堂'으로 하는 모옥茅屋을 건립하였다는 사실을 기록한 「보광정기」, 용안당을 간장사로 개칭하고 승려가 주석할 밭을 희사하였다는 내용이 실린 「간장사기」, 그리고 이승휴 선생의 아들에 의해 중수된 후 둘째 아들인 담욱의 요청으로 최해가 쓴 「간장암중창기」가 전한다. 조선 시대에 들어서 각종 지리지류와 기문류에서 천은사와 관련된 내용을 많이 발견할 수 있다. 이 장에서는 천은사와 관련된 지리지와 기문 등을 중심으로 내용을 정리한 후 천은사의 연혁과 역사성을 살펴보고자 한다.

1942년 천은사 소풍(미로초등학교 제공)

1. 관련 문헌 검토

천은사에 대한 기록은 「간장사기」·「간장암중창기」[1]가 있으나, 본
격적인 기록은 조선 시대에 들어서 확인되기 시작한다. 즉, 『신증동국여
지승람』, 『척주지』[2]를 비롯한 각종 관찬·사찬 지리지와 사찰 관련 자료

---

1 崔瀣, 1323, 「看藏庵重創記」.

2 『陟州誌』는 許穆의 저서로서, 삼척부사로 온 허목이 현종 3년(1662)에 완성하였음을 序에서 알
수 있다. 『陟州誌』는 상·하권 1册으로 되어 있는데, 상권은 건치 연혁에서 시작하여 선조 33년(1600)
까지의 編年史로 구성되어 있고, 하권은 선조 34년(1601)에서 현종 3년(1662)까지의 편년사, 그리고
삼척부의 9個里에 관한 里誌를 실었다. 附로는 鬱陵島에 관한 기사를 싣고 있다(金道賢, 1997, 「歷代 地
理誌의 三陟郡 敍述에 대한 一考察」, 14~15쪽).

집, 그리고 천은사 관련 내용이 실려 있는 『두타산삼화사고금사적』, 그리고 천은사 경내의 「천은사기실비」와 극락보전에 있는 목조아미타삼존불을 개금하는 과정에서 나온 「중수기」, 「아미타불원문」, 「삼존상개금후불탱개채원문」 등이 있다. 이와 함께 천은사를 소재로 강릉부사 이명준, 삼척부사 이병연, 유배를 온 채제공이 남긴 시가 전하며, 준경묘·영경묘를 수축할 때 천은사를 원찰로 하여 내려 준 「완문」과 「수호절목」이 남아 있어 천은사의 창건 관련 유래, 사명의 변화 과정과 함께 그 역사성을 잘 알려 준다. 이러한 내용을 표로 정리하면 다음과 같다.

표 4 각종 지리지 · 기문 등에 나타난 천은사 관련 자료(편찬 연대순)

참고 자료	사찰명	창건 연대	천은사 관련 자료	삼척 관내 사찰명	비고
「葆光亭記」 (1289)	容安堂 (1280)		이승휴 선생이 佛經을 읽으려 지은 모옥이 '容安堂'		
「看藏寺記」 (1294)	容安堂 → 看藏寺		충렬왕 6~충렬왕 15년(1280~1289) 사이인 10년간 불경을 읽은 후 '容安堂'을 '看藏寺'로 개칭하고, 승려가 주석할 밭을 희사함[3]		1289~1294년 사이에 '看藏寺'로 개칭
「看藏庵重創記」(1323)	容安堂 → 看藏庵		이승휴 선생의 출가한 둘째 아들인 담욱의 발의로 3형제가 합심하여 중수하였는데, 藝文 辛蔵이 관동지방을 다스리다가 이를		崔瀣 壽翁이 씀

참고 자료	사찰명	창건 연대	천은사 관련 자료	삼척 관내 사찰명	비고
			알고, 삼척현에 공문을 보내어 도와주도록 하여 1년이 안되어 공사를 마치게 하였다		
『新增東國輿地勝覽』 (1530)	看藏菴		두타산에 있다	中臺寺, 三和寺, 看藏庵	고려 崔瀣의 「간장암중창기」 일부 내용을 전재한 안축의 기문을 소개하였음
「重修記」 (1596)	黑岳寺		黑岳寺 腹藏施主 戒玉 腹藏施主 信敬 腹藏施主 性黙 腹藏施主 雪云 腹藏施主 敬薰	黑岳寺, 中臺寺, 五峯庵, 靈隱寺	
江陵都護府使 李命俊 詩(在任: 1628~1630)	黑岳寺		次兒輩黑岳寺韻		이명준이 강릉도호부사로 재임 시 삼척의 黑岳寺에 대하여 지은 詩
『陟州誌』 (許穆, 1662)	白蓮臺 或曰 看藏菴 → 黑岳寺		眉老里 條 ·黑岳寺는 옛날의 白蓮臺 혹 看藏庵이라고도 하는데 두타산 동쪽 기슭에 있고 府 서쪽 40리이다 ·黑岳寺 동쪽 기슭에는 고려 侍御史 이승휴가 살던 산속 별장이 있었다 ·黑岳寺 동북쪽	三和寺, 黑嶽寺, 靈隱寺, 雲興寺, 金井庵, 隱禪庵, 頓覺寺	

참고 자료	사찰명	창건 연대	천은사 관련 자료	삼척 관내 사찰명	비고
			절벽에는 學士 書堂이 있었다 고 한다		
『東國輿地志』(1680頃)	看藏寺 → 黑岳寺		· 在頭陀山 · 고려시어사 이 승휴 선생 관련 · 今稱 黑岳寺	中臺寺, 三和寺, 黑岳寺, 宮房寺	
三陟府使 李秉淵 詩(在任: 1732~1736)	黑岳寺		『槎川詩抄』卷上, 黑岳寺(三首)		『槎川詩抄』에 실려 있는 詩
『望美錄』(蔡濟恭,4 流配: 1751~1752)	黑岳寺		· 轉向黑岳寺 · 將訪黑岳寺 · 冒雨入黑岳		『樊巖先生集』에 있는 시집
『輿地圖書』(1757~1765)	看藏菴		在府西三十里 頭陀山下 四十七間	中臺寺, 看藏庵, 靈隱寺, 雲興寺, 中峯菴	
『伽藍考』(1781 以前)	看藏菴		府 서쪽 30里	中臺寺, 看藏庵, 中峯菴, 靈隱寺, 雲興寺	
「阿彌陀佛願文」(1798)	白蓮寺 → 看藏 → 黑 岳(寺)		별도로 정리한 항목 참조		
『梵宇攷』(1799 以前)	看藏寺 → 黑嶽寺		· 俱在頭陀山今廢 · 高麗 安軸이 쓴 이승휴 선생 관련 내용 소개 · 今稱 黑岳寺	中臺寺, 三和寺, 黑岳寺, 斷橋菴 雲興寺, 靈隱寺	안축 기문(용안당 → 간장 → 흑악)
『關東誌』(1826~1830)	看藏寺 → 黑嶽寺		在頭陀山 古看藏寺	三和寺, 黑嶽寺, 斷橋菴, 靈隱寺, 雲興寺	
『陟州先生案』中 府使 李奎憲	黑岳寺		黑岳寺 불당이 오래되어 무너지자 100緡의 재물을 떼 주어		雲興寺에 화재가 나자 돈 200냥과 쌀 30석을 떼 주어

참고 자료	사찰명	창건 연대	천은사 관련 자료	삼척 관내 사찰명	비고
			수리하였다		중건하고는 이름을 新興寺로 고쳤다
『三陟府邑誌』(1826~1830 以後)	白蓮庵或日看藏菴 → 黑岳寺		在府西三十里未老面頭陀山下古白蓮庵 或曰看藏庵 高麗侍御史李承休言事件旨入頭山下以終焉性好佛就三和寺浮屠藏經開十年以墅施僧扁曰看其山居曰龍溪別業	三和寺, 斷橋庵, 指祖庵, 大乘庵, 黑嶽寺, 華嚴庵, 明寂庵, 靈隱寺, 三聖庵, 大圓庵, 雲興寺, 靑蓮庵, 圓通庵	
『頭陀山三和寺古今事蹟』(1847)	白蓮庵 → 看藏庵		· 『陟州誌』(許穆, 1662)의 관련 내용 · 十里南黑岳寺一云 看藏寺 累經兵…新羅古刹 而 三次開創 一卽 砲手 一卽 李學士 一卽 懶翁也		앞부분은 『陟州誌』(許穆, 1662)의 내용을 전재한 것으로 보임
三陟金氏族譜『己酉譜』(1849)	看藏寺 (간행)		看藏寺에서 木版本으로 三陟金氏族譜 13券 13冊을 간행하였다		看藏寺에서 1849년 간행한 族譜를『己酉譜』라 하는데, 이후에 발간된 『甲戌譜』(1874)와 『甲辰譜』(1904)는 삼척 三和寺에서 간행하였다.[5]

참고 자료	사찰명	창건 연대	천은사 관련 자료	삼척 관내 사찰명	비고
『關東邑誌』 (1870)	黑岳寺				許穆의 『척주지』 내용 전재
『陟州誌』 (金宗彦, 1848~1888)	黑岳寺		黑岳寺或曰白蓮菴一云看藏寺	三和寺, 斷橋菴, 黑岳寺, 雲興寺, 靈隱寺, 明寂菴	許穆의 『척주지』 내용 전재
『三陟郡邑誌』(1895 以後)	看藏寺 → 黑嶽寺		在頭陀山 古看藏寺	三和寺, 黑嶽寺, 斷橋菴, 靈隱寺, 雲興寺	
『肇慶壇濬慶墓永慶墓營建廳儀軌』, 「完文」(1899)	黑嶽寺		…國祖先寢受享祀造泡以黑嶽寺爲定自今以後本郡官用以下各廳雜役雖…		願刹로서 기능
『肇慶壇濬慶墓永慶墓營建廳儀軌』, 「守護節目」 (1900)	黑嶽寺		…造泡寺以黑嶽寺擧行從前本郡雜役一切勿侵事…		願刹로서 기능
『朝鮮地誌資料』 (1910~1911)	天恩寺		내미로리 소재		'天恩'이란 寺名이 등장하는 가장 빠른 기록임
『三陟郡誌』 (1916)	白蓮臺 → 看藏庵 → 黑嶽寺 → 天恩寺	新羅 興德王 4年 己酉	본문 중 관련 내용 참조	三和寺, 新興寺, 天恩寺, 靈隱寺, 寒山寺, 池香寺	
「天恩寺記實碑」(1921)	白蓮臺 → 看藏寺 → 黑嶽寺 → 天恩寺	新羅 興德王 4年 己酉	본문 중 관련 내용 참조		삼화사와 같다
「三尊像改金後佛幀改彩願文」 (1922)	看藏寺 → 黑嶽寺 → 天恩寺		별도로 정리한 항목 참조		

참고 자료	사찰명	창건 연대	천은사 관련 자료	삼척 관내 사찰명	비고
『朝鮮寰輿勝覽』(1922)	天恩寺	新羅 興德王 4年 己酉	在未老面 未老里 新羅 興德王 4年 己酉創設	三和寺, 指祖庵, 新興寺, 靑蓮庵, 般若庵, 地興寺, 天恩寺, 看藏庵, 助運菴, 華嚴庵, 靈隱寺, 宮房寺,	
	看藏庵	이승휴 선생이 창건	在未老里 高麗 忠烈王年間 學士 李承休 所築	竹藏寺, 城窟庵, 敏泰佛宇, 白雲庵, 蕃積寺, 深寂寺, 深源寺, 桃陵寺, 寒山寺, 登陽寺, 明寂庵, 成道庵	
『江原道誌』(1940)	白蓮臺 → 看藏寺 → 黑嶽寺 → 天恩寺	新羅 興德王 4年 己酉	본문 중 관련 내용 참조	三和寺, 新興寺, 天恩寺, 靈隱寺, 石室道場 및 각 부속 庵子	
『陟州誌』(崔晩熙, 1946)	白蓮菴 → 看藏庵 → 黑嶽寺 → 天恩寺		내용 생략	中臺寺, 三和寺, 天恩寺, 新興寺, 靈隱寺, 池興寺, 上院寺, 觀音寺, 宮傍寺, 池香寺, 敏泰寺, 桃陵寺, 九房寺, 頓覺寺, 僧榜寺, 白楊寺, 東臺寺, 寒山寺, 登陽寺, 竹藏寺, 大乘寺, 淨巖寺, 高寂臺 및 각 부속 庵子	
『三陟鄕土誌』(金鼎卿, 1955)	天恩寺	新羅 興德王 4年 己酉	본문 중 관련 내용 참조	中臺寺, 三和寺, 天恩寺, 新興寺, 靈隱寺 및 기타 사찰과 암자 다수	
				中臺寺, 三和寺, 天恩寺, 新興寺,	

참고 자료	사찰명	창건 연대	천은사 관련 자료	삼척 관내 사찰명	비고
『眞珠誌』(1963)	白蓮臺 → 看藏寺 → 黑嶽寺 → 天恩寺	景德王 戊戌年(758)	내용 생략	靈隱寺, 池興寺, 上院寺, 觀音寺, 宮傍寺, 池香寺, 敏泰寺, 桃陵寺, 九房寺, 頓覺寺, 僧榜寺, 白楊寺, 東臺寺, 寒山寺, 登陽寺, 竹藏寺, 淨巖寺, 高寂臺, 虎大寺, 釋宗寺, 興馥寺, 甘露寺, 長明寺, 普德寺, 黃龍寺, 天王寺 및 각 부속 庵子	

위의 자료들을 살펴보면 천은사 관련 공식적인 기록은 고려 시대에 만들어진 이승휴 선생의 「보광정기」와 「간장사기」부터 시작됨을 알 수 있다.[6] 이후 조선 시대에 접어들면서 『신증동국여지승람』을 비롯한 각종 지리지와 사찰 관련 자료집 등에서 빠짐없이 볼 수 있다. 이 과정에서

---

3 「看藏庵重創記」에는 이승휴 선생이 10년간 불경을 읽은 후 '容安堂'을 '看藏庵'으로 편액을 바꾸어 승려에게 밭과 함께 시주하였다고 기록되어 있다.

4 채제공(1720~1799)은 영조 27~영조 28년(1751~1752) 사이에 삼척으로 유배되었다. 무릉계의 중대사에 머물며 詩를 짓기도 하였는데, 그가 삼척에 머물며 지은 시를 『望美錄』이라 이름한 시집으로 펴내었다. 이 중 3수가 '黑岳寺'와 관련한 詩이다. 이 시와 관련한 내용은 다음 책에 소개되어 있다. 배재홍, 2005, 『문헌·금석문 자료로 본 두타산 무릉계』, 동해문화원, 39~49쪽.

5 삼척 김씨 족보 편찬과 관련한 내용은 다음 논문에 자세하게 소개되어 있다. 차장섭, 2002, 「朝鮮時代 族譜의 한 類型: 三陟金氏 族譜를 중심으로」, 『대구사학』 67, 대구사학회, 57~61쪽.

6 고려 시대 이승휴 선생이 현판을 건 '看藏寺'와 현재의 '天恩寺'와의 관련성에 대한 문제는 다음 항목인 寺名의 변화 과정과 이승휴 선생과 天恩寺와의 관련성을 분석한 항목에서 별도로 분석할 예정이다.

사명이 간장사(간장암) → 흑악사 → 천은사로 변화됨을 알 수 있고, 옛 사명으로 '백련대(백련암, 백련사)'라고 불렸음을 알 수 있다.

좀 더 구체적으로 천은사의 창건 설화, 사명의 변화 과정, 이승휴 선생·간장사와의 관련성, 지도에 표기된 천은사 관련 기록, 천은사 내 불상과 불화의 개금과 개화 관련 기록 등에 대하여 각종 기록을 중심으로 세부적으로 살펴보면 다음과 같다.

가. 창건 관련 설화와 연대 검토

천은사의 창건과 관련하여 창건 시기나 설화를 전하는 문헌은 『두타산삼화사고금사적』·『삼척군지』(심의승, 1916)·「천은사기실비」·「삼존상개금후불탱개채원문」·『조선환여승람』·『강원도지』·『삼척향토지』·『진주지』 등이다.

『두타산삼화사고금사적』에는 신라 고찰이라 소개되어 있으며, 『삼척군지』를 비롯한 「천은사기실비」·『강원도지』·『삼척향토지』·『진주지』는 '백련대'라는 사명으로 창건하였음을 소개하였다. 천은사의 창건과 관련하여 「천은사기실비」에 실려 있는 내용을 소개하면 다음과 같다.

> … 이 절의 이름과 연혁을 보면 4시기로 구분할 수 있는데, 그 첫 번째가 백련대이다. 개산조는 두타 삼선으로서 서국으로부터 와서 산의 4곳에 머물면서 연화로서 표했는데, 동쪽이 청련대, 즉 지상사이나 지금은 없어졌고, 남쪽은 금련대, 즉 영은사이며, 북쪽은 흑련대, 즉 삼화사이고, 서쪽은 백련대, 즉 이 절이다. … 신라 흥덕왕 4년, 당 문종 태화 3년 기유에 범일 국사가 굴산, 금화,

삼화 3사를 만들면서 이 절을 창건하였으며, …

그런데 이와 유사한 창건 설화가 삼화사·영은사의 창건과 관련하여 『두타산삼화사고금사적』에도 보이는데, 이는 당시 이 지역의 사찰 창건과 관련하여 널리 유포된 형태로도 볼 수 있다.

이와 같은 창건과 관련된 설화와 기록을 종합적으로 검토하여 천은사의 창건 연대를 검토해 보면 다음과 같다.

첫째, 『진주지』에는 신라 경덕왕 무술년(758)에 '백련대'라는 사명으로 창건되었다고 소개하고 있다. 이에 대한 추가 설명이나 구체적인 증거가 제시되어 있지 않고, 이와 관련한 유물이나 유적이 발견되지 않아서 믿기는 어렵다.

둘째, 천은사의 창건 연대를 적은 대부분의 문헌에서 신라 하대인 흥덕왕 4년 기유(829)에 창건하였다고 기록되어 있다. 흥덕왕 4년 창건설은 인근의 삼화사와 같은 시기에 창건하였다고 『삼척군지』(심의승, 1916)와 『강원도지』(1940) 등 많은 기록에서 쉽게 확인할 수 있으며, 『두타산삼화사고금사적』을 비롯한 삼화사와 관련된 자료에서도 쉽게 확인할 수 있다.[7] 창건에 관한 구체적인 내용은 3가지 유형으로 전하는데, 다음과 같다.

제1 유형

두타 삼선이 서역에서 와서 두타산 자락 서쪽에 백련대를 창건하였는데, 이 절이다(동쪽: 청련대–지상사, 남쪽: 금련대–영은사, 북쪽: 흑련대–삼화사).[8]

---

7 「靈隱寺事蹟碑」에 소개된 창건 연기 중에도 범일 국사가 창건하였다는 이야기가 전한다.

제2 유형

범일 국사가 굴산, 금화, 삼화 3사를 만들면서 이 절을 창건하였다.[9]

제3 유형

범일 국사가 흥덕왕 4년에 절을 창건하였는데, '백련'이라 이름하였다.

위의 내용을 종합해 보면 제1 유형과 2유형이 융합되어 제3 유형의 형태로 나타난 것으로 보인다. 범일이 신라 말에 삼공암을 창건하였다는 기록으로 보아 신라 하대인 9세기 중반에 범일이 사굴산파를 개창하면서 이 지역의 사찰이 그의 영향을 받았다고 본다면, 천은사는 삼화사·영은사와 함께 범일의 사굴산파와 어떤 형태로든 관련을 맺었다고 볼 수 있으며, 이는 사찰의 창건이나 중창과 관련한 이야기로 전해질 수 있다고 볼 수 있다. 그리고 천은사 경내에서 통일신라 최전성기의 양식을 계승한 금동약사여래입상이 출토되었으므로[10] 위의 창건 설화와 관련될 수 있는 단서가 될 수 있다.

---

8   洪永鎬·金道賢, 2003, 「三陟市 未老面 天恩寺의 佛像 考察」, 31쪽.

9   '白蓮'이라는 寺名은 『陟州誌』(1662)에 처음 보이며, 이후에 만들어진 각종 기록에 등장하다가 「天恩寺紀實碑」(1921)에서 처음으로 위와 같이 완성된 형태의 창건 설화를 확인할 수 있다. 원문을 소개하면 다음과 같다. 〈…沿革者有四其一白蓮坮開山祖頭陀三禪自西國來駐山之四隅創阿蘭若東曰靑蓮坮卽池上寺也今廢南曰金蓮坮卽靈隱寺也北曰黑蓮坮卽三和寺也西曰白蓮坮卽此寺也…〉. 이외에도 『三陟鄕土誌』(1955)와 『眞珠誌』(1963)에도 이와 유사한 내용이 소개되어 있는데, 이와 같은 창건 설화 유형은 『頭陀山三和寺古今事蹟』(1847)에서도 보인다.

10   『頭陀山三和寺古今事蹟』, 〈…或稱梵日國師入唐而還營建崛山金華三和三寺之際亦創本寺…〉.

나. 사명의 변화 검토

천은사는 이전에 백련대, 간장사(간장암), 흑악사로 불렸다.

백련대라는 사명은 위에서 살펴본 바와 같이 창건 설화에 등장하는
데, 실제 기록에는 허목의 『척주지』에 처음 등장한 이후, 「아미타불원
문」[11]·「천은사기실비」·『삼척군지』·『강원도지』·『진주지』 등에서 보인
다. 즉, 『삼척군지』(심의승, 1916)·「천은사기실비」·『진주지』 등에 의하면
창건 설화와 관련하여 백련대(백련)라는 명칭이 실제 조선 시대에 사용되
었다기보다는 천은사의 옛 사명이었음이 기록에 나타난다.

간장사(간장암)라는 명칭은 「간장사기」, 「간장암중창기」에 나오는
데, 조선 시대의 각종 기록에는 고려 시대 최해의 「간장암중창기」에 실
려 있는 내용을 전재한 안축의 기문을 주로 이용하여 소개하고 있다. 즉,
당시의 절 이름이 간장사(간장암)라고 소개된 문헌으로는 「간장사기」와
「간장암중창기」로부터 『여지도서』·삼척 김씨 족보 『기유보』에 이르는
시기에 편찬된 문헌에서 찾을 수 있다. 이로 보아 간장암(간장사)이란 사명
은 고려 후기부터 조선 후기까지 사용되었음을 알 수 있다.

그런데 이들 기록 사이에 해당하는 기록인 「삼존상개금후불탱개
채원문」(1922)에는 서산 대사가 '흑악'으로 사명을 바꾸었다고 하였으며,
『척주지』에는 흑악사라는 사명을 사용하였고, 『삼척군지』(심의승, 1916)와
「천은사기실비」를 비롯한 각종 기록에서는 조선 중기에 청허 대사가 선
조 32년(1599)에 사명을 흑악사라고 개칭하였다는 사실을 기록하고 있다.
그런데, '흑악사'라는 사명은 만력 24년(1596)에 제작되어 아미타불 복장

---

11 "陟州 文蹟에 白蓮寺라고 하였다"는 내용이 소개되어 있다. 〈…陟州文蹟白蓮寺…〉.

으로 발견된 「중수기」에 처음 등장한다. 따라서 청허 대사가 선조 32년 (1599)에 사명을 흑악사라고 개칭하였다는 기록은 재검토가 필요하며, '흑악사'라는 사명이 정확하게 언제부터 사용되었는지는 알 수 없으나, 「삼존상개금후불탱개채원문」(1922)과 「중수기」(1596)의 관련 내용으로 보아 1596년 이전부터 사용되었다고 볼 수 있다.

이후 흑악사를 다녀간 강릉부사 이명준, 삼척부사 이병연, 유배 온 채제공이 '흑악사'를 소재로 한 시를 남겼고, 1900년 준경묘·영경묘 수축과 관련하여 만든 「수호절목」에 '흑악사'라는 사명이 사용될 때까지 각종 기록에서 흑악사라는 사명은 계속 사용되었다. 그런데, 흑악사와 간장사라는 사명이 섞여 사용되고 있음을 알 수 있다. 『여지도서』와 숙종 8년(1682)경에 제작된 「동여비고」에서 간장암이란 명칭이 사용되었으며, 삼척 김씨 족보 『기유보』에서도 간장사라는 사명이 보인다. 이는 천은사 사명이 시기별로 구분되어 사용되었다기보다는 흑악사와 간장사라는 명칭이 조선 중기 이후 사용하는 사람에 따라 달리 불렸음을 알 수 있다.

'천은'이란 사명은 『조선지지자료』[12]에서 처음 확인할 수 있는데, 1916년 삼척군수였던 심의승에 의해 만들어진 『삼척군지』에는 이와 관련하여 기해년(1899) 준경묘와 영경묘를 수축할 당시 영건 당상 이중하가 '천은'이란 사명을 하사하여 이후 천은사로 불리게 되었다고 전한다. '흑악사'에서 '천은사'로의 이와 같은 사명 변경 과정에 대한 언급은 「천은사기실비」, 1922년에 작성된 「삼존상개금후불탱개채원문」을 비롯한 각종 기록에 전재되어 있다. 그런데, 삼척시 미로면에서 준경묘와 영경묘를 수축할 때인 1899년에 당시 흑악사를 조포사의 기능을 수행하도록 하

---

12 신종원 편, 2007, 『강원도 땅이름의 참모습: 조선지지자료 강원도편』.

였고, 이에 대한 보상으로 각종 세금과 잡역을 금한다는 내용은 당시 흑악사에 내린 「완문」과 1900년의 「수호절목」에 기재되어 있으나, '천은'이란 사명을 하사한다는 내용을 찾을 수는 없다. 당시 영건 당상이었던 이중하가 비공식적으로 '천은'이란 사명을 하사하였는지, 아니면 천은사에서 준경묘와 영경묘 제사를 준비하고 수호하는 역할을 하게 됨에 따라 각종 세금과 잡역을 감면해 주어 왕의 은혜에 보답한다고 하여 당시 총섭이었던 대원 스님이 '천은'이란 사명[13]으로 바꾸었는지는 알 수 없으나, '흑악사'라는 사명이 사용된 마지막 기록이 1900년이고, '천은사'라는 사명이 처음 등장하는 시기가 1910~1911년 사이에 조사된 『조선지지자료』임을 감안할 때 준경묘·영경묘 수축과 제사에 도움을 주면서 원찰로서의 지위를 확보함에 따라 '천은사'로 사명을 바꾸게 된 계기가 된 것으로 볼 수 있다.[14]

이를 종합해 보면 첫째, 사명이 간장암에서 흑악사로 바뀌어 가고, 둘째, 조선 중기 이후 흑악사의 별칭이 간장암이거나 산내 암자로서 간장암이 존재하였을 가능성도 있을 수 있다고 본다. 아무튼 허목이 『척주지』를 서술한 이후에도 천은사의 사명은 흑악사와 간장사(간장암)가 서로 교대 또는 혼용되고 있다.

각종 자료에 나타난 천은사와 관련된 사명의 변천 과정 등을 정리하

---

13 '天恩'으로 寺名을 변경한 것이 濬慶墓와 永慶墓를 수축한 사실과 어떤 형태로든 관련이 있음은 다음 자료에도 잘 나타나 있다. 「三尊像改金後佛幀改彩願文」, 〈…大圓奏改天恩寺 穆祖皇帝推崇時…〉.

14 『三陟郡誌』(1916)를 비롯한 각종 기록에 1899년 寺名을 '天恩'이라 바꾼 것으로 기재되어 있는데, 이는 「完文」을 내려 준 시기와 일치한다.

면 다음 [표 5]와 같다.[15]

표 5 각종 지리지 · 기문 등에 기재된 천은사 사명

연대	사찰명
「葆光亭記」(1289)	容安堂(1280)
「看藏寺記」(1294)	容安堂 → 看藏寺
「看藏庵重創記」(1323)	容安堂 → 看藏庵
『新增東國輿地勝覽』(1530)	看藏菴
「重修記」(萬曆 24, 1596)	黑岳寺
江陵都護府使 李命俊 詩	黑岳寺
『陟州誌』(許穆, 1662)	白蓮臺 或曰 看藏菴 → 黑岳寺
『東國輿地志』(1680 前後)	看藏寺 → 黑岳寺
「東輿備攷」(1682)	看藏菴
三陟府使 李秉淵 詩	黑岳寺
『望美錄』(蔡濟恭)	黑岳寺
『輿地圖書』(1757~1765)	看藏菴
『伽藍考』(1781 以前)	看藏菴
「阿彌陀佛願文」(1798)	白蓮寺 → 看藏 → 黑嶽(寺)
『梵宇攷』(1799 以前)	看藏寺 → 黑嶽寺
『關東誌』(1826~1830)	看藏寺 → 黑嶽寺
『陟州先生案』中 府使 李奎憲	黑岳寺
『三陟府邑誌』(1826~1830 以後)	白蓮庵 或曰 看藏菴 → 黑岳寺
三陟金氏族譜『己酉譜』(1849)	看藏寺(刊行)

15 天恩寺와 관련된 내용이 『新增東國輿地勝覽』 이후 각종 지리지 등에 언급되다가 『梵宇考』에 '今廢'라고 기록되어 있는 것으로 보아 조선 후기에 일시적으로 廢寺되었을 가능성도 있고, 「天恩寺紀實碑」를 참고한다면 寺名이 看藏寺에서 黑岳寺로 바뀌었을 가능성도 있다. 『梵宇考』, 三陟 看藏寺 條,〈俱在頭陀山今廢 … 看藏今稱黑岳寺〉.

연대	사찰명
『關東邑誌』(1870)	黑岳寺
『陟州誌』(金宗彦) (1848~1888)	黑岳寺
『三陟郡邑誌』(1895 이후)	看藏寺 → 黑嶽寺
『肇慶壇濬慶墓永慶墓營建廳儀軌』,「完文」(1899)	黑嶽寺
『肇慶壇濬慶墓永慶墓營建廳儀軌』,「守護節目」(1900)	黑嶽寺
『朝鮮地誌資料』(1910~1911)	天恩寺
『三陟郡誌』(1916)	白蓮臺 → 看藏庵 → 黑嶽寺 → 天恩寺
「天恩寺記實碑」(1921)	白蓮臺 → 看藏寺 → 黑嶽寺 → 天恩寺
「三尊像改金後佛禎改彩願文」(1922)	看藏寺 → 黑嶽寺 → 天恩寺
『江原道誌』(1940)	白蓮臺 → 看藏寺 → 黑嶽寺 → 天恩寺
『陟州誌』(崔晚熙, 1946)	白蓮菴 → 看藏庵 → 黑嶽寺 → 天恩寺
『三陟鄕土誌』(1955)	天恩寺
『眞珠誌』(1963)	白蓮臺 → 看藏寺 → 黑嶽寺 → 天恩寺

다. 고지도古地圖에 표기된 '천은사'의 사명 변화

삼척 관련 고지도에서도 사찰이 표기되어 있음을 확인할 수 있다. 지도별로 수록된 사찰명은 다음 표와 같다.

표 6 각종 고지도에 수록된 삼척 지역 사찰

고지도명	연대	수록 사찰명	비고
「東輿備攷」	肅宗 8(1682)	三和寺, 中臺寺, 看藏庵, 中臺寺, 黑岳寺, 雲興寺,	
「備邊司印方眼地圖」	1745~1760	靈隱寺, 中峰庵, 隱禪庵, 喚仙庵, 三水庵	
『輿地圖書』	英祖 33~英祖 41(1757~1765)	三和寺, 看藏庵, 靈隱寺, 雲興寺, 中峯菴	'三和寺'가 본문에는 '中臺寺'라 기록됨

고지도명	연대	수록 사찰명	비고
『關東誌』	純祖 26~純祖 30(1826~1830)	黑岳寺, 三和寺, 雲興寺, 靈隱寺, 斷橋菴, 明寂菴	『關東誌』 본문 "三和寺, 黑嶽寺, 斷橋菴, 靈隱寺, 雲興寺"
『關東邑誌』	高宗 7(1870)	中臺庵, 看藏寺, 新興寺, 靈隱寺	想白本『陟州誌』 지도와 비교해 보면 지도의 지형 표기 형태는 같으나, 세부적인 관청명이나 기타 내용은 다름
想白本 『陟州誌』[16]	1870頃	中臺寺, 黑岳寺, 新興寺, 靈隱寺	『陟州誌』(許穆, 1662) "三和寺, 黑嶽寺, 靈隱寺, 雲興寺, 金井庵, 隱禪庵, 頓覺寺"
「三陟府地圖」	1872	三和寺, 黑岳寺, 雲興寺, 靈隱寺	
「三陟營陣地圖」	1872	三和寺, 黑岳寺, 新興寺, 靈隱寺	

위 표를 보면 1682년경에 발간된 「동여비고」에서부터 1872년에 만들어진 「삼척영진지도」에 이르기까지 삼척 지역의 주요 사찰이 '삼화사·흑악사·신흥사·영은사'임을 알 수 있고, 현재의 천은사는 사명이 대부분 흑악사로 표기되어 있음을 알 수 있다. 그러나 1682년경에 발간된 「동여비고」, 1757~1765년 사이에 발간된 『여지도서』와 고종 7년(1870)에 만들어진 『관동읍지』에는 간장사(간장암)라고 표기되어 있음을 확인할 수 있다. 이는 위에서 이미 설명한 바와 같이 조선 시대에 천은사의 사명으로 흑악사와 간장사(간장암)를 같이 사용하였음을 알려 주는 증거이다.

16　서울대학교 규장각 想白古915.15-H41c-v.1-2. 강원도 三陟의 邑誌로서 현종 3년(1662)에 당시 府使였던 許穆(1595~1682)이 쓴 『陟州誌』를 필사한 것으로 정확한 필사연대는 알 수 없다. 다만 고종 7년(1870)까지의 내용을 담고 있는 「三陟先生案」이 붙어 있는 것으로 보아서 1870년 무렵에 필사된 것임을 알 수 있다.

라. 개금과 개화 관련 기록

천은사 내 불상과 탱화에 대한 개금과 개화에 대한 기록은 아미타불 내의 복장인 「아미타불원문」(1798)과 「삼존상개금후불탱개채원문」(1922) 에서 발견할 수 있다. 개금과 개화에 대한 기록을 시대순으로 나열하면 다음과 같다.

표 7 각종 기록에 나타난 천은사 내 개금·개화 기록

연대	개금·개화 기록	전거[17]
未詳	比丘 龍珠가 탱화를 고쳤다(復改畵)	「三尊像改金後佛幀改彩願文」(1922)
未詳	休休 居士(李承休)가 藏看(看藏)으로 이름을 바꾸고 改金	「三尊像改金後佛幀改彩願文」(1922)
萬曆 24(1596)	住持法能彩金像 時年萬曆丙申秋	「三尊像改金後佛幀改彩願文」(1922)
英祖 12(1736)	海雲堂이 丙辰 改金	「阿彌陀佛願文」(1798)
	改金 海雲 丙辰歲	「三尊像改金後佛幀改彩願文」(1922)
1798	龍波 대사가 嘉慶 3년 戊午 4월 16일 改金을 시작하여 5월 7일 마침	「阿彌陀佛願文」(1798)
1922	住持漢宗發謀事 龍像大德諸和尙 一心改畵亦改金 常住金剛長安寺 隨緣赴感北道場 畵師雲曲大禪師 過去誓願爲佛毋 太白山中寂滅宮 登桐造成彩畵時 瑞氣放光吳道子 年當七旬老畵師 我存二軸後佛幀 自財自畵自奉安 今之雲曲陁畵者	「三尊像改金後佛幀改彩願文」(1922)
1983	雲虛堂 一峰 주지 스님이 當寺로부터 삼장사 布敎堂에 奉安되었던 아미타삼 존불을 還元 奉安하여 改金을 하였다	「三尊佛改金發願文」(1983)

17 改金·改畵와 관련한 개별 내용을 연대순으로 배열하는 과정에서 참고한 자료의 순서를 연대순 으로 배열하지 못하였다.

앞의 기록에서 알 수 있는 바와 같이 「삼존상개금후불탱개채원문」에 기록된 "비구 용주가 탱화를 고쳤다"와 "휴휴 거사(이승휴 선생)가 장간(간장)으로 이름을 바꾸고 개금"이라는 기사는 여러 정황으로 보아 그 사실을 확인할 수는 없다. 조선 시대에 접어들면서 만력 24년(1596) 당시 주지였던 법능 스님이 채금상하였다는 「삼존상개금후불탱개채원문」의 기록은 아미타불의 복장을 직접 확인하여 본 결과 '만력 24년'이라는 연대와 함께 흑악사에서 아미타삼존불을 중수하고 복장 시주한 사실 등을 기록한 별도의 기문이 발견됨에 따라 사실로 확인되었다.

이후 해운당이 영조 12년(1736)에 개금하였으며, 용파 대사가 가경 3년 무오(1798) 4월 16일 개금을 시작하여 5월 7일 마쳤다. 1922년에는 주지 한종이 발원하고, 화사 운곡 의법이 주도하여 개금·개화하였으며, 1983년에 당시 운허당 일봉 주지 스님에 의해 개금이 이루어져 현재에 이르고 있음을 알 수 있다.

만력 24년에 처음으로 불상에 금을 입힌 것인지는 알 수 없으나, 이후 총 4차례에 걸쳐 목조아미타삼존불에 대한 개금이 이루어졌음을 알 수 있다.

앞에서 천은사의 사력에 대하여 창건 설화, 사명의 변화 과정, 이승휴 선생·간장사와의 관련성, 지도에 표기된 천은사 관련 기록, 천은사 내 불상과 불화의 개금과 개화 관련 기록 등으로 구분하여 살펴보았다. 이를 종합하여 표로 정리해 보면 다음과 같다.

표 8 기록에 나타난 천은사 연혁

연대	연혁 정리	전거[18]
新羅 景德王 戊戌年 (758)	白蓮臺世傳 이후 3번 중건한 것은 『두타산삼화사고금사적』 내용과 동일	『眞珠誌』(1963)
未詳	白蓮臺-3번 불탄 후 폐허	『三陟郡誌』(1916)
新羅 興德王 4 (己酉, 829)	· 창설 연대는 삼화사와 같음 · 창건 설화는 삼화사와 같음	『三陟郡誌』(1916)
	1. 두타 삼선이 서역에서 와서 두타산 자락 서쪽에 白蓮臺를 창건하였는데, 이 절이다(동쪽: 청련대-지상사, 남쪽: 금련대-영은사, 북쪽: 흑련대-삼화사) 2. 범일 국사가 堀山, 金華, 三和 3寺를 만들면서 이 절을 창건	「天恩寺記實碑」(1921)
	梵日이 창건하고, 得名 白蓮	「三尊像改金後佛幀改彩願文」(1922)
	在未老面 未老里 新羅 興德王 4年 己酉 創設	『朝鮮寶輿勝覽』(1922)
	· 창설 연대는 삼화사와 같음 · 창건 설화 삼화사와 같음	『江原道誌』(1940)
	· 신라 흥덕왕 4년 己酉에 창건 · 중창 과정은 『두타산삼화사고금사적』 내용과 동일	『三陟鄕土誌』(1955)
	所創	『眞珠誌』(1963)
未詳	壯色不停過山水 一百歲拾三年時 首座[19] 白雲이 重修	「三尊像改金後佛幀改彩願文」(1922)
未詳	比丘 龍珠가 탱화를 고쳤다(復改畵)	「三尊像改金後佛幀改彩願文」(1922)
高麗 光宗 2(辛亥, 951)	廢해진 것을 重建	「天恩寺記實碑」(1921)
高麗 文宗	虞人(사냥꾼)이 사냥 중에 절의 잔재를 발견하고 깊이 깨닫고 沙門號(중 이름)를 道眼이라하고 法殿을 수리하고, 禪堂을 축조하여 기거하였다	「天恩寺記實碑」(1921)
未詳	僧舍空虛百有年 虞人操弓逐獐得 道眼法師又重修	「三尊像改金後佛幀改彩願文」(1922)

연대	연혁 정리	전거
未詳	休休居士(李承休)가 藏看(看藏)으로 이름을 바꾸고 改金	「三尊像改金後佛幀改彩願文」(1922)
1289~1294	'容安堂'을 '看藏寺'로 개칭하고, 승려가 주석할 밭을 희사함	「看藏寺記」(1294)
1323	이승휴 선생의 출가한 둘째 아들인 담욱의 발의로 3형제가 합심하여 중수하였는데, 藝文 辛蔵이 관동지방을 다스리다가 이를 알고, 삼척현에 공문을 보내어 도와주도록 하여 1년이 안 되어 공사를 마치게 하였다	「看藏庵重創記」(1323)
高麗 恭愍王	왕사 懶翁和尙이 이곳에 와서 머무르며, 塔에 袈裟 등을 부장하여, 山中의 秘寶를 만들었다	「天恩寺記實碑」(1921)
朝鮮 宣祖 壬辰倭亂[20]	절의 탑이 무너지고, 殿宇 1동만 남고 모두 훼손	「天恩寺記實碑」(1921)
萬曆 24(1596)	黑岳寺 腹藏施主 戒玉/腹藏施主 信敬 腹藏施主 性默/腹藏施主 雪云 腹藏施主 敬薰	「重修記」(黑岳寺, 1596)
	住持法能彩金像 時年萬歷丙申秋	「三尊像改金後佛幀改彩願文」(1922)
壬辰倭亂 中	何事壬辰遇賊火	「三尊像改金後佛幀改彩願文」(1922)
1596 以前	서산 대사가 '黑岳'으로 寺名을 바꿈	「三尊像改金後佛幀改彩願文」(1922)
宣祖 戊戌年(1598)	청허 대사가 금강산으로부터 와서 '黑嶽'으로 바꿈	『江原道誌』(1940)
	청허 대사가 금강산으로부터 와서 寺名을 '黑嶽'으로 바꿈	『三陟郡誌』(1916)
宣祖 32(己亥, 1599)	청허 대사가 금강산으로부터 그 門徒 性允, 灵運을 데리고 수백 인으로 禪社를 만들어 응진전, 백련당, 청련당, 동별당, 설선당, 심검당, 범종루를 만들어 불사를 크게 일으켰다	「天恩寺記實碑」(1921)
肅宗 32(丙戌, 1706)	화재로 불탐	『江原道誌』(1940)

연대	연혁 정리	전거
肅宗 33(丁亥, 1707)	重建	『江原道誌』(1940)
肅宗 42(丙申, 1716)	화재로 불탐	『三陟郡誌』(1916)
	全寺가 回祿 하였다	「天恩寺記實碑」(1921)
肅宗 43(丁酉, 1717)	重建	『三陟郡誌』(1916)
	道悅, 致明 두 上人[21]이 主事로서 선승양당과 동별당을 새롭게 만들었다	「天恩寺記實碑」(1921)
	一國大勢豈能兌 重建康熙丁酉秋	「三尊像改金後佛幀改彩願文」(1922)
己亥(1719)	극락전을 중수	「天恩寺記實碑」(1921)
辛丑(1721)	범종루를 만들고, 전당에 단청을 하여 一新하였다.	「天恩寺記實碑」(1921)
英祖 12(1736)	海雲堂이 丙辰年에 改金	「阿彌陀佛願文」(1798)
	改金 海雲 丙辰歲	「三尊像改金後佛幀改彩願文」(1922)
英祖 48(壬申, 1772)	돌 층계를 만들어 미관을 정비하였다.	「天恩寺記實碑」(1921)
正祖 22(戊午, 1798)	龍波 대사가 嘉慶 3년 戊午 4월 16일 改金을 시작하여 5월 7일 마침	「阿彌陀佛願文」(1798)
	年年移移過百年 大德龍波發此心 許多大夫從玆意 不日成之獻佛衣	「三尊像改金後佛幀改彩願文」(1922)
未詳	住持 趙會曇이 황무지를 개척하여 수만 畝를 保存	『江原道誌』(1940)
純祖 31(辛卯, 1831)	重修	『三陟郡誌』(1916)
	重修	『江原道誌』(1940)
1835~1839	黑岳寺 불당이 오래되어 무너지자 100緡의 재물을 떼 주어 수리하였다	『陟州先生案』中 府使 李奎憲
憲宗 7(辛丑, 1841)	雪松 休還이 재산을 내어 佛宇禪堂을 重修	「天恩寺記實碑」(1921)
憲宗 12(丙午, 1846)	종루를 중건하였다	「天恩寺記實碑」(1921)
憲宗 15(己酉, 1849)	看藏寺에서 木版本으로 三陟金氏 族譜 13券 13册을 간행하였다.	三陟金氏族譜『己酉譜』(1849)
哲宗 11(庚申, 1860)	華岳과 愚學 후임자가 法宇를 수리하였다	「天恩寺記實碑」(1921)

연대	연혁 정리	전거
高宗 25(戊子, 1888)	應河先師가 助運庵을 중건하였다	「天恩寺記實碑」(1921)
光武 1(丁酉, 1897)	重修	『三陟郡誌』(1916)
	大圓 長老와 幹事 德月·雨潭·雲虛·寶雨가 마음을 모아 尋劒堂을 수년에 걸친 공사 끝에 준공하고, 七星閣을 만들었다	「天恩寺記實碑」(1921)
	總攝 大圓이 發意하고, 山中德主가 같이 共謀하여 尋劒堂을 重建함	「三尊像改金後佛幀改彩願文」(1922)
	重修	『江原道誌』(1940)
1897~1922	丹艧階砌說禪堂 化主會曇勤功蹟	「三尊像改金後佛幀改彩願文」(1922)
1899	…國祖先寢受享祀造泡以黑嶽寺爲定自今以後本郡官用以下各廳雜役雖…	『肇慶壇濬慶墓永慶墓營建廳儀軌』,「完文」(1899)
己亥(1899)	營建 堂上 李重夏가 寺名을 '天恩'으로 바꿈	『三陟郡誌』(1916)
	大圓奏改天恩寺 穆祖皇帝推崇時	「三尊像改金後佛幀改彩願文」(1922)
	營建 堂上 李重夏가 寺名을 '天恩寺'로 바꿈	『江原道誌』(1940)
1900	造泡寺以黑嶽寺擧行從前本郡雜役一切勿侵事	『肇慶壇濬慶墓永慶墓營建廳儀軌』,「守護節目」(1900)
癸卯(1903) 3月	회담 선사가 설선당을 중건하고, 萬日會[22]를 열었다	「天恩寺記實碑」(1921)
丁未(1907) 12月	화엄암에서 화재가 발생함	「天恩寺記實碑」(1921)
己酉(1909) 9月	화엄암 중건을 시작하여 다음 해에 완공하였다	「天恩寺記實碑」(1921)
1910~1911	天恩寺 (미로면 내미로리에 소재)	『朝鮮地誌資料』(1910~1911)
甲寅(1914) 4月	진영각을 새로이 건립하여 선사들의 진영 12위를 모셨다	「天恩寺記實碑」(1921)
乙卯(1915) 秋	법전을 중수하고 누각의 단청을 하였다	「天恩寺記實碑」(1921)
丙申(1916) 2月	영호간에 여러 절에서 새롭게 인쇄된 사집 사교 대교 등을 보관하고, 중요 불적을 경내 4개 사찰에 보급하였다	「天恩寺記實碑」(1921)

연대	연혁 정리	전거
丁巳(1917) 8月	道場石砌을 증축하고, 청룡등 북쪽 약간의 토지를 매입하여 중창 기념으로 수만 그루의 나무를 심었다	「天恩寺記實碑」(1921)
己未(1919) 3月	절 임야 내에 수십 町의 논을 개간하였다	「天恩寺記實碑」(1921)
庚申(1920) 秋	丁酉年(1897)부터 庚申年(1920)에 이르기까지 24년간의 공사를 마무리하였는데, 그 공이 매우 크다	「天恩寺記實碑」(1921)
1922	주지 한종이 발원하고, 운곡 대선사가 畵師로 참여하여 改金 및 改畵	「三尊像改金後佛幀改彩願文」(1922)
1940頃	당시 주지 金祥傾이 私財로 舊債를 정리하고, 수리하여 쇄신함	『江原道誌』(1940)
1948	동지에 천은사 화재로 극락보전 내 목조아미타삼존불을 삼척 시내에 소재한 포교당 삼장사에 임시 봉안하였다.	『삼척군지』(1985년)
1983	雲盧堂 一峰 주지 스님이 當寺로부터 삼장사 布教堂에 奉安되었던 아미타삼존불을 還元 奉安하여 改金을 하였다	「三尊佛改金發願文」(1983)

18 천은사 연혁과 관련한 개별 내용을 연대순으로 배열하는 과정에서 참고한 자료의 순서를 연대순으로 배열하지 못하였다.

19 고려 때 교종에서 승통의 버금이 되는 법계이다.

20 임진왜란이 1592년 4월에 일어났는데, 당시 삼척부사는 김위(1591~1592)이다. 연로하다 하여 갈리어 갔고, 후임 부사는 기령(1592)인데, 1592년 4월에 와서 10월에 강원감사로 승진하여 갔다. 이후 부사 洪仁傑[선조 25~28(1592~1595)]이 부임하였는데, 선조 28년(1595) 을미년 7월에 낙오한 보잘것없는 왜군 몇 명의 목을 벤 사건을 어사 노경임이 임금에게 아뢰어 홍인걸을 금부에 잡아들였다(김구혁, 배재홍 역, 『척주선생안』, 삼척문화원, 84~86쪽). 이것으로 보아 임란 직후에는 삼척 지역에 왜적에 의한 별다른 피해나 전투가 없었던 것으로 보인다. 이후 전쟁이 장기화되면서 삼척 지역에도 왜구의 잔당들이 오갔던 것으로 보인다. 그러나 이들과의 전투나 백성들의 큰 피해에 대한 언급은 없다. 따라서 임진왜란 중에 왜적과의 전투로 인해 天恩寺가 불탔는지는 현재의 기록만으로는 알 수 없으나, 腹藏物로 발견된 중수기가 1596년에 작성된 것으로 보아 임진왜란이 일어났던 시기에 당시 黑岳寺의 전각이 훼손되었음을 미루어 짐작할 수 있다.

21 지덕을 갖춘 불제자, 승려의 높임말이다.

22 정토종에서 극락세계 阿彌陀佛會에 가서 나기를 주장하고, 천 날, 또는 만 날을 한정하고 큰 소리로 '나무아미타불'을 부르며 도를 닦는 의식이다.

해방 이후의 연혁에 대하여 운허당 일봉 스님과 현재 주지 동은 스님의 증언을 토대로 정리하면 다음과 같다.

- 1948년 동짓달 동짓날에 실화로 본사가 전소되었다.
- 한국 전쟁 중에 화엄암과 조운암이 철거되었다.
- 1972년 6월 10일 운허당 일봉 주지 스님이 부임하여 가건물에서 우거하였다.
- 1973년 쌍용양회 석회석 광산 개발로 인한 발파를 이유로 본사의 이전을 요구해 왔으나, 역사성 등을 들어 반대하였다.
- 1973년 이후 불보살님께 본사의 중창을 발원하고 불사를 시작해 극락보전·약사전·삼성각·영월루·범종각·설선당·용안당·육화료를 건립했고, 후불탱화·신중탱화·칠성탱화·산신탱화를 조성했으며, 석등과 석탑을 극락보전 앞에 설치하였다.
  일봉 스님이 불사를 마무리하면서 2004년에는 기존의 육화료를 헐어내고 유근홍을 도편수로 임명해 삼척 지역에서 벌채한 한국 소나무만을 이용, 정면 5칸 측면 7칸의 겹집 초익공 형태로 다시 지었는데, 이 과정에서 34년에 걸친 불사를 마무리하게 됨에 따라 신도와 대중들을 초청해 2005년 10월 17일 상량식을 거행하였다.
- 천은사 경내에는 동안 이승휴 선생을 기리기 위한 사당인 '동안사'가 건립되어 있어 1979년부터 당시 주지였던 운허당 일봉 주지 스님[23]의 주도로 매년 다례제를 올렸는데, 지금은 (사)동안이승휴사상선양회에서 천은사의 협조를 받아서 매년 다례제를 지내고 있다.
- 현 주지 동은 스님[24]이 2010년 7월에 부임하였다.
- 2010년 경내 전기 · 전화 · 상하수도 일제 재정비
- 2011년 종무소 앞 축대와 대형 주차장 정비 및 확장, 소대 불사

- 2013년 육화료 및 설선당 개보수 불사
- 2014년 극락보전 지붕 기와 고르기, 법당 뒤 석축 불사, 용안당 기단 불사,
- 2015년 영월루 석축 불사, 설선당 계단 불사, 설선당 난간 탱화 불사
- 2016년 전통 사찰 방재 시스템 구축 사업, 법당 연등 교체 불사
- 2018년 영월루 법고 불사, 법당·삼성각 인등 전면 교체 불사
- 2019년 주지채(용안당) 석축 불사, 법당 마루 전면 수리 불사, 법당 및 각 전각 불기류 전면 교체
- 2020년 상수도 공사, 3상 전기 승압 공사, 동안사 배수로 공사, 설선 당 및 육화료 방문 및 창호 새시 작업
- 2021년 이승휴 국가사적 내 〈청자 도요지〉 보호각 개축 예정

---

23 천은사 주지를 역임하셨던 일봉 스님께서 천은사 내 동안사에서의 이승휴 다례제를 시작하여 오늘에 이르게 하였다. 그리고 천은사 경내를 이승휴 유적으로 인정받아 국가사적으로 지정될 수 있도록 노력하였으며, 천은사에서 모신 불상을 강원도 유형문화재로 지정하는 과정에 큰 공헌을 하셨다. 그리고 필자가 이 글을 작성하는 과정에 많은 도움 말씀을 주셨다. 지면으로나마 감사드린다.

24 현재 천은사 동은 주지 스님께서 부임 이후의 천은사 연혁 제보와 함께 영월루 법고 내에 안치한 연기문과 연화질(緣化秩) 제공, 디딜방아·연자방아, 불교 세시와 관련 의례를 조사하는 과정에 많은 도움을 주셨다. 지면으로나마 감사드린다.

조선 후기 천은사 중수 과정에서 쌓은 축대

천은사 내 부도와 부도비

조선 후기 회담 스님이 조성한 나무들이 보호수로 지정된 모습

2. 천은사의 역사적 의의

사찰로서 천은사는 천년 고찰로서의 분위기를 지니면서, 불자들을
위한 신앙 공간으로서의 역할을 충실히 수행하고 있다. 이와 함께 지금
까지의 사력을 보면 나름의 역사성을 지니며 법등을 이어 왔음을 알 수
있다. 구체적으로 천은사가 지닌 역사를 정리하면 다음 세 가지를 들 수
있다.

첫째, 천은사는 역사적으로 불교문화와 관련하여 천은사 경내에서
출토된 금동약사여래입상이 통일신라 최전성기의 양식을 계승한 유물

로서 영동 남부 지역의 불교문화사에서도 최고의 유물이고, 나아가 이 지역에서 약사 신앙이 전파되고 발전하는 것을 설명하는 최초의 유물일 가능성이 있다는 점에서 매우 중요하다. 또한 목조아미타삼존불은 복장물로 발견된 「중수기」로 보아 임진왜란 이전에 조성되었음을 알 수 있으며, 불상의 양식 또한 고려 후기 단아 양식의 불상을 계승한 조선 전기의 불상으로부터 조선 후기로 넘어가는 과도기 양식을 대표할 수 있다는 점에서 매우 귀중한 자료이다.[25] 이와 같이 중요한 의미를 지닌 불상을 천은사에서 소장하고 있다는 것은 역사적으로나 불교문화적으로 매우 중요한 의미를 지닌다고 볼 수 있다.

둘째, 고려 원종 때 강화도 참성단에서 초제를 설행하고, '일통삼한'이라는 역사 인식의 한계로 각 지역에서 일어났던 삼국 부흥 운동 등의 분립적 요소를 해소하기 위한 역사변전의식이 폭넓게 나타나고, 이의 영향으로 고조선을 고려 역사의 출발로 설정한 일연의 『삼국유사』와 이승휴 선생의 『제왕운기』가 간행되었다. 이들 사서는 우리나라 역사의 시작을 알리는 단군 신화를 전하는 대표적인 사서로 잘 알려져 있다. 그러나 우리에게 일반적으로 알려진 단군 신화는 『삼국유사』, 「기이」 1의 고조선 조에 실린 환인·환웅·곰·호랑이 등이 등장하는 내용이다. 이와는 달리 『제왕운기』 권하, 전조선기 조에는 석제釋帝·단웅檀雄·손녀孫女·단수신檀樹神 등이 등장한다. 이와 같이 단군 신화가 불교적 외피를 입고, 제장祭場으로서 나무를 중시하는 등 『삼국유사』와는 다른 면모를 보이고 있다. 이와 같은 면들은 「묘향산 사적妙香山事蹟」에 실린 단군 이야기와 함께 곰·호랑이·신시 등에 대한 새로운 해석을 가능케 하여 『삼국유사』에 담

25 洪永鎬·金道賢, 2003, 「三陟市 未老面 天恩寺의 佛像 考察」, 31~32쪽.

긴 내용을 정확하게 이해하고, 우리의 고대사를 올바르게 정립함에 있어 매우 중요한 인식의 토대를 제공하고 있다.[26]

더불어 『제왕운기』에서 중국의 역사를 상권에 먼저 기록한 후 하권에서 우리나라 역사를 기록한 점이라든지, 단군조선의 시작을 중국과 같은 무신년(기원전 2333)으로 서술한 사실들은 그가 유학자이고 역사가이기 이전에 그의 생애와 생존했던 시기(1224~1300)가 민족 사상의 일대 격변기에 위치한다는 사실과도 밀접하게 관련된다.[27] 이와 같이 나름의 민족의식과 역사적 정통성을 내포한 이승휴 선생의 대표적인 저서인 『제왕운기』를 저술한 곳이 용안당, 즉 간장사이고, 이는 현재의 천은사이다. 따라서 이곳 천은사는 민족사의 정통성을 확보하고, 우리의 고대사에 대한 인식을 새롭게 한 이승휴 선생이 10여 년 이상을 머무르며 『제왕운기』를 저술한 유서 깊은 사찰이라는 면에서 역사적으로 매우 중요하다.

셋째, 천은사는 미로면 활기리와 동산리에 있는 준경묘와 영경묘를 수축하는 과정에서 일정한 역할을 하였으며, 수축 후 조포사로 지정되어 제수를 준비하는 등 원찰로서의 역할을 수행하였다.

---

26 『제왕운기』에 소개된 단군 이야기가 『삼국유사』에 실린 단군 이야기와 어떻게 비교·분석될 수 있는지와 이것이 어떤 모습으로 우리나라의 고대사 인식에 도움을 줄 수 있는지는 다음 논문에 잘 나타나 있다. 신종원, 2003, 「단군 신화에 보이는 樹木信仰」; 신종원, 2004, 「단군 신화에 보이는 곰의 실체」, 『삼국유사 새로 읽기(1)』.

27 김도현, 2004, 「이승휴의 생애와 관련 유적」, 김도현·차장섭·배재홍·김태수, 『이승휴와 제왕운기』, 31쪽.

2장

이승휴 선생과 천은사(간장사)

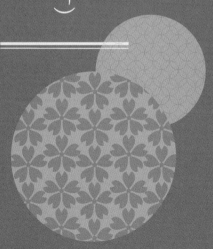

1. 관련 기록

천은사는 현재 이승휴 유적지로 인정되었기에 사적 421호로 지정되어 있다. 이와 관련한 기록으로는 충렬왕 때 고쳐야 할 폐단 10개조를 올린 후 파직된 이승휴 선생이 삼척에 내려와 두타산 자락인 구동, 즉 현재의 미로면 내미로리 천은사 경내에 용안당을 세우고, 경신년(1280) 10월에서 기축년(1289)까지 약 10년간 삼화사에서 1,000상자의 불경을 빌려 읽은 후, 71세인 충렬왕 20년(1294) 되던 해에 홀연히 용안당 간판을 간장사로 개칭하고 승려가 주석할 밭을 희사하였다는 내용이 실린 「간장사기」, 그리고 이승휴 선생의 아들에 의해 중수된 후 둘째 아들인 담욱의 요청으로 최해가 쓴 「간장암중창기」가 전한다. 조선 시대에 들어서 각종 지리지에 이승휴 선생·간장사(간장암)와 관련한 기록이 보이는데, 대부분의

내용은 「간장사기」와 「간장암중창기」를 원용하고 있다.[1]

현재의 천은사와 이승휴 선생이 편액을 건 간장사는 별개라는 일부의 견해가 있으나, 천은사가 이승휴 선생과 관련되는 간장사와 직접적인 관련을 지니고 있음은 다음을 통하여 확인할 수 있다.

첫째, 각종 지리지에 언급된 사명의 변화를 보면 '간장사(간장암) → 흑악사', '백련대 → 간장사(간장암) → 흑악사 → 천은사'로 법등이 이어져 오고 있음을 확인할 수 있다.[2] 이들 기록에 간장사와 흑악사 각각에 대한 위치 비정을 하지 않은 예도 있고, 이에 대한 전거를 제시하지 않은 제한점도 있다. 그러나 조선 시대에 발간된 대부분의 기록에서 천은사를 소개하면서 이승휴 선생과 관련된다는 사실을 소개하였으며, 법등이 '간장사 → 흑악사'로 이어지고 있을 뿐만 아니라 18세기 중반에 편찬된 『여지도서』와 1849년 간장사에서 인쇄된 삼척 김씨 족보 『기유보』로 보아 조선 후기까지 동일한 사찰이 간장사(간장암) 또는 흑악사로 불렸다는 사실은 이승휴 선생이 세운 간장사가 흑악사이고, 흑악사가 현재의 천은사임을 보여 주는 것이다.[3]

둘째, 조선 시대에 제작된 삼척 관련 고지도 중 1682년에 제작된

---

1 최해가 쓴 「看藏庵重創記」를 원용하여 안축이 쓴 기문으로 李承休와 看藏寺를 소개한 문헌은 『新增東國輿地勝覽』·『梵宇攷』·『三陟鄕土誌』이다.

2 [표 5] 각종 지리지·기문 등에 기재된 천은사 사명을 참조하기 바란다.

3 黑岳寺가 현재의 天恩寺라는 것은 극락보전에 봉안된 阿彌陀佛 내의 腹藏 중 '黑岳'이란 寺名이 기재된 「重修記」·「阿彌陀佛願文」·「三尊像改金後佛幀改彩願文」을 통해 이 불상이 黑岳寺의 불상임을 알 수 있으므로, 黑岳寺가 현재의 天恩寺라고 단정할 수 있다. 이와 관련하여 홍성익도 다음 글에서 「阿彌陀佛願文」의 '黑岳'이란 寺名을 근거로 현재 천은사 극락보전에 봉안된 불상이 '黑岳寺'라는 寺名을 사용할 당시부터 있었던 불상이므로 '黑岳寺'가 현재의 '天恩寺'라고 하였다(홍성익, 2006, 「天恩寺의 문헌 검토」, 강원문화재연구소, 『三陟 天恩寺 李承休 遺墟址 發掘調査 報告書』, 26쪽).

「동여비고」, 1757~1765년 사이에 발간된 『여지도서』와 고종 7년(1870)에 만들어진 『관동읍지』에는 현재의 천은사 위치에 '간장사(간장암)'라는 사명이 기재되어 있음을 확인할 수 있다. 다른 고지도에서는 해당 위치에 '흑악사'라 표기되어 있다. 특히 거의 같은 시기(1870년경)에 만들어진 『관동읍지』에는 '간장사'라 표기한 데 비해 상백본 『척주지』에는 '흑악사'라고 표기되어 있다. 즉, 1870년경에 2개의 사명이 같이 사용되었음을 알 수 있다. 이를 종합해 보면 결국 간장사가 흑악사이고, 이는 현재의 천은사임을 나타내는 중요한 근거로 제시할 수 있다.

셋째, 천은사 경내 발굴 조사에서 각종 건물지와 함께 청자를 굽던 가마터 등이 발견되었다는 사실은 고려 시대에 사찰이 있었다고 추정할 수 있으며, 이곳이 이승휴 선생과 관련한 유적지였을 가능성을 높여 준다.

2. 『제왕운기』의 산실, 용안당(간장사, 천은사)

충렬왕 때 고쳐야 할 폐단 10개조를 올린 후 파직된 이승휴는 삼척에 내려와 두타산 자락인 구동에 용안당을 세우고 경진년(1280) 10월부터 기축년(1289)까지 약 10년간 삼화사에서 1,000상자의 불경을 빌려 읽었다. 이와 같이 삼척에서 은거 중이었던 이승휴가 세상을 등지고 숨어서 산 것만이 아니라 현실에 대한 관심을 여전히 지니고 있었다. 세상과 일정한 관계를 유지하면서 은거 중이던 이승휴는 현실에 대한 관심을 바탕으로 충렬왕 13년(1287)에 『제왕운기』를 찬술하였다.

이승휴 선생이 『제왕운기』를 찬술한 곳이 용안당이고, 용안당이 현재의 천은사이기에 1995년 천은사 경내인 지락당知樂塘 터 옆에 이승휴 선생의 위패를 모신 사당인 '동안사動安祠'를 건립하였고, 이후 이승휴 선생을 기리는 동안대제를 매년 10월 3일 이곳에서 봉행하고 있다.[4]

---

4   이승휴 선생의 생애와 천은사 관련 내용은 '1장 천은사의 역사', '4장 1. 이승휴 선생 관련' 항목에서 좀 더 자세하게 소개하였기에 이 단원에서는 이승휴 선생과 천은사와의 관련성에 주목하여 간단하게 서술하였다. 좀 더 자세한 내용은 이 책의 1장과 4장 관련 항목과 필자가 발표한 다음 논문에 상세하게 소개하였기에 이를 참고하기 바란다. 김도현, 2015, 「동안 이승휴 선생의 불교 인식과 看藏寺」; 김도현, 2017, 「동안 이승휴 선생의 생애와 관련 유적」, 『박물관지』 23, 강원대 중앙박물관; 김도현, 2020, 「〈看藏寺記〉·〈看藏庵重創記〉를 통해 본 이승휴와 천은사」, 『2020년 동안 이승휴 학술대회 발표 자료집』, (사)동안이승휴사상선양회·강원대 강원전통문화연구소.

천은사 내 동안사 전경

동안사 내 『제왕운기』 내용으로 만든 병풍(홍태의 글씨)

3장

준경묘·영경묘의 조포사, 천은사

　　조선 왕조를 탄생시킨 전주 이씨 가문의 정통성과 왕조 개창의 당위
성을 강조하는 과정에서 중시한 지역은 전주 이씨 시조묘를 모신 전주,
「용비어천가」에 등장하는 목조 이안사의 부모 묘인 준경묘와 영경묘가
있는 삼척, 그리고 함경도 의주와 덕원 등이다. 이 중 삼척은 태조 이성
계의 실묘로서는 가장 오래된 곳으로서 그 역사적 의미는 매우 크다고
볼 수 있다. 또 이곳은 태조 이성계의 선조들이 함경도 용주리에서 여진
족의 벼슬을 지냈다는 사실을 들어 태조 이성계를 여진족의 후예라 여기
고, 조선 왕조 또한 여진족이 지배한 국가였다고 주장하는 일부 일본 학
자들의 여진족 500년설을 비판할 수 있는 중요한 역사적 증거를 보여 주
고 있는 곳이다.

　　조선은 개항을 전후하여 내우외환內憂外患에 시달리게 된다. 이에 조
선 왕조는 이를 극복하여 왕실의 권위를 유지하고, 나아가 조선 왕조를

유지하기 위한 다양한 노력을 하게 되는데, 이러한 노력의 하나로 준경묘·영경묘를 수축하였던 것이다. 즉, 위치 논쟁으로 인해 본격적인 수축을 미루어 왔던 목조 부모의 묘역에 대한 대대적인 정비가 전주의 조경단·경기전의 중수와 함께 고종 황제에 의해 이루어졌다는 것은 개항 이후 조선 왕조의 유지와 국가의 운명이 매우 위태로운 상황에서 나름의 권위와 정통성을 확보하여 국가 중흥의 계기로 삼으려는 고종 황제의 직접적인 의지의 표현이었다는 점에서 매우 중요하다.

이와 함께 양묘를 수축할 때 미로면 내미로리에 있는 천은사(당시 흑악사)를 원찰로 하여 이곳에 조포소를 설치하였다는 기록으로 볼 때, 양묘와 함께 천은사도 중요한 관심사가 된다. 왜냐하면 천은사 또한 두타산에서 내려온 맥이 쉰움산을 거쳐 천은사로 이어지기 때문이고, 전체적으로 두타산으로 이어진 백두대간의 지기地氣가 준경묘·영경묘와 함께 천은사에도 이어져 내려왔다고 볼 수 있기 때문이다. 또한 당상관 이중하가 당시 흑악사였던 사명을 양묘 수축에 대한 공을 인정하여 '천은사'라는 사명을 내렸을 뿐만 아니라, 다른 지역에 있는 왕릉에는 항상 원찰이 함께하고 있다는 사실로 볼 때 준경묘·영경묘와 함께 천은사에 대한 관심을 가져야 하는 것이다.

풍수지리적인 입장에서 지금까지 준경묘와 영경묘에 대한 이해는 준경묘와 영경묘가 위치한 미로면 활기리와 동산리를 중심으로 전개되어 조선 왕조를 창업한 토대가 된 지세를 거시적으로 이해하는 데 약간의 한계가 있었다고 보인다. 이에 필자는 준경묘와 영경묘는 신경준의 산경표와 지도에서 확인할 수 있는 바와 같이 한민족 활동 무대의 근간을 이루는 백두대간의 정기를 백두산으로부터 받아서 금강산과 오대산을 지나 두타산에 이르러 분리되면서 그 지세를 동쪽으로 틀어 왕조 창

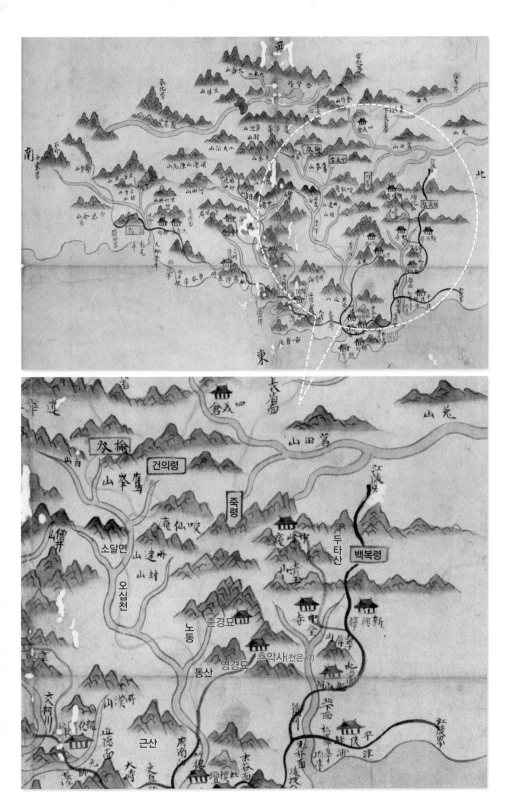

준경묘, 영경묘, 천은사 관련 풍수지리[「비변사인방안지도」(서울대학교규장각 규장각한국학연구원 웹사이트에서 전재)]

업의 토대가 되었다는 거시적인 관점도 함께 지닐 필요성을 제기하였다.

산경표에 언급된 백두대간의 지맥과 『고종실록』, 그리고 어제준경묘비·어제영경묘비에 언급된 풍수상의 특징과 현장에서 확인한 바에 의해 이곳 활기리 노동의 준경묘와 하사전리의 영경묘는 조선 왕조의 탄생과 관련한 기본 토대가 된 풍수상의 지세地勢를 지닌 곳으로 볼 수 있다.

그리고 조선 왕조의 왕릉들이 모두 백두대간에서 뻗어져 나온 정간이나 정맥의 자락에 위치한데 비해 준경묘와 영경묘는 백두대간의 주 능선에서 곧바로 이어지는 능선으로 이어진 곳에 위치하였다는 점에서 그 지기의 정도는 다른 왕릉과 비교할 수 없을 것이다.

1. 준경묘·영경묘 수축 과정

삼척시 미로면에 있는 준경묘濬慶墓와 영경묘永慶墓는 조선 고종 때인 광무 3년(1899) 4월16일 고종이 태조 이성계의 5대조인 양무 장군과 그 부인 묘를 공식적인 선조의 묘로 추봉追封하여 묘호廟號를 준경濬慶과 영경永慶으로 하고, 묘역의 경계를 정하고 비碑를 세우며 재사齋舍를 건립하면서[1] 현재에 이르고 있다. 1981년 8월 5일, 해당 묘역墓域, 재실齋室, 목조대왕 구거유지舊居遺趾 등을 묶어 지방기념물 제43호로 지정·보존되다가, 지난 2012년 7월 12일 문화재청 고시 제2012-75호를 통해 국가지정문화재 사적 제524호로 승격되었다.

준경묘와 영경묘 수축 과정과 주변 지역의 인력·물자 동원 현황은

---

1 『고종실록』, 고종 36년 5월 25일 양력.

『조경단 준경묘 영경묘 영건청 의궤』, 『고종실록』, 『승정원일기』 등을 통해 알 수 있다. 『고종실록』에 실려 있는 내용을 중심으로 그 수축 과정을 살펴보면 다음과 같다.[2]

고종은 삼척三陟 노동蘆洞과 동산東山에 있는 두 자리의 무덤이 『선원보략璿源譜略』에 실려 있는데, 여러 선대 임금들 시기에 일찍이 고쳐 봉토함에 대한 의견이 많았으며 여러 차례 살펴보도록 한 지시도 있었음을 상기하면서, 직접 살피고 온 재상의 보고에도 『여지승람輿地勝覽』과 『읍지邑誌』에 역시 확실한 근거가 있는데 묘에 대한 의식을 오늘에 이르기까지 제대로 거행하지 못한 것에 대하여 반성하며, 이를 수축할 것을 공식적으로 지시하게 된다.[3]

이에 고종은 노동의 무덤 이름은 준경묘로 부르고 동산의 무덤 이름은 영경묘로 부를 것을 명함으로서 현재까지 이와 같이 불리고 있다. 이와 함께 무덤 구역을 한정하고 비를 세우며 관리를 두고 재실을 세우는 등의 일을 영건청營建廳에서 거행하도록 지시하면서, "준경묘와 영경묘 두 무덤의 비석 앞면 글은 내가 직접 쓰고 뒷면 글도 직접 지어서 내려보내겠다"라고 하였다. 또한 "궁내부宮內府 특진관特進官 이중하李重夏를 영건청 당상관堂上官으로, 삼척군수三陟郡守 이구영李龜榮을 당하관堂下官으로 다 같이 추가 임명하여 급히 준경묘와 영경묘에 달려가서 그들이 감독하도록 할 것이다"라고 지시함으로써 준경묘와 영경묘에 대한 공식적인 수축이 이루어진다.[4]

2 목조 부모 묘의 위치에 대한 논쟁 과정에 대하여는 다음 논문을 참조할 것. 배재홍, 2003, 「조선 태조 이성계의 고조 목조 이안사와 삼척」, 『조선사연구』 12, 17~33쪽.
3 『고종실록』, 고종 36년 5월 25일 양력.

동년 6월 24일에는 준경묘·영경묘의 비각碑閣과 재실齋室을 새로 짓는 데 든 비용 1만 원을 내려 주었다.

　고종은 준경묘·영경묘를 정비한 목적에 대하여는 "왕조가 일어난 고장에 대한 기록이 지금 없어서는 안 되겠다"라고 하여 조경단 옆에 비석을 세우고, 자만동滋滿洞과 활기동活耆洞에 모두 목조穆祖가 왕위에 나서기 전에 있던 터가 있으며, 오목대梧木臺는 곧 태조 대왕太祖大王이 남쪽을 정벌하고 개선할 때 머물렀던 곳이어서, 덕원德源의 적전赤田 용주동湧珠洞에 대한 전례를 들어 기문記文을 고종이 직접 지을 것을 천명하였다.

　이때 고종은 "건지산乾止山, 서로동西蘆洞, 서동산西東山에 사유를 고하는 의식 절차가 있었는데 앞으로 1년에 한 번씩 제사 지내는 예식이 있게 될 것이므로 축문祝文 양식을 의논하지 않을 수 없다"라고 하여 1년에 한 차례 제사 지낼 것을 정하고, 축문 양식은 장례원 경으로 하여금 널리 상고하여 보고하게 하였다. 이때 축문의 존영 호칭에 대하여 조정희趙定熙의 의견을 받아들여 준경묘는 '선조고 고려 장군 존영先祖考高麗將軍尊靈'이라고 하며 영경묘는 '선조비 이씨 존영先祖妣李氏尊靈'이라고 하는 예법을 마련하게 된다. 그리고 세 비석의 서사관書寫官으로 준경묘의 비는 이근명李根命이 써서 바치고, 영경묘의 비는 민병석閔丙奭이 써서 바치며, 활기동의 비는 박기양朴箕陽이 써서 바칠 것을 지시하였다. 또한 비석 제작을 위해 사용하는 돌은 삼척에서 캘 수 있고 돌의 품질이 쓸 만하다고 하여 삼척군수가 기일에 앞서 돌을 캐내서 다듬어 놓을 것을 지시하였다.

　준경묘의 풍수지리적 위치에 대하여 상지관相地官이 고종에게 무덤자리는 범이 엎드려 있는 형상이라고 보고하였는데, 이에 대하여 이중하

4 『고종실록』, 고종 36년 5월 25일 양력.

는 "좌우의 산줄기는 꽉 끌어안은 형세에서 그 속이 명당자리로 됩니다" 라고 보고한 것으로 보아 우백호가 좌청룡을 감싸는 일반적인 지세와는 다름을 알 수 있다.[5] 이와 함께 준경묘의 혈은 신좌가 해좌를 품으면서 주봉인 두타산으로부터 좌우 가지가 팔八 자로 12개를 내리며 이곳에 이르렀다. 좌청룡에 해당하는 산은 근산이고, 우백호에 해당하는 산은 안산인데, 좌향은 신이향을辛而向乙이다. 묘역은 동쪽으로 기곡其谷, 서쪽으로 주봉主峰, 남쪽으로 답곡畓谷, 북쪽으로 직곡稷谷에 이른다.

영경묘의 형세에 대하여 비석에 쓰인 내용을 소개하면, 좌향坐向은 좌묘이향유坐卯而向酉로써 산세山勢는 웅위雄偉에 초손稍遜하고, 함포온자지봉심含抱蘊藉之奉審한 형세라 하였다. 덧붙여 묘역이 동쪽으로는 구수봉求壽峯에 이르고, 서쪽으로는 방우치方禹峙, 남쪽으로는 다라구미多羅龜尾, 북쪽으로는 상사전리上寺田里에 이른다고 하였다.

이와 함께 구거유지에 대한 언급 또한 허목의 『척주지』와 『여지도서』에 당시 사람들이 왕기王氣가 서린 곳이라고 언급한 것으로 보아 조선 후기에 이미 이와 관련한 이야기들이 회자되었음에도 불구하고, 이에 대한 소개 없이 언제부터 전해졌는지 언급이 전혀 없는 구전 설화로만 이해되고 있다는 점은 매우 안타깝다. 그리고 『여지도서』에 실려 있는 '금릉金陵은 천 년 된 땅이니(金陵千載地)'의 '금릉'은 현재 회자되는 '백우금관 전설'이 조선 후기에도 많은 사람들에 의해 회자되었던 것으로 볼 수 있다.

대부분의 왕릉에는 재각齋閣으로 정자각이 세워져 있는데, 준경묘와

---

5 지금까지 준경묘·영경묘의 풍수지리에 대한 이해는 이를 바라보는 사람들이나 전해 오는 이야기에 근거하였다. 준경묘·영경묘를 수축할 당시의 기록인 『고종실록』과 준경묘비·영경묘비에 당시의 상지관이 언급한 풍수지리적 이해는 전혀 언급되지 않은 채 이를 논하는 것은 바람직한 태도가 아니다.

영경묘에는 일자 형태의 정자각이 세워져 있다. 이와 같이 건립된 연유는 현장에 다녀온 신하들이 준경묘 아래가 진펄이어서 정자각丁字閣을 세우기 곤란한데, 수전水田과 같은 것은 풍수 보는 관리가 명당이라고 하였으나, 묘 앞에서 진펄까지의 거리는 몇 걸음도 되지 않으므로 그 사이에 정자각을 세운다면 불편하게 됨을 보고하였다.

이에 고종이 "그렇다면 '일'자 모양의 재각을 간단하게 지어서 제사 지낼 때 넉넉히 행동하게 한다면 좋을 것이다. 동산의 무덤 자리는 지형이 어떤가?"라고 하니 이중하가 말하기를, "동산의 무덤 자리는 산 위에 정해져 있으므로 축대 아래에 정자각을 세울 만한 자리가 없습니다. 그러므로 할 수 없이 산 아래에 정자각을 세워야 할 것입니다"라고 하였다. 임금이 말하기를, "그렇다면 산 아래에 정자각을 세우는 것이 좋을 것이다"라고 하였다.[6] 이와 같은 연유로 하여 다른 지역과는 달리 삼척의 준경묘와 영경묘의 재각은 일자 형태를 띠게 되었다.

묘역 수호와 관련하여 준경묘와 영경묘의 영건청 당상관 이중하를 불러들여 만났는데, 그는 "위토位土는 역토驛土 중에서 14결을 떼어 붙인 후 전번에 아뢴 바 있었지만 이것으로 재실齋室의 용도에 분배하면 너무 적다는 한탄을 면할 수 없을 것입니다. 그러므로 본 고을 바다 나루의 곽암세藿巖稅 중 여러 곳에서 해마다 500금金씩 받아들이기로 약속한 것을 떼 주어서 이로써 제사 지내는 밑천을 대신하게 한다면 능묘陵墓를 지키는 일에 아마도 도움되는 바가 있을 것입니다"라고 하여 이에 대한 기준을 마련하였다.[7]

---

6 『고종실록』, 고종 36년 6월 24일 양력.

준경묘 전경

준경묘 청명제사 중 제관들의 입장 모습

영경묘 전경

준경묘 · 영경묘 청명제사를 지내기 위해 재실에 모인 종친들

2. 조포사로서의 천은사

준경묘·영경묘 수축과 관련하여 천은사의 역할과 위상 변화가 주목
된다.

천은사는 인근의 준경묘와 영경묘를 수축하는 과정에서 일정한 역
할을 하였으며, 수축 후 조포사로 지정되어 제수를 준비하는 등 원찰로
서의 역할을 수행하였다.[8] 이와 관련한 자료는 다음과 같다.

자료 1 己亥(1899) 11月 初四日 「完文」 黑岳寺

今此 濬慶墓 永慶墓修封以後諸般奉護之節一依 陵園例爲之事伏奉 聖
敎今於創始之初凡所規定者本道本郡曷敢不盡心對揚以衛國祖先寢乎
享祀造泡以黑嶽寺爲定自今以後本郡官用以下各廳雜役雖一繩一鞋更
毋得侵索扵本寺從前謬例一一革罷俾寺僧專意致力扵兩墓所擧行爲去
乎如是定規以後官屬輩或罔念法意復踵前習則本齋官移照于地方官査
實嚴治是遣自郡若或襲謬則自本齋具報于掌禮院以爲照法查處齋官及
墓屬輩如或侵漁則地方官亦卽査報于掌禮院以爲互相糾禁之地爲去乎
以此完文成給永爲憑考者[9]

---

7 『고종실록』, 고종 37년 1월 13일 양력.

8 사찰은 그 본래의 종교적 목적을 위한 기능 이외에도 시대를 달리하며 다양한 목적을 수행한다.
즉, 왕실의 안녕과 번영을 축원하는 원당, 왕실의 태실을 수호하는 태실 수호 사찰, 陵을 보호하는
능침 수호 사찰, 산성을 보수하고 유지하기 위한 사찰, 院의 역할을 담당한 사찰 등이 있다(박병선,
2001, 『조선 후기 원당 연구』, 영남대학교 대학원 박사학위논문; 이병희, 1998, 「고려시기 원의 조
성과 기능」, 『청람사학』 2, 청람사학회(홍성익, 2005, 「보덕사의 문헌사 검토」, 『영월 보덕사 사천왕문지 발굴조사
보고서』, 강원문화재연구소, 39쪽에서 재인용)].

守護軍

- 濬慶墓守護軍活耆洞十五名 (活耆洞)
- 永慶墓守護軍東山里十五名 (東山里) 免戶布事 凡 墓所 祭享禁火伐草
  植木等事全數擧行事
- 活耆東山及下寺田明寂洞本郡雜役一切勿侵事
- 造泡寺以黑嶽寺擧行從前本郡雜役一切勿侵事
- 香炭山姑無劃付以本郡所在 莊湖葛山薪南臨院四津各稅錢
  五百四十五兩四戔八分自宮內府奉勅劃付事
- 未盡條件追乎磨鍊事[10]

위의 [자료 1]을 보면 미로면 활기리와 동산리에 준경묘와 영경묘를
각각 수축한 이후 흑악사로 하여금 향사와 조포사로서의 역할을 수행하
고, 대신 각청의 잡역과 세금을 면제해 준다는 내용을 담고 있다. [자료 2]
는 준경묘와 영경묘를 수축한 이후 이를 수호하고 유지하기 위한 「수호
절목」에 흑악사를 조포사로 하여 삼척군의 잡역 일체를 면제해 준다는
내용이다.

위의 2가지 자료를 보면 천은사는 법등을 이어 가는 과정에서 준경
묘와 영경묘의 수축 이후 1899년에 능침 수호 사찰로 지정되었으며, 치

---

9 『肇慶壇濬慶墓永慶墓營建廳儀軌(下)』(光武 五年 庚子 十二月 日 濬慶墓上),「移照 訓令附」. 강원도에서
발견할 수 있는 이와 유사한 사례로 영월 莊陵의 願刹로서 報德寺를 造泡守護之寺로 지정하고, 正
宗 庚戌에 免稅를 주청하여 받아들여진 내용 등이 다음에 실려 있다. 『關東誌』, 第四冊,「莊陵事蹟
下」, 報德寺 條.

10 『肇慶壇濬慶墓永慶墓營建廳儀軌(下)』(光武 五年 庚子 十二月 日 濬慶墓上),「守護節目」.

제에 필요한 제수를 준비하는 조포사로서의 역할을 수행하여 조선 왕실과 밀접한 관계를 지녔음을 보여 주고 있다.

그리고 천은사의 '천은'이란 사명은 『조선지지자료』(1910~1911 추정)[11]에서 처음 확인할 수 있는데, 1916년 삼척군수였던 심의승에 의해 만들어진 『삼척군지』에는 이와 관련하여 기해년(1899) 준경묘와 영경묘를 수축할 당시 영건 당상 이중하가 '천은'이란 사명을 하사하여 이후 천은사로 불리게 되었다고 전한다. '흑악사'에서 '천은사'로의 이와 같은 사명 변경 과정에 대한 언급은 「천은사기실비」, 1922년에 작성된 「삼존상개금 후불탱개채원문」을 비롯한 각종 기록에 전재되어 있다. 그런데, 삼척시 미로면에서 준경묘와 영경묘를 수축할 때인 1899년 당시 흑악사에 조포사의 기능을 수행하도록 하였고, 이에 대한 보상으로 각종 세금과 잡역을 금한다는 내용이 당시 흑악사에 내린 「완문」과 1900년의 「수호절목」에 기재되어 있으나, '천은'이란 사명을 하사한다는 내용을 찾을 수는 없다. 당시 영건 당상이었던 이중하가 비공식적으로 '천은'이란 사명을 하사하였는지, 아니면 천은사에서 준경묘와 영경묘 제사를 준비하고 수호하는 역할을 하게 됨에 따라 「완문」과 「수호절목」에서 각종 세금과 잡역을 감면해 주어 사명을 왕의 은혜에 보답한다고 하여 당시 총섭이었던 대원 스님이 '천은'이란 사명[12]으로 바꾸었는지는 알 수 없으나, '흑악사'라는 사명이 사용된 마지막 기록이 1900년이고, '천은사'라는 사명이 처음 등장하는 시기가 1910~1911년 사이에 조사된 『조선지지자료』임을

---

11 신종원 편, 2007, 『강원도 땅이름의 참모습: 조선지지자료 강원도편』.

12 '天恩'으로 寺名을 변경한 것이 濬慶墓와 永慶墓를 수축한 사실과 어떤 형태로든 관련이 있음은 다음 자료에도 잘 나타나 있다. 「三尊像改金後佛幀改彩願文」, 〈…大圓奏改天恩寺 穆祖皇帝推崇時…〉.

감안할 때 준경묘·영경묘 수축과 제사에 도움을 주면서 원찰로서의 지위를 확보함에 따라 '천은사'로 사명을 바꾸게 된 계기가 된 것으로 볼 수 있다.[13] 천은사는 이처럼 법등을 이어 가는 과정에서 준경묘와 영경묘의 수축 이후 능침 수호 사찰로 지정되면서, 절의 이름도 흑악사에서 천은사로 바뀌었고, 치제에 필요한 제수를 준비하는 조포사로서의 역할 역시 수행하였다.

여기서 조포사란 표면적으로 두부(泡)를 만드는 절이란 뜻인데, 실제로는 왕릉의 능찰로 왕릉 수호와 향사를 위한 준비를 해야 하는 사찰을 이른다. 두부는 왕실 제사에서 반드시 올려야 할 제수로써, 준비하는 과정이 다른 제수와는 달리 시간과 노력이 많이 들기에 능찰에 대한 명칭을 특별히 '두부를 만드는 절'이란 의미를 지닌 '조포사'라 하였다고 볼 수 있다. 두부 제조와 관련하여 천은사 내에는 자연석을 다듬어 만든 큰 맷돌이 있다.

이와 같이 두부를 만들던 전통은 지금까지 이어져서 사찰뿐만 아니라 천은사 입구에 있는 식당의 음식 메뉴에도 영향을 끼쳐 두부를 전문으로 하는 이름이 널리 알려진 식당이 있다. 비교적 규모가 작은 절이고, 사람들의 왕래가 많지 않음에도 불구하고 이곳 식당의 두부와 순두부는 유명하여 많은 이들이 찾고 있다.

영월의 장릉 능침 수호 사찰은 인근에 있는 보덕사이다. 장릉과 보덕사 앞에 있는 식당들의 주 메뉴도 두부 관련 요리이다. 두부를 이용한 음식이 매우 유명하여 이곳 역시 많은 사람들이 찾고 있다. 천은사·보덕

---

13 『三陟郡誌』(심의승, 1916)를 비롯한 각종 기록에 1899년 寺名을 '天恩'이라 바꾼 것으로 기재되어 있는데, 이는 「完文」을 내려 준 시기와 일치한다.

영경묘 제례 진설과 두부

준경묘 · 영경묘 제례와 두부

사뿐만 아니라 영릉을 비롯하여 다른 지역에 있는 왕릉 관련 능침 수호 사찰 인근의 식당들 중 두부로 유명한 곳이 매우 많다고 한다.

　이것으로 보아 지역의 음식 문화도 그 지역의 역사나 문화재와 밀접한 관련을 지니고 있음을 새삼 생각하게 한다.[14]

14　이 글은 필자가 다음에 실은 글을 수정·보완하여 소개한 글이다. 김도현, 2011, 「준경묘·영경묘 수축과 능찰 천은사, 그리고 두부」, 『민속소식』 196, 국립민속박물관, 6-7쪽.

4장

천은사가 보유한 유물·유적

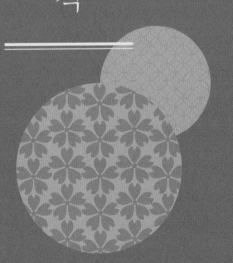

1. 이승휴 선생 관련

삼척 두타산 이승휴 유적은 1280~1289년 사이에 강원도 삼척시 내미로리에 이승휴 선생이 머무르며, 『제왕운기』를 저술하였던 당시에 조성되었다.

즉, 약 10년간 머무르는 동안 이곳에 용안당·지락당·보광정葆光亭·표음정瓢飮淳을 지어 삼화사에서 1,000상자의 불경을 빌려 읽으며, 『제왕운기』·『내전록』을 저술하였고, 이후 충렬왕 20년(1294) 되던 해에 홀연히 용안당 간판을 간장사(현재 천은사)로 개칭하고 승려가 주석할 밭을 회사하였던 고려 후기의 학자 이승휴 선생과 관련된 유적이다.

이승휴 선생이 활동하였던 시대는 기존의 귀족문화가 해체되면서 새로운 시대의 탄생을 준비하는 시기였다. 이때에는 강계의 난, 몽골의 침략과 몽골에의 복속으로 인한 사회적인 변화와 신분 계층 간의 변동기에 중앙 관계로 진출하려는 일군 사인±人이 있었다. 이들은 '능문능리能文能吏'의 교양과 능력을 토대로 사회 변혁에 부응하는 새로운 이념을 제시하면서 그 시대를 계도해 간 신진사대부였다. 이승휴 선생과 같은 초기 신진사대부는 유학을 정신적 근간으로 삼아, 나아가서는 광세재민하고 들어와서는 수신제가하는 의식을 갖추었다.

백성을 중시하면서, 실제 행동에서는 현실적인 대응 전략을 많이 보인 이승휴 선생은 관료로서 감찰·언관의 역할을 많이 하면서 백성들 편에서 행정을 처리하고자 하였으며, 서장관으로 원나라에 파견되어 중국(원)을 치켜세우면서도 고려의 자주 의식을 강조하였고, 우리 민족사의 정통 의식과 발해를 우리 민족의 영역으로 인식한 『제왕운기』를 저술하였으며, 적극적으로 현실을 이해하고자 하는 태도에 기반하여 종교적인 실천을 통하여 국가와 사회에 봉사하는 재가불교신자在家佛敎信者의 모습을 보여 주고 있다. 또한 『동안거사집』에 실린 다양한 시詩와 우리 민족사를 서사시 형태로 서술한 『제왕운기』는 문인으로서의 탁월한 능력을 보여 준다.

이승휴 선생은 고려 충렬왕 때 고쳐야 할 폐단 10개조를 올려 파직된 후 삼척에 내려와 두타산 자락인 구동, 즉 현재의 삼척시 천은사 경내에 용안당을 비롯한 몇 가지 시설을 하여 10여 년간 머물렀다. 그가 남긴 유적은 2000년 9월 16일 사적 제421호인 '삼척 두타산 이승휴 유허三陟頭陀山李承休遺墟'로 지정되었다가 2011년 7월 28일 '삼척 두타산 이승휴 유적三陟頭陀山李承休遺蹟'으로 그 명칭이 변경되었다.

삼척시 미로면 내미로리 천은사 경내에 있는 이승휴 선생 관련 유적을 소개하면 다음과 같다.

가. 지락당

연못지를 지락당이라 하였는데, 방당方塘, 즉 네모진 형태를 갖추었다. "지락당"이란 명칭은 "어찌 내가 고기의 즐거움을 모름을 알겠는가"라는 『장자』, 「제물」편의 말을 취하여 지었다고 한다. 사찰에 조성된 연못지는 대부분 연꽃을 심어 조경했는데 이곳에도 연꽃을 심었다고 한다.

전체적으로 방형을 띠고 있었던 것으로 추정되는 연못지는 최대 장축이 동서 14m, 남북 16m로 면적은 약 224㎡(68평) 정도이다. 현재 남아있는 호안석축에 의한 연못지만이 확인되고 있으며, 선대에 조성된 유구는 확인되지 않았다.

호안석축은 최대 높이가 2.2m정도인데 1.6m까지는 50~80㎝ 가량의 석재를 사용하여 쌓은 것이 확인되고 있다. 또한 아래층인 선대의 석축은 장방형의 석재를 허튼층쌓기를 하면서 퇴물림 방식으로 강하게 쌓은 반면 후대의 석축인 상위의 석축은 방형에 가까운 석재를 허튼층쌓기 방식에 퇴물림 방식으로 약하게 쌓았다.

현재 노출된 연못지의 바닥은 하상층의 자갈과 굵은 모래층으로 형성되었으며 거대한 자연석재가 군群을 이루고 있다. 이것은 다른 연못지에서도 볼 수 있는 조경석으로 놓았을 것이라고 추정된다.

호안석축은 동측만이 축성되었다. 외면에는 물이 새는 방지책을 마련하지 않고 내면에만 잡석으로 마감하였다. 호안석축의 기단은 없으며 하천의 지표 위에 자연석을 그대로 쌓는 방식을 채택하였다. 남측은 자연석이 연못지를 향하여 비스듬히 놓여 자연벽을 이루었으며 서·북측은 하상층의 자갈과 모래로 이루어지면서 거대한 바위가 호안湖岸을 이루었던 것으로 보인다.

지락당 전경(복원 후)

지락당 전경

지락당 축대

입수구는 별도의 시설이 되지 않고 계곡에서 흘러내리는 유입수를 그대로 받아들인 것으로 추정된다. 출수구도 별도의 시설이 보이지 않는다. 출수구가 있었을 것으로 추정되는 남측은 어느 시기엔가 붕괴되어 작은 자연석으로 다시 쌓은 것으로 보인다.

나. 청자 도요지

이 유적은 현 주지 스님 거처인 용안당 건물 뒤편의 동북쪽으로 난 당시의 암자인 화엄암과 부도군으로 올라가는 길 좌측면인 산 경사면에 위치하고 있다.

가마 유구는 전체 1개소로 북서-남동향의 자연 경사면과 같은 방향으로 시설된 것으로 확인되었다. 유구는 길이 남북 320㎝, 동서 440㎝의 규모로 평면 장타원형의 소규모 가마이다. 가마의 벽체는 대부분 유실되어 완전하게 남아 있지는 않지만 현존하는 북벽은 2~3단 정도의 높이 66㎝로 벽체에 사용된 석재들이 조금 남아 있는 편이다. 남벽은 거의 유실되어 윤곽선만 남아 있다. 서벽은 두께 38~54㎝, 높이 38㎝로 모서리 부분의 석재들은 불 먹은 흔적이 완연하다. 입구부는 대나무숲과 계곡에 바로 접하고 있는 관계로 확인을 하지 못하였으나 대부분의 유물들과 소토들이 입구쪽과 소성실 중앙부에서 확인되었다.

이 가마는 외형상으로는 비교적 규모가 작은 장타원형의 가마로서 그 구조는 소성실이 1개인 단실요이며 바닥은 경사면을 이용하여 지하면을 약간 파서 조성하였고 천정은 남아 있지 않지만 등요와 같은 지상 토축일 가능성이 높다. 소성실의 바닥 면은 진흙을 깔아 처리하였으며 경사가 거의 없는 편이고 고온의 불길이 닿아 비교적 굳게 익은 상태로 확인되었다. 이 청자요 유구의 원형이 대부분 상실된 관계로 그 구조의 정확한 양상을 밝힐 수는 없지만 지금까지 강원도 지방에서 확인된 최초의 청자 가마터라는 데서 그 의의를 찾을 수 있을 것이다.

수습된 유물들은 대접이 가장 많으며 그 외의 접시, 완, 도지미(도침) 등이 있다. 이들 유물의 양상으로 볼 때 이 가마는 12~13세기에 사용한 가마로 추측된다. 이것으로 보아 이승휴 선생이 이곳에 용안당을 짓고 은거하며, 불경을 읽는 등 불교에 심취해 있을 때에도 사용되었던 가마로 추측된다.[1]

---

1 관동대학교 박물관, 1999, 『三陟 天恩寺 李承休 遺墟址 發掘 調査 報告書』.

천은사 내 청자 도요지 전경[『三陟 天恩寺 李承休 遺墟址 發掘 調査 報告書』(1999) 8쪽에서 전재]

천은사 내 청자 도요지에서 발견된 도침(사진 제공: 김병욱 도예가)

다. 용안당·보광정

　이승휴 선생이 주석할 당시에 만들었다는 용안당과 보광정 터를 정확하게 확인할 수는 없으나, 「간장사기」를 통해 그가 주석하였던 용안당이 간장사, 즉 현재 천은사이며, 이는 조선 시대의 각종 기록과 고지도 등을 통해 확인할 수 있다. 천은사는 이승휴 선생 관련 유적과 함께 신라 최전성기의 양식을 계승한 유물인 금동약사여래입상, 고려 후기 단아 양식의 불상을 계승한 조선 전기의 불상인 목조아미타삼존불, 조선 태조 이성계 4대조인 목조 이안사의 부모를 모신 준경묘·영경묘의 조포사로 기능하였던 유서 깊은 사찰이다.

　용안당·보광정에 대하여 『동안거사집』, 「보광정기」에 실려 있는 관련 내용을 소개하면 다음과 같다.

　두타산의 중대동은 기이하고 절묘하여 신기한 경치를 다 드러냈고, 묶어 놓은 듯도 하고, 편편하기도 하며, 옹기종기 땅을 응축해 놓은 듯한 곳이다. 거기에다 거닐고 의지하기 편리하니 그 아름다움을 이루 다 형용하기가 어렵다. 만일 동파가 이곳을 본다면 의당 서시로써 비교하려 하였을 것이다. 그 노닐며 구경하는 운치는 곧 십사관시에 자세히 기술되어 있다. 중대동의 동북쪽으로 하나의 봉우리가 홀로 솟아, 머리처럼 생기어 평퍼짐하게 흘러내리는 산봉우리가 있으니, 그것은 대문수라 부르고, 대문수 남쪽에 솥발처럼 솟아 일어난 것이 훌쩍 날아오르는 듯한 것은 삼공봉이고, 비스듬히 경계 진 양쪽 골짜기 사이에 돌고 굽이져서 동쪽으로 바다에 들어가는 것은 포포천이다. 내의 북쪽에

용안당(현재 천은사 주지실)

문수봉에 딸린 겹친 산언덕이 있는데, 이곳은 삼공봉을 바라보고 있으며, 우묵하고 널찍하여 물이 안고 도는 곳으로서, 특별히 하나의 작은 구역을 이루고 있으니, 이곳이 구산동이다.

구산동을 가로질러 서북쪽에서 동남으로 콸콸 흘러가는 물줄기가 용계이다. 용계를 따라 양쪽 가에 밭 이경이 있으니, 이것은 동안 거사 외가에 전해 오는 토지이다. 땅은 비록 메마른 박토이지만 몇 식구의 집안이 의지해서 먹고살 만하다. 이에 시내 서쪽 밭의 잘록한 언덕 위에 집을 짓고 도연명의 「귀거래사歸去來辭」에 나오는 "심용슬지이안審容膝之易安"이란 구절의 글귀를 취하여 용안당이라 하였다.

당의 남쪽에 차가운 물이 퐁퐁 솟아오르는 샘이 있는데, 가물어도 더 줄지 않고, 비가 와도 더 많아지지 않으며, 차고도 차가워서 시원한 기운이 사람을 엄습하여, 손으로 움키기도 전에 몸이 이미 청량해진다. 그로 인하여 그 위에 정자를 짓고 소나무, 대나무를 섞어서 심고 화초를 빙 둘러 심어 놓으니 비록 소박하여 화려하지는 않으나, 누추한 데까지는 이르지 않았다 남화진인의 「제물」편에 나오는 글귀인 "물은 주입해도 가득해지지 않고, 퍼내도 마르지 않으며 그 나오는 근원을 알 수가 없으며, 진정으로 아는 자는 소리 없이 풀이 더부룩하게 우거져 있어도 희미하게 빛이 보이는데, 이것을 보광이라 한다"를 취하여 이름을 '보광정'이라 하였다고 한다.

라. 표음정

이승휴 선생이 주석할 때 만들었다는 표음정 터를 정확하게 확인할 수는 없으나, 이에 대하여 『동안거사집』, 「보광정기」에 실려 있는 관련 내용을 보면 보광정 가운데에 엷은 돌을 깔아서 자리를 만들고, 그 가운데 작은 우물을 파서 음식 짓는 데 쓰일 수 있도록 해 놓고 설당 거사 소동파의 전중시의 "한 번 배부름은 기약할 수 없으나 한 바가지 물은 기필할 수 있다"라는 시구를 취하여 '표음정'이라 하였다고 한다.

마. 용안당(간장사, 천은사)에서 삼화사로 다닌 옛길

이승휴 선생은 합문지후를 거쳐 감찰어사·우정언·우사간에 올라 언론·감찰의 업무를 담당하면서 국왕과 관리들에 대한 비판·탄핵하는 관직을 두루 거쳤다. 이때 그가 해야 할 일에 충실하는 과정에서 고쳐야 할 폐단 10가지를 상소하거나 일선 정치에 대한 문제점 지적과 국왕이

덕을 갖출 것을 요구하는 등, 현실에 대한 개혁 방안을 강력하게 피력하였다. 이에 결국 충렬왕의 노여움을 사 파직되고 말았다.

　관직에서 물러난 이승휴 선생은 삼척으로 돌아와, 앞서 살던 두타산 자락의 계곡 옛터에 용안당을 세우고 은거에 들어갔다. 이후 경진년庚辰年(1280) 10월에서 기축년己丑年(1289)까지 약 10년 동안 삼화사로부터 빌려 온 불경佛經을 읽는 데 몰두하는 한편, 불교 관련 저술인 『내전록』과 역사서 『제왕운기』를 찬술하였다.

　이때 이승휴 선생이 기거하였던 곳이 현재의 "천은사" 터인데, 이곳에서 저수고개를 넘어 삼화사로 가서 불경을 빌려 와서 탐독하였다. 이승휴 선생이 삼화사로 불경을 빌리러 다녔던 길을 좀 더 구체적으로 소개하면 다음과 같다.

1) 이승휴 선생이 삼화사로 다닌 옛길

돌머들 → 홍태골 → 저수고개(저시고개, 지시고개): 국시 → 작은 당골 〈고양뎅이-횟골〉 → 서낭뎅이 → 정거리 → 옛 삼화사 터

돌머들에서 천은사, 저수고개 가는 갈림길

저수고개 국시(돌탑) 자리

서낭댕이에서 저수고개 가는 길

삼화동 서낭댕이 돌탑과 상촌 서낭당

2) 옛길과 관련한 지명 유래

- 돌머들(독머들, 석탄동): 방고개 서쪽에 있는 마을로서 현재 「천은사기실비」가 있다. 「천은사기실비」가 있는 곳에서 직진하면 천은사이고, 오른쪽의 흥태골로 들어서면 저수고개를 넘어 옛 삼화사터로 갈 수 있다.
- 흥태골(택골): 돌머들에서 저수고개로 들어가는 골짜기이다. 흥태골로 들어서다가 왼쪽으로 나타나는 골짜기는 너재골이라 부른다.
- 저수고개(저시 고개, 지시 고개): 돌머들에서 흥태골을 지나 삼화리로 가는 고개이다. 예전에 고개 정상부에는 참나무와 "국시"라 부르던 돌무지

가 있었다고 한다. 고려 시대에 이승휴 선생이 삼화사로 불경을 빌리러 다닐 때 이용했던 고갯길로서 80년대까지 삼척시 미로면 내미로리 주민들이 북평 삼화장을 보러 다니거나, 삼화동 방면으로 갈 때 이용한 길이다. 돌머들에서 고갯마루까지 걸어서 약 20~30분 정도 소요되었다고 한다. 이곳을 지나 삼화동 방면으로 있었던 작은 당골과 정거리를 지나 옛 삼화사 터나 삼화장으로 갈 수 있었다. 정상부에 있었던 "국시"는 "국수"라고도 불렀으며, 약 3m 이상의 높이였다고 한다. 주민들이 이곳을 지나며, 침을 뱉거나 돌을 얹어 놓고 무사 안녕을 빌었다고 전하며, 국시에는 실타래와 폐백 올린 종이를 걸어 둔 것을 보았다고 한다. 미로면 내미로리 주민들이 이곳에서 마을 단위의 정기적인 고사를 지낸 적은 없다고 한다. 지금은 이곳에서 삼화동 방면으로 쌍용 자원 개발의 석회석 광산이 있어 옛 흔적을 찾을 수 없다.

- 작은 당골: 널둔지로부터 허악골을 지나 산두골 입구까지의 평지이다. 이곳에 예전에는 5가구가 살았는데, 현재 쌍용 개발 사무실 앞이다. 당골은 서낭당이 있는 고을이라 한 데서 추정한다.

- 널둔지: 옛 삼화사 터에서 계곡 건너편에서 남산 밑과 음짓말 언덕의 둔지이다. 약 2만 평의 넓이에 감자를 많이 재배했었다고 한다. 지금은 거의 대부분이 채석장이다.

- 허악골: 방현동 상촌 서낭당 터로부터 남쪽의 계곡을 이른다. 이곳에 뽕나무가 많았는데, 지금은 채석장으로 변하였다.

- 횟골: 삼화사 옛터에서 남쪽으로 1.5km 되는 지점에서부터 삼형제봉 산 및 기슭 계수현 골짜기를 이른다. 횟가루가 많아 붙은 이름인데, 1970년대 쌍용양회 채석장으로 개발되었다.

- 고양뎅이: 옛 삼화사 터에서 남쪽 횟골을 지나 삼척시 미로면으로 가는 옛길의 언덕이다. 허악골 좌측 동쪽에 절벽이 형성되어 있으며 앞

재와 접하고 있다. 고욤나무와 회양목이 많아 관상수로 반출되었는데, 현재 채석장으로 변하였다.

- 앞재: 작은 당골 남쪽 끝 산두골 서쪽과 고양뎅이 사이의 언덕이다. 쌍용양회의 채석장 중심이다.
- 서낭댕이: 탐거리 남쪽에 빈내골과 무릉계곡 물이 합수되는 지점의 서낭당이 있는 곳이다. 쉰움산과 삼척시 미로면으로 가는 갈림길에 있는 곳이다. 이곳에 있는 서낭당은 조선 영조 임금 때 배 씨가 건립했다고 전하는데, 1970년대 마을이 없어진 이후에도 여전히 섣달그믐 날에 제사를 올린다.

3) 약도

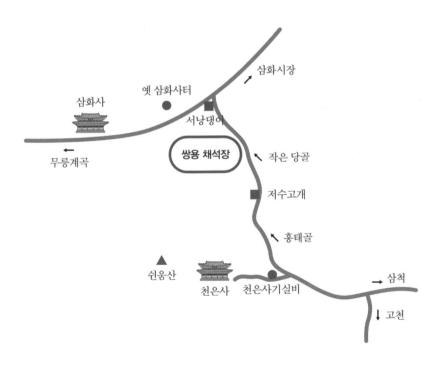

바. 삼화사

　　동해시 삼화동 무릉계곡 두타산의 북쪽에 위치하고 있는 사찰로서,
『신증동국여지승람』에 "두타산에 있다"로 처음 언급되면서 고려 때 승
려 석식영암釋息影菴의 기記가 실려 있다. 이후 조선 시대의 각종 지리지 및
『범우고』 등에 계속 언급되는 것으로 보아 조선 시대에 명맥을 유지하
였다고 볼 수 있다. 다만 『여지도서』에 중대사만 기록되어 있고 삼화사
에 대한 언급은 없는데, 이는 임진왜란으로 절이 전소되어 중대사 터로
이전하여 중대사로 불렸기 때문이라 추측된다. 그리고 『조선왕조실록』
에도 삼화사 관련 기록이 발견되고 있는데, 이 시대에 영동 지역의 주요
사찰로서 존재하였음을 알 수 있다.

　　삼화사에 있는 삼층석탑·철불과 옛터에서 어골문 기와편이 출토되
는 것으로 볼 때, 창건된 시기는 신라 때이고, 고려 시대에도 계속 존속
하였음을 알 수 있다. 삼공암三公菴·흑련대黑蓮臺·중대사中臺寺라는 이름을
갖고 있는 이 절과 관련하여 3가지 창건 설화가 전해지고 있다.

　　이를 통해 고려 시대에 삼화사는 사굴산문계의 사원으로 여겨진다.
고려 무인정권 시기의 고승인 보조국사 지눌이 사굴산문 출신이었으므로
고려 후기의 삼화사는 지눌의 수선사 계열과 관계를 맺고 있었던 것으로
볼 수 있다. 덧붙여 삼화사는 이승휴 선생이 1280년 관직에서 물러난 후
두타산 구동에 용안당을 지어 은거하면서 삼화사의 불경을 10년간 빌려
읽었다는 점에서 이승휴 선생과의 관련성을 찾을 수 있으며, 당시 많은
불교 서적을 보유하였다는 점에서 사찰의 위용을 짐작할 수 있다.

　　삼화사는 조선 개창 이후 고려와 조선의 화합, 사회 통합을 위해 태조
4년(1395)에 처음 설행된 국행수륙재(국가무형문화재 제125호)의 전통을 이어 가면

옛 삼화사터 입구

국행수륙재를 설행하는 삼화사 전경(사진 제공: 심영진 작가)

서 영동 남부 지역의 중심 사찰로 자리매김하여 많은 불자들이 찾고 있다.

사. 죽서루

이승휴 선생이 안집사 병부시랑 진자사와 함께 죽서루에 올랐다가 판상의 시를 차운하여 쓴 시가 현재 죽서루에 남아 있다. 이를 통해 이미 고려 때인 13세기에 죽서루가 있었다는 것을 알 수 있는데, 시의 내용을 소개하면 다음과 같다.

높은 하늘 고운 색채 높고 험준함을 더하는데
햇빛 가린 구름 조각 용마루와 기둥에서 춤추는구나
푸른 바위에 비스듬히 기대어 날아가는 고니 바라보고
붉은 난간 잡고 내려다보며 노니는 물고기 헤아려 보네
산은 들판을 빙 둘러싸 둥그런 경계를 만들었는데
이 고을은 높은 누각 때문에 매우 유명해졌구나
문득 벼슬 버리고 노년을 편안하게 보내고 싶지만
작은 힘이나마 보태 임금 현명해지기를 바라네.

아. 요전산성

계축년(1253) 가을 고려 정부는 몽골과의 전쟁에 대비하여 강릉과 삼척 주민들을 진주부(삼척현) 요전산성蓼田山城으로 입보케 하여 수비하였다. 당시 이승휴 선생은 과거에 급제하여 어머니께 인사를 드리러 왔다가 전쟁으로 돌아가지 못하고, 주민들과 함께 요전산성에 입보하여 몽골에의

죽서루 전경

죽서루 내 이승휴 선생 시

항쟁에 대비하였다. 이때 이승휴 선생은 동해 바다와 울릉도를 바라보며 지녔던 감정을 다음과 같이 표현하였다.

성에 올라 성의 동남쪽은 바다가 하늘에 닿아 사방은 끝없이 펼쳐졌다. 그 속에 산이 하나 있는데, 구름, 물결, 안개, 파도의 속에서 떴다 가라앉았다, 나타났다 잠겼다 하였다. 아침저녁에 더욱 아름다웠는데, 마치 무슨 일을 하는 것 같았다. 노인들이 "무릉도(울릉도)입니다"라 하였다. 강릉 전 사또가 나에게 시를 지으라 하기에, 서툰 말로 형용한다.

현재 삼척 지방에서는 고려 몽골 침입 때 동안 거사 이승휴 선생이 피난한 곳으로 알려진 요전산성이 곧 오화리산성인 것으로 이해하고 있다. 이처럼 요전산성이 곧 오화리산성인 것으로 이해하게 된 것은 1963년 최만희가 편집한 『진주지』에서 비롯된 것으로 보인다. 즉 『진주지』에서 '오화리산성'을 설명하면서 아무런 근거 없이 구칭 '요전산성'이라 하여 처음으로 오화리산성이 요전산성이라고 추정하였다. 이는 『진주지』 이전에 발행된 읍지 등 삼척 관련 자료에서는 찾아볼 수 없는 설명이다.

그러나 이러한 『진주지』의 설명은 큰 영향을 주어 1985년에 삼척군에서 발행한 『삼척군지』, 1995년에 관동대학교 박물관과 삼척시에서 발행한 『삼척의 역사와 문화유적』, 1997년에 삼척시에서 발행한 『삼척시지』, 2001년에 강원문화재연구소와 삼척시에서 발행한 『삼척 요전산성 기본설계 지표조사 보고서』 등에서도 모두 '오화리산성'을 곧 '요전산성'이라고 하였다. 그러나 이에 대한 면밀한 검토를 하여 '요전산성'의 위치가 어디인지를 정확하게 파악할 필요가 있다.

오화리산성 원경

오화리산성 내 석축

자. 추정 다비장

　　강원문화재연구소에서 삼척 천은사 이승휴 유허지를 발굴 조사한 후 작성한 지도위원회 자료에 따르면, 추정 다비장茶毘場은 건물지 북측 언덕 위에 있다. 이는 기존에 이학사 서당 터로 추정되었으나 건물지로 보이는 유구는 보이지 않고 스님이 입적하면 행해지는 다비장이 아닌가 추정하고 있다. 이는 1m×1m 정도의 석렬이 원형으로 돌려져 있고, 이 가운데를 중심으로 목탄과 소토가 출토되고 있다. 또한 북쪽으로 길이 2m, 폭 70㎝내외의 석렬이 놓여 있는데 이는 약간의 변형이 주어진 것으로 보이며 소토층이 남아 있다. 이도 다비장으로 쓰였던 유구로 추정하고 있다.

　　동측으로 약간 아래의 토층에서 5m×1m의 석렬이 있다. 석렬 내에서 청자 편과 백자 편이 수습되고 있는데 어떠한 용도인지 알 수 없다. 전체적으로 청자와 조선백자가 동일한 토층에서 출토되고 있어서 조선 후기에 교란된 것으로 보인다.

추정 다비장 전경

2. 금석문과 각종 기록

가. 「천은사기실비」

소재지	삼척시 미로면 내미로리(GPS: N 37°26′32″, E 129°03′18.9″)		
연 대	1921년	크 기	253(202)cm×77.5cm×21.5cm
찬 자	박한영	서 자	심지황

해 설

「천은사기실비」는 돌머들(독머들, 석탄동)에 있는데, 이는 방고개 서쪽에 있는 마을이다. 「천은사기실비」가 있는 곳에서 직진하면 천은사이고, 오른쪽의 흥태골로 들어서면 저수고개를 넘어 옛 삼화사 터로 갈 수 있다. 비석에는 천은사의 창건 설화와 연혁, 1921년까지의 중수 과정을 자세하게 소개하고 있어, 천은사 연구의 기초 자료를 제공하고 있다. 그리고 비석은 팔작지붕 형태의 개석蓋石에 비좌碑座는 자연석에 거북 문양을 조각한 귀부龜趺이다.

비 문

朝鮮江原道三陟郡未老面頭陀山天恩寺紀實碑

按寺之位置關東陟州治之西有曰頭陀山以金剛爲近祖以五坮山爲中祖朶朶芙蓉歸然爲東海屛障據此山有四名刹天恩寺居甲焉寺之三面皆阻獨一東路敞開數曲淸溪由未老洞士屯灘與九房山下五十川滙合循竹西樓前湊入佛來浦其外卽大洋也佛來浦者傳言在昔西來石艦藏佛骨而泊諸斯津移安葛來山故因名云爾按寺之名義沿革者有四其一白蓮坮開山祖頭陀三禪自西國來駐山之四隅創阿蘭若東曰靑蓮坮卽池上寺也今廢南曰金蓮坮卽靈隱寺也北曰黑蓮坮卽三和寺也西曰白蓮坮卽此寺也其二看藏寺麗祖忠烈王時學士李承休退隱海上卜築精舍于寺內看讀大藏經數周爲後代記念改寺榜看藏其三黑岳寺暨朝鮮淸虛大師自楓岳來寓重建殿宇因主峰靑黑故改寺榜黑岳其四天恩寺取近光武三年皇室追封穆祖大王考妣大墓所蘆洞東山置本寺摠攝使禁護仍賜天恩額按寺之故實距今一千九十三年前新羅興德王四年卽唐文宗太和三年己酉西國高僧頭陀三禪初創本寺存其山名或稱梵日國師入唐而還營建崛山金華三和三寺之際亦創本寺云然恨無年代可攷按寺之境界東距石灘西至念佛岩南連辛梨谷北接古基谷暨麗朝初光宗二年卽後周太祖元年辛亥因廢重建忘失主事人名厥後寺荒入藤蘿者百有餘年至麗中文宗時代有虞人帶弓逐獐忽瞻佛宇殘立棘叢中深爲感省遂作沙門號曰道眼修法殿築禪堂而居之麗季恭愍王師懶翁和尙以本鄕不遠久任此山留鎭齒衣其後齒而藏塔衣而封函作山中秘寶及朝鮮宣祖壬辰兵亂寺塔沒成劫灰唯殿宇一棟僅存奧己亥春淸虛大師自金崗而來住其門徒性允靈運結禪社數百

人於是大興殿宇其名曰應眞殿白蓮堂靑蓮堂東別堂說禪堂尋劒堂梵鍾
樓其所傑構儼爾化城肅宗四十二年丙申全寺回祿明年丁酉道悅致明兩
上人爲主事新造禪僧兩堂與東別堂又明年己亥重修極樂殿又辛丑作梵
鍾樓丹艧殿堂煥然一新英祖四十八年壬辰攻石作層階美觀大成憲宗七
年辛丑雪松體還捐己財重修佛宇禪堂丙午瑞華重建鍾樓哲宗十一年庚
申華岳愚學嗣葺法宇太上二十五年戊子應河禪師重建助運庵光武丁酉
大圓長老與幹事德月雨潭雲虛寶雨諸師同願恊心營建尋劒堂至數年竣
功又建七星閣癸卯三月會曇禪師重建說禪堂設万日會丁未十二月華嚴
庵灾己酉九月復建至再明年完事甲寅四月新建眞影閣設先師影幀十二
位乙卯仲秋重修法殿與樓閣兼完丹艧丙辰二月徧歷嶺湖間藏版諸寺新
印四集四敎大敎等重要佛籍廣布境內四寺丁巳八月增築道場石砌更於
靑龍嶝北便買入若干町土地種樹數万爲重創記念己未三月於寺林內墾
稻田數十町庚申秋寺之土木役方畢自丁酉至庚申二十四年之間百度俱
興其功甚大記者日本寺之偉觀靈蹟至會曇長老而益顯爲后世模範而可
謂眞報佛恩也凡作沙門方行等慈實相究竟悉如長老而不已曷嘆佛日之
沉西有實如是而可無愧于立石頌功
佛紀二千九百四十八年辛酉三月日
龜山沙門映湖漢永謹記
丹山居士眞珠沈之潢書

夫物之興廢關於數而惟系乎人之盛衰也故物不得外人而存人不得外
物而成然則物之興廢人之盛衰豈非氣數之所關歟盖此寺之創自佛紀
一八五一至今一千九百十三年之久而滄桑累變幾廢幾存不有其人安能不
廢而間有修補乎幸有大師會曇者與老少諸衲成立貯金己五個年幾至數
千瑣金矣因謀於衆曰本寺創立據今千有餘年無遺蹟片石只有楮毫記事
異代不一實遺訝惑於來世矣願此貯金不以派□捐資事蹟碑之冗費如何

僉議徇□經始石役各刹禪師一方人士誠慶助又以武士士屯內未老里助
役運搬不日而成此實物之緣人以成者能合乎氣數也哉不勝感發略記其
事如此云爾

住持混海漢宗謹識

貯金會員

會長趙會曇 財務鄭道禧 鄭西湖 金心照 朴仁順 崔永坦 趙定昊 沈永仁
崔在鎭 李尙善

慶助員

月精寺中

住持洪莆龍 監務李元田 法務鄭五常 監事□□□ 書記趙定昊

三和寺中

姜鶴松 鄭奉根

靈隱寺中

住持文武翰

新興寺中

住持權泰厦

□□德寺中

咸鍾洹 洪仁鉉 白南薰 鄭然重 曺秉來 崔達植

山中□

大圓亘璇 □友武翰 會曇宗涵 混海漢宗 圓潭周淵 頭峰常心 華山仁順
影月竺昕 元田愚榮 映潭完周 翠山心照 慧山永坦 南湖定昊 比丘永仁
宥宗 在昕 在鎭 道禧 祥雨 定郁 斗翊 孝信 達順

나. 「두타산천은사중창공덕비頭陀山天恩寺重創功德碑」

소재지 삼척시 미로면 내미로리(GPS: N 37°26′31.3″, E 129°02′52.4″)

연 대 1985년   **크 기** 296(206)cm×76.5cm×43cm

찬 자 대산 혜봉   **서 자** 대산 혜봉

해 설

일주문을 지나 불이교不二橋에 다다르기 전 우측 공터에 세워져 있다. 이
비석은 이수螭首·비신碑身과 귀부를 갖춘 통일신라 시대의 전형적인 양식
을 모방하여 만들어졌다.

비 문

頭陀山天恩寺重創功德碑

關東 陟州 서쪽에 有山하니 名曰 頭陀山이라 金剛으로 遠祖를 삼고 五臺山으로 中祖를 삼아 떨기마다 芙蓉이요, 東海의 屛嶂을 이루어 溪澗은 左右를 抱立하여 襟帶를 이루고 峰巒은 前後를 쌓아 朝宗하고 있으니 龍蟠虎蹲함에 天作地成의 奧區이며 山高洞深하니 神守鬼護의 靈境이라 아니할 수 없다. 이 頭陀山에 四名刹이 있으니 其中에서도 天恩寺가 으뜸이라. 三面은 背阻되고 홀로 東路만이 敞開되어 굽이치는 淸溪水는 未老面을 거쳐 九房山下 五十川을 지나 竹西樓 佛來浦로 통하여 東海에 이르도다. 按컨데 佛來浦는 西來 石艦이 佛舍利를 싣고 이곳에 닿으며 葛來山에 移安하므로 傳하는 名儀이며 開山祖 頭陀三禪이 西域으로부터 와서 頭陀山 西隅에 寺宇를 建立하니 東쪽은 靑蓮臺니 池上寺를 말함이요, 南쪽은 金蓮臺니 靈隱寺를 말함이요, 北은 黑蓮臺니 三和寺를 말함이요, 西쪽은 白蓮臺니, 즉 本寺를 말함이라. 또한 本寺는 一時 看藏寺라 하였으니 이는 麗末 忠烈王時 學士 李承休가 精舍를 寺內에 지어 大藏經을 數回에 걸쳐 읽었다 하여 看藏寺라 하였고 黑岳寺라고도 하였으니 이는 朝鮮朝 淸虛大師가 楓岳 卽 金剛山으로부터 이곳에 와서 殿宇를 重建할 때 主峰이 靑黑하다 하여 黑岳寺라 하였고 現在의 天恩寺는 光武 三年 皇室에서 穆祖大王 考妣 大墓를 追封할 때 本寺에 都摠攝을 두어 禁護하고 賜額 天恩하여 오늘에 이르렀다. 新羅 興德王 四年 卽 唐 文宗 太和 三年 距今 一一五六年前 己酉에 高僧 頭陀三禪이 初創과 더불어 山名을 남기었다고도 하며 梵日國師가 唐으로부터 돌아와서 □山寺 金華寺 三和寺 創建時 本寺도 同時 創建하였다고도 하나 文獻이 泯然하여 詳考하기 難함이라. 本寺는 東은 石灘洞 西는 念佛岩 南은 辛梨谷 北은 古基谷으로 接하였으니 高麗初에는 藤蘿 속에 百有餘年 廢寺되었다가 文宗 때에 有人이 帶弓 노루를 쫓다가 佛宇가 凋落되어 있음을 發見하고 깊이 感省하여 沙門이 되어 法堂과 禪室을 修築하여 仍居하니 名曰 道眼이라. 麗末 恭愍王師

懶翁和尙이 本鄕이 不遠하므로 오래 此山에 住錫하였으며 壬辰倭亂에 塔寺 沒灰하여 殿宇 一棟만이 남았었고 己亥年 春 淸虛大師 來住할 때 門徒 性允 靈允이 數百人과 더불어 結社할 새 伽藍을 大興하였으니 應眞殿 白蓮堂 靑蓮堂 東別室 說禪堂 尋劍堂 梵鐘樓 등 面貌 一新하였다. 肅宗 四十二年 全寺가 回祿되고 明年 丁酉에 道悅 致明 兩上人이 主事가 되어 禪僧 兩堂 및 東別堂을 新築 又 明年 己亥에 極樂殿을 重修 又 辛丑에 梵鐘樓를 築造 殿堂 丹雘을 마치니 寺宇가 一新되었고 英祖 四十八年 壬辰에 層階를 完成하니 美觀이 大成하였으며 憲宗 七年 辛丑 雪松이 重修 佛宇禪堂하고 丙午 瑞華大師가 鐘樓 重建 哲宗 十一年 庚申 華岳 愚學禪師가 法殿을 嗣葺하고 太王 二十五年 戊子 應河禪師가 助運庵을 重建하고 光武 丁酉에는 大圓長老와 幹事 德月 雨潭 雲虛 寶雨 諸師가 尋劍堂을 重建하였으며 又建七星閣하고 癸卯 三月 會曇禪師가 說禪堂을 建設 萬日會를 設立하고 甲寅 四月에는 眞影閣을 新建하여 先師 十二位의 影幀을 奉安하고 乙卯 仲秋에는 法殿과 樓閣을 建立 丹靑을 마치고 丁巳 八月 道場 石砌를 增築하고 다시 靑龍嶝 北便에 若干町 土地를 買入하고 己未 三月 寺林을 開墾 數十町 稻田을 얻으니 丁酉로부터 庚申에 이르는 二十四年間이 其功이 甚大하다 하겠다. 興亡과 盛衰의 無常함은 成住壞空의 原理와 業緣의 所致이리라. 一九四八年 冬至日 失火로 本寺가 全燒되고 華嚴庵과 助運庵은 六·二五 戰亂으로 撤去되었으며 現住持 文一峰和尙이 一九七二年 六月 十日 赴任하여 假建物에 寓居나 雪上加霜으로 一九七三年부터 隣接 雙龍洋灰 東海工場 擴張을 理由로 本寺 移轉을 要求하여 왔으나 歷史性과 歷代 祖師의 因緣을 重視 이에 不應하고 本寺의 復元을 佛菩薩님께 發願하고 어려운 與件 속에서 重創推進委員會를 組織하니 委員長에 李孝鎭 處士를 推戴 復元에 着手하였으나 移轉에 따른 雜音과 隘路 筆舌難盡이라. 累代에 거쳐 信仰의 基盤을 닦아 온 金潤業

佛子가 집 앞 텃밭을 팔아 一金 五拾萬원을 施主하니 李孝鎭 委員長도 一金 壹百萬원 喜捨를 自願하여 重創에 着手 數個星霜을 거쳐 寮舍一棟 및 法堂 一棟의 完工을 보게 되었다. 그 후 敎勢도 發展되고 또한 雙龍洋灰側과 累次에 걸쳐 協議 結果 寺刹 移轉은 抛棄 本堂 北쪽에 있는 山 五萬八千一百二十九坪을 賃貸하여 賦存 資源이 없는 우리 産業에 도움이 될 수 있도록 雙龍과 協約되었고 이로 因하여 賃貸收入 및 信徒 募緣金을 合하여 法堂은 挾隘하므로 山神閣으로 改築하고 極樂寶殿 外七包 內九包 建坪 二十三坪 山神閣 十坪 寮舍 六和寮 四十坪 說禪堂 三十五坪 容安堂 十八坪 樓閣 石柱 二層 十八坪 其他 數棟을 同時着工하고 經費 節減을 爲해 立木을 買入 伐採 使用하였다. 또 阿彌陀 觀音 地藏 三尊像이 本寺로부터 三藏寺 布敎堂에 奉安되었던 것을 代替佛像 造成에 協力하여 還元奉佛하고 개금佛事 및 各壇幀畵도 筆工하였다. 一九七九年부터 今年까지는 七回의 頭陀祭를 奉行하였는데 本山은 名山인 同時 土俗信仰의 發祥地로서 全國에서 많은 祈願客이 雲集하였다는 古文獻의 記錄도 있으며 또 高麗 忠烈王時 動安 李承休 居士가 이곳에 起居하면서 帝王韻記를 著述하여 우리 民族의 主體 思想을 鼓吹시켰기에 頭陀祭를 지내게 된 것이라 한다. 이 名山에 있는 淸心臺 앞에 있든 前賣却된 寺有土地를 還買하여 造林 架橋로서 環境을 整備하였고 李光燁 佛子의 信心으로 石燈 一雙을 造成하여 佛前에 奉納하였으며 또 雙龍의 協力과 檀越 願力으로 法堂 樓閣 山神閣 等의 丹靑 施工을 完成하였다. 願컨데 當時 住持和尙의 爲法忘軀의 精神力과 檀信 諸僉의 信心願力의 精進力이 尨大한 佛事를 成就시키었음을 稱頌不已하며 이 功德으로 世世生生 菩薩의 大道를 이루고 速成佛道하여지이다. 南無摩訶般若波羅密

佛紀二五二九年乙丑 五月 五日

藥城沙門 大汕惠鳳撰并書

142

다. 청심대 清心臺

소재지 삼척시 미로면 내미로리(GPS: N 37°26′29.3″, E 129°02′46.7″)

연 대 미상

해 설

천은사 입구의 불이교를 지나 비탈길을 오르면서 해탈교解脫橋에 이르는 도로 우측의 자연 암석에 '淸心臺'라 새겨 놓았다. 작은 돌을 이용하여 받침돌로 고여 놓은 것으로 보아 원래 자리에 있었던 돌은 아닌 것으로 보인다. 옆에는 「학산태을공덕비」가 세워져 있고, 계곡 아래에는 지락당 터와 동안사, 통방아가 내려다보인다.

원 문 淸心臺

라. 「학산태을공덕비鶴山太乙功德碑」

소재지 삼척시 미로면 내미로리(GPS: N 37°26′29.3″, E 129°02′46.7″)

연 대 1943년 **크 기** 160cm×55cm×16~12cm

해 설

천은사 입구의 불이교를 지나 비탈길을 오르면서 해탈교에 이르는 도로 우측의 편평한 언덕에 자연 암석을 이용하여 공덕비를 새겨 놓았다. 자연 암석에 비석 경계를 나타내는 직사각형의 음각선을 새긴 후 공덕비

와 관련 내용을 음각하였다. 옆에는 '청심대'가 세워져 있고, 계곡 아래
에는 지락당 터와 동안사, 통방아가 내려다보인다.

비 문

大施主鶴山太乙功德碑　佛紀二千九百七十年　暎月樓重修時竪

마. 「용파당비명聳波堂碑銘」

소재지 삼척시 미로면 내미로리 785(GPS: N 37°26′131.7″, E 129°02′43.5″)

연 대 순종 29년(1829)　**크 기** 109cm×39.5cm×11cm

찬 자 진주 김응로　**서 자** 연일 정익신

해 설

용파당의 속성은 김씨이고, 법명法名은 궤체軌體이다. 영조 49년(1773)에 출
가하여 계자화상季子和尙 성각聖覺의 상좌로 불법에 귀의하여 순조 22년
(1822)에 입적하였다. 비석은 개석蓋石이 없이 비신과 비좌만으로 만들었
는데, 비의 윗부분은 둥글게 처리한 원수형圓首形이고, 방형方形의 비신 받
침 위에 비를 세웠다.

원 문

〈전면〉聳波堂碑銘

有明朝鮮國江原道三陟府西嶺頭陀山聳波堂碑序 明寂寺

頭陀山水請降武陵人去跡留賢孫繼承緣重釋伽超俗尋眞誠裕梵宮孝至
宗親道尙德重水洋山峨石爲萬□十古摩挲

崇禎後四己丑仲秋下澣

眞珠金應魯撰

延日鄭益新書

〈후면〉惟此禪師出家超凡俗姓金氏法名軌體大師學生三亘之季子和尙
聖覺之上佐聞戒첛華受法夢隱生於乾隆三十八載癸巳菊秋初九寂于道
光二年壬午八月旬七供佛□靈雲三看明三處分財於昆季侄壻孫六親塵
臼超俗法□□施九族生天諸緇渡海博施之恩僧俗難忘是以上佐宇□□
□得伊請記于余余亦興禪夗誼無間故忘其拙謹其蹟□□□佐嘉善釋宇
添法風義藏義宗釋□佐西山十□□孫湖南表忠都有司寶鏡堂釋應哲□
鏡勝仁…長侄金月成得伊先男次侄大得大元…大□大信堂侄永淳

바. 「인담당대선사영순부도비仁潭堂大禪師永淳浮屠碑」

소재지 삼척시 미로면 내미로리 785(GPS: N 37°26′131.7″, E 129°02′43.5″)

연대 미상 **크기** 75cm×36cm×11.5cm

해설

인담당 대선사 영순의 부도와 비는 도요지의 남쪽 약 30m 지점인 산자락의 부도밭에 있다. 부도의 형식은 석종형이다. 비석의 후면은 풍화 작용에 의한 박리 현상과 백화 현상으로 인해 판독이 불가능하다. 비석은 개석蓋石이 없이 비신과 비좌만으로 만들었는데, 비의 윗부분은 둥글게 처리한 원수형이고, 연꽃 문양이 조각된 방형의 비신 받침 위에 비를 세웠다.

비 문

〈전면〉

仁潭堂大禪師永淳之圖

無偉仁潭上 靈珠倣月生 微知諸白衲 □□日斜陽

〈후면〉

마멸이 심해 판독이 전혀 불가능함.

인담당 대선사 영순 부도와 부도비

사. 「해운당대선사탄숙부도비海雲堂大禪師坦淑浮屠碑」

소재지 삼척시 미로면 내미로리 785(GPS: N 37°26′131.7″, E 129°02′43.5″)

연 대 영조 48년(1772) 크 기 103(82)cm×37cm×14cm

해 설

해운당 대선사 탄숙은 영조 22년(1746) 윤 3월 초 9일에 입적한 후 같은

해 6월 9일 부도를 세웠으며, 비석은 영조 48년(1772) 6월 24일 화상 재훈和尙再訓이 세웠다. 부도의 형식은 석종형이다. 비석의 일부 글자는 풍화작용에 의한 박리 현상과 백화 현상으로 인해 판독이 불가능하다. 비석은 개석이 지붕 형태인 팔작옥개석八作屋蓋石이고, 방형의 비신 받침에 비를 세웠다

비 문

〈전면〉

海雲堂大禪師坦淑之圖

〈후면〉

乾隆十一年丙寅閏三月初九日入寂

上佐

嘉善秀專 □□□ □天 淸波大禪

孫佐

喚松秋啓 淨月兌冠 通政再善 致敬 會聰 會衍

體活 最晴 最合 致郁 會玄 寶健 法留 法杞 敬敏

通政泰詧 軌柱 通政大均 通政快忍 軌元 瓛月呂閑 再楫 再雪 最心 致明

弘濟 最葉 演守 通政亮熙 最湜 嘉善廣濟 大衲通政進休 通政快葉 嘉善

致寬

最淑 快仁 快敏 一眞

良工

楊德興

丙寅六月十九日 立圖

壬辰六月二十四日立時 和尙再訓

해운당 대선사 탄숙 부도

아. 「아미타불원문」

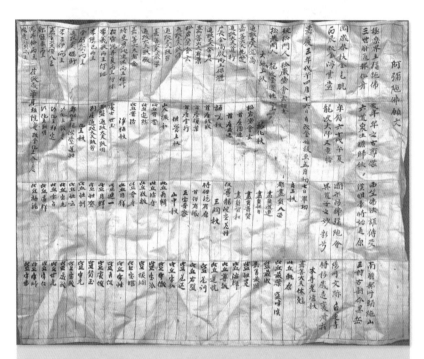

1 極樂界主彌陀佛	11 □□六十戊午夏
2 三世解通報化身	12 龍波大師又重修
3 □□年之古尊像	13 圖形彷彿彌陀會
4 六道衆生瞻歸依	14 吳道子之妙彩兮
5 西笁佛法誰傳受	15 陜州文跡白蓮寺
6 漢明帝時始通原	16 時移歲遠變□□
7 南瞻部州頭陀山	17 嘉慶三年戊午四月十六日自改
8 三韓古刹今黑岳	金始後至五月初七日畢功
9 □歲春秋金色脫	18 □松門人 松巖堂會玄謹書
10 丙辰改金海雲堂	19 松巖門人 龍波堂道性化主

20 大施主秩

21 通政大夫道尙

22 嘉善大夫軐□

23 通政大夫道行

24 戶長金尙殷兩主保體

25 通政大夫□□

26 嘉善大夫有景

27 松岩堂會玄

28 通政大夫致明

29 通政大夫致習

30 嘉善大夫最學

31 通政大夫致敬

32 嘉善大夫有含

33 時吏房沈重熙兩主保體

34 在官沈昇夏兩主保體

35 李義敬兩主保體

36 李陽己兩主

37 金□□兩主

38 通政大夫□□

39 李三伊兩主

40 嘉善大夫ㅁ八正

41 鄭冠春兩主

42 沈昇倫兩主 崔致成□身

43 沈連贊兩主

44 緣化秩

45 松岩堂會玄

46 首座德□

47 首座最□

48 誦呪秩

49 首座致敬

50 首座復葉

51 首座雲行

52 供養主秩

53 山人振和

54 比丘昔□

55 比丘□黙

56 比丘普活

57 淨桶秩

58 震士世玉

59 都監通政大夫致明

60 別座通政大夫致習

61 化主秩

62 都化主龍波堂道性

63 □化主敬□

64 □化主祥□

65 □化主致明

66 祖院菴改金化主會□

67 良工秩

68 都畵員八□

69 畵員道建

70 畵員性日

71 畵員普贊

72 畫員贊和

73 佛尊龍波堂□性

74 三綱秩

75 時僧□有原

76 首僧有緣

77 三宝普察

78 山中秩

79 比丘再輯

80 比丘□守

81 比丘敬敏

82 比丘會□

83 比丘月祥

84 比丘進一

85 比丘月□

86 比丘性奎

87 比丘性訓

88 比丘性云

89 比丘宝久

90 比丘宝占

91 比丘□祥

92 比丘福施

93 本寺老□秩

94 嘉善大夫体剋

95 比丘軏原

96 比丘最葉 □□□

97 比丘最淑

98 嘉善最熙

99 比丘性旻

100 比丘海□

101 比丘尊敏

102 比丘道悅

103 比丘□訓

104 比丘右監

105 比丘□□

106 比丘字弘

107 比丘字徹

108 比丘宝□

109 比丘振問

110 比丘宝諶

111 比丘字性

112 比丘再侃

113 比丘□□

114 比丘贊玉

115 比丘字久

116 比丘宝敬

117 比丘□敬

118 比丘世久

119 比丘字仁

120 比丘字□

121 比丘字□

자. 「삼존상개금후불탱개채원문」

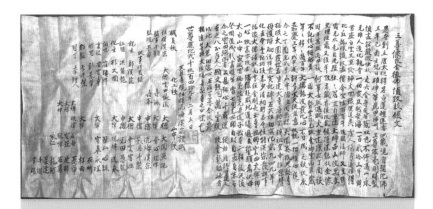

1 是寺創立唐太和	17 虞人操弓逐獐得
2 三年己酉主梵日	18 道眼法師又重修
3 得名白蓮種蓮意	19 霜克水色自流歷
4 雄淨華麗甲陜州	20 天理經歲又經年
5 地藏觀音彌陀佛	21 休休居士自重建
6 三尊像毫同時製	22 改名藏看復改金
7 幀畵莊嚴微妙彩	23 大師西山改黑岳
8 元非人造化觀音	24 住持法能彩金像
9 丈六金身及菩薩	25 時年萬歷丙申秋
10 一切衆生越苦海	26 不記信心□越名
11 壯色不停過山水	27 何事壬辰遇賊火
12 一百歲拾三年時	28 一國大勢豈能兌
13 首座白雲又重修	29 重建康熙丁酉秋
14 比丘龍珠復改畵	30 改金海雲丙辰歲
15 神大面錄運退□	31 年年移移過百年
16 僧舍空虛百有年	32 嘉慶三年戊午夏

33 大德龍波發此心

34 許多大夫從玆意

35 不日成之獻佛衣

36 佛說一切唯心造

37 今之丁酉光武□

38 總攝大圓發謀□

39 山中德主同共謀

40 重建大寺尋劒堂

41 大圓奏改天恩寺

42 穆祖皇帝推榮時

43 丹雘階砌說禪堂

44 化主會疊勤功蹟

45 實記碑石其誰功

46 老少淸衲貯蓄會

47 應化貳九四九年

48 住持漢宗發謀事

49 龍□大德諸和尙

50 一心改畫亦改金

51 常住金剛長安寺

52 隨□赴□北道場

53 □師雲曲大禪師

54 過去誓願爲佛母

55 太白山中寂滅宮

56 登桐造成彩畫時

57 瑞氣放光吳道子

58 年當七旬老□師

59 我存二軔後佛幀

60 自財自畫自□安

61 今之雲曲陁過者

62 古之八正月來人

63 □恩□心千載深

64 願文數句萬壹報

65 以此大慈功德心

66 相逢菩提大道場

67 石灘古基念佛巖

68 辛梨寺之四標也

69 從始泊終重建人

70 改金採助緣者

71 世尊應化貳千玖百四拾九年二
月五日

72 天恩寺現住持混海漢宗謹識

73 職員秩

74 住持 漢宗

75 監事 斗□

76 監院 基華

77 化工秩

78 大德 雲曲依法

79 壽泳

80 壽奉

81 山中秩

82 大德 大圓 互璇

83 大禪 常心 頭峯

84 中德 混海 漢宗	97 星達
85 中德 影月 斗榮	98 斗翊
86 大德 會曇 宥□	99 辛碩
87 中德 元田 愚榮	100 佛事任員錄
88 大禪 □淨 道永	101 說主 鄭漢宗
89 翠山 心照	102 証明 洪甫龍
90 大禪 □□ 永□	103 化住 朴大圓
91 在昕	104 誦呪 崔頭峰
92 大禪 祥雨	105 □法 崔□□
93 大禪 映潭 石舟 基華	106 供司 鄭基華
94 大禪 宥宗 定郁	107 都監 李斗榮
95 大禪 敬悟 石萬	108 司丁 李鍾八
96 永仁 龍河	

차. 「두타산 천은사 육화료 중건 상량문」

韓民族의 根幹인 白頭大幹의 精氣가 一萬 부처님의 道場인 金剛山을 거쳐, 文殊菩薩의 常主道場인 五臺山을 지나, 韓半島의 精氣를 모아 이곳 頭陀山 자락에 이르러 寂光土의 明堂을 이루니 이곳은 佛菩薩님의 常主道場인 天恩寺라!

新羅 興德王 四年 己酉에 頭陀三禪이 西國으로부터 와서 白蓮臺를 만드니 이곳 天恩寺요, 東으로는 靑蓮臺니 池上寺, 南으로는 金蓮臺니 靈隱寺이고, 北으로는 黑蓮臺니 三和寺이다. 當寺는 東쪽으로 石灘洞, 西쪽으로 念佛岩, 南쪽으로는 辛梨谷과 北쪽으로 古基谷과 접하여 평온

한 道場을 이루었다. 或者는 新羅의 梵日國師가 堀山 金華 三和 三寺를 開山하면서 이 절을 創建하였다고 한다.

高麗 忠烈王 때인 庚辰 十月 動安 李承休 先生이 當寺 아래에 容安堂을 건립하여 十餘年間 隱居하며, 三和寺에서 一千 상자의 大藏經을 빌려 읽으면서 經典 공부와 參禪으로 修行精進하였다. 七十一歲인 忠烈王 二十年에 홀연히 容安堂 간판을 看藏庵으로 바꾸어 별장을 寺刹에 희사하였다. 당시 高麗에서 一統三韓이라는 歷史 認識의 한계를 해소하기 위한 歷史變轉意識이 폭넓게 나타나면서 先生은 古朝鮮을 高麗 歷史의 출발로 설정하는 民族 大敍事詩인 帝王韻紀를 이곳에서 著述하였다.

高麗 恭愍王代에 王師 懶翁和尙이 이곳에 머무르며, 法堂 대들보에 黃色 袈裟를 부장하여, 山中의 秘寶를 만들었다고 한다.

朝鮮 宣祖 壬辰兵亂 때 殿宇 一棟만 남고 절의 塔이 무너지고 모두 훼손되었는데, 己亥에 淸虛大師가 金剛山으로부터 그 門徒 性允, 灵運과 함께 이 곳에 와 數百人과 더불어 禪社를 만들어 佛事를 크게 일으켰다. 이 때는 主峰이 靑, 黑이어서 寺名을 黑岳寺로 칭하였다.

肅宗 四十二年인 丙申年에 火災로 全燒되었으나, 丁酉부터 辛丑 사이에 道悅, 致明이 佛事를 다시 일으켜 重建하였다. 英祖 四十八年 壬辰에 돌층계를 만들었으며, 憲宗 七年 辛丑에는 雪松 休還이 佛宇禪堂을 重修하였다.

太王(高宗) 二十五年 戊子에 應河禪師가 助運庵을 重建하였고, 光武 丁酉에는 大圓長老가 德月, 雨潭, 雲虛, 寶雨와 함께 마음을 모아 尋劍堂과 七星閣을 建立하였다. 癸卯年 三月에는 會曇禪師가 說禪堂을 重建하고, 萬日會를 열었다. 甲寅年 四月에 眞影閣을 새로이 建立하여 先師들의 眞影 十二位를 모시고, 法殿을 重修하였다. 丙辰年 二月 嶺湖間에 여러 절에서 새롭게 인쇄된 四集 四敎 大敎 등을 當寺에 보관하였다.

光武 三年 濬慶墓, 永慶墓를 重修하면서 總攝을 當寺에 배치하고, 天

恩이란 이름을 하사하여 大圓住持 스님이 寺名을 天恩寺로 하였다. 이후 住持 金祥傾이 私財로 舊債를 정리하고, 수리하여 절을 쇄신하였다. 一九四八年 동짓달 冬至日에 失火로 全燒되었다. 一九七二年 六月 十日 雲虛堂 一峰 스님이 住持로 부임하였다. 스님은 폐허가 된 절터에 假建物을 지어 寓居하며 修行精進에 盡力하면서도, 信徒님들은 물론 지역 住民들에게 부처님의 法을 전하며 安慰에 정성을 기울였다. 또한 一九七三年 雙龍洋灰 石灰石 鑛山開發로 인한 發破를 이유로 移轉의 危機에 처하는 등 어려운 여건임에도 불구하고 當寺의 歷史性을 깊이 認識하여 道場을 保全하며 重創佛事를 發願하였다.

重創에 착수한 지 數年의 星霜을 거쳐 法堂과 寮舍 各 一棟의 完工을 보게 되었다. 이후 寺勢가 擴張되어 法堂을 山神閣으로 改築하는 등 極樂寶殿을 비롯한 佛事를 시작하여 一九八五年에 完成하였다. 그리고 阿彌陀 ·觀音 ·地藏 三尊佛이 當寺로부터 삼장사 布教堂에 奉安되었던 것을 還元 奉安하고 개금佛事 및 各段 幀畵를 조성하였다.

이후 二千四年에 容安堂을 改築하였으며, 二千五年 오늘, 서로 恭敬하며 和合하여 깨달음의 길에 이르고자 하는 六和敬行의 思想을 담은 六和寮를 重建하고자 구슬땀을 흘리며 佛事를 시작하여 온 大地가 풍요롭고, 평화로운 오늘 上樑을 하게 되었다. 六和寮는 정면 7칸 측면 5칸의 겹집 初翼工의 形態로서 三陟地域에서 伐採한 韓國 소나무만을 이용하였다. 이는 當寺 住持 스님의 爲法忘軀의 정신과 檀信諸僉의 信心願力의 精進力이 원대한 佛事를 成就시키기에 이르른 것이다. 또한 住持 一峰 스님은 李承休 帝王韻紀 文化祭를 創案하여 지난 二十七年間 李承休茶禮祭를 지냄으로서 動安居士의 思想 宣揚에 온 힘을 기울였다.

이 佛事에 동참한 모든 佛子들마다 부처님의 慈悲光明이 함께하고, 하는 일마다 막힘이 없이 순조롭고, 만나는 사람마다 착한 뜻 함께하여, 널리 世上에 나아가서는 구름을 벗어난 太陽처럼 세상에 참 빛이 되는 佛

子가 되어지이다.

南無摩訶般若波羅蜜

佛紀 二五四九年 乙酉 九月 十五日
檀紀 四三三八年 乙酉 九月 十五日
西紀 二千五年 乙酉 十月 十七日

都邊首 柳根洪
信徒會長 崔普光明
國會議員 崔鉛熙
三陟市長 權限代行 金大雄

彌巖 金道賢 謹記
一竹 洪泰義 謹書

頭陀山 天恩寺 住持 雲虛堂 文一峰 合掌

육화료 중건 상량식 당시 대들보에 넣은 보물들(2005)

육화료 중건 상량식에 참석한 당시 주지였던 일봉 스님과 대중들(2005)

육화료 중건 상량식에서 대들보에 발원문을 담는 신도들(2005)

카. 법고法鼓 내에 안치한 연기문과 연화질緣化秩

白頭大幹이 重重南來하여 萬丈雲峰이 屹立하니 韓半島의 脊梁骨이라.
두타산에서 힘차게 뻗어 내린 主脈이 다시 쉰움산에서 한 번 휘돌아 뭉
치니 그 氣運이 裟婆世界의 中心이요, 萬衆生의 歸依處라. 천은사 계
곡을 적신 玉水는 오십천으로 흘러 만중생의 젖줄이 되고, 도량 앞에 우
뚝 솟은 검은 봉우리는 마치 거북이가 大海를 향해 헤엄을 쳐 나가는 형
국이니 이 어찌 天下의 吉地라 아니하겠는가? 그래서 일찍이 서산대사
는 이 도량에 머물면서 이 봉우리를 보고 黑岳寺라 이름을 짓기도 하였
도다.

또한 고려 말 이승휴 선생이 이곳에 머물면서 우리 민족의 3대 사서 중
하나인 제왕운기를 지어, 민족의 자긍심을 일깨우는 도량이 되었으니
가히 성지라 아니할 수 없도다. 그러나 萬物은 盡無常이라. 천은사도 흥
망성쇠를 거듭하다 중창한 映月樓에 봉안한 法鼓가 風雨에 낡고 닳아
드디어 그 소임을 다하게 되었음이라. 이에 신도들의 정성을 모아 새 법
고를 봉안하노니, 힘찬 울림으로 사바에 부처님의 법음이 영원히 끊이
지 않게 하리라.

엎드려 원하옵나니,
법고를 봉안한 뒤에는 天龍八部가 虛空과 法界에 가득하여 道場을 옹
호하며, 窓 앞의 호랑이는 착해지고, 뜰 위에는 연꽃이 피어나서, 땅이
티끌 속에 들 때까지 功德의 바다는 마르지 않고, 하늘이 劫石을 녹일
때까지 慈悲의 法音은 無窮하여지이다.

頭陀山 天恩寺 映月樓 法鼓 佛事 緣化秩

佛紀 二五六二(二千十八)年 戊戌 九月九日 巳時
大韓佛敎 曹溪宗 第四敎區 末寺
三陟 頭陀山 天恩寺
映月樓 法鼓 新造成 佛事 奉安 于

時
證明 退宇 正念 大宗師
住持 東隱 宗師
閑主 智首
秉法 智玄
法鼓匠人 아리랑국악사 박종명
신도회 회장 장금봉(여래지)
부회장 윤서연(수련화)
삼척총무 김영숙(도안행)
동해총무 장영옥(바라밀)

三陟 頭陀山 天恩寺 住持 東隱 삼가 짓고 쓰다

영월루 법고 안에 안치한 「천은사 법고불사 연기문」

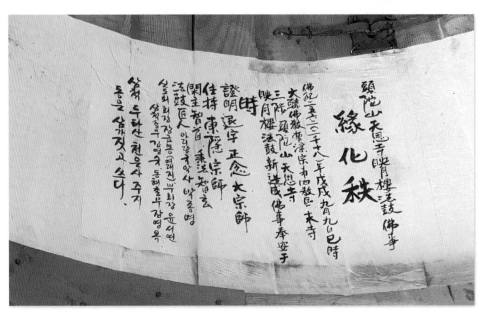

영월루 법고 안에 안치한 「頭陀山 天恩寺 映月樓 法鼓 佛事 緣化秩」

3. 유형문화재

가. 금동약사여래입상

1) 양식

　강원도 유형문화재 제148호로 지정된 금동약사여래입상은 1985년 천은사 사찰 구역 내에서 출토된 소형 금동불이다.[2] 대좌의 일부분이 결실되었고, 얼굴은 다소 마모되었다. 원래는 도금을 하였으나 거의 박탈되고, 흔적만 부분적으로 남아 있다. 이 불상을 근래에 더 크게 모방·조성하여 천은사 경내 약사전에 봉안하였다. 그러나 속옷(內衣)의 대각선이 오른쪽 가슴에서 왼쪽 가슴으로 내려오고, 띠매듭·띠자락이 없는 등 차이가 나고 있다. 원래의 불상은 현재 월정사 성보박물관에서 보관 중이다. 불상의 크기는 불신佛身 10cm, 대좌臺座 4cm로 전체 14cm이다.

이 불상은 소발素髮에 크고 둥근 육계를 가지고 있으며, 얼굴은 마모로 인하여 자세히 묘사할 수는 없으나 살이 오른 원만한 상호이다. 왼손은 약합藥盒을 들고 있고, 오른손은 허리 아래로 내려뜨리고 있다. 약합은 일반적인 둥근형이 아니고 약사발형이라는 점이 독특하다. 대의大衣는 통견이며, U자형으로 무릎까지 내려오는데, 주름선은 도드라지게 표현하였다. 즉 불상의 하반신에 나타나는 주름이 U자형으로 잡히는 이른바 아육왕阿育王(Asoka)식 여래상이다. 속옷은 왼쪽 가슴에서 오른쪽 가슴으로 경사져 있고, 띠매듭이 있어 띠자락 2개가 아래로 벌어져 있다. 특히 대의는 왼쪽 어깨 뒤로 넘어가지 않고, 약합을 든 왼쪽 손목 뒤로 넘어가는 점이 특징이다. 불신과 대좌는 끼우는 것이 아니라 일체一體로 주조鑄造되었고, 광배光背는 별도로 만들었다.

대좌는 팔각八角의 2단 연화대좌二段蓮花臺座이다. 상대석과 하대석은 매우 낮은 2조의 연접대連接帶를 사이에 두고 맞붙어 있다. 하대석은 하단석과 상단석으로 나누어지는데, 하대 하단석은 8각의 각 면마다 안상眼象이 투각되어 있고 그 내부는 다른 장식이 없다. 하대 상단석은 단엽팔판單葉八瓣의 복연伏蓮이며 판과 판 사이에는 간엽間葉도 있다. 연판의 끝은 반

2 金駬起, 1989. 「李承休의 生涯와 遺蹟」, 『悉直文化論叢』 1, 삼척향토문화연구회, 160쪽.

전이 있어 탄력이 있으며, 각 판의 내부에는 둥근 화문花紋이 조식되어 있다. 상대석도 단엽팔판의 앙연仰蓮이며 간엽도 있으나 화문은 없다.

불상의 뒤를 보면 후두부에 광배촉(꼭지)이 들어갈 홈이 1개 있고, 어깨 윗부분 중앙에는 광배촉이 1개 튀어나와 있다. 광배를 결합하는 지점이 후두부와 어깨부에 있는 것으로 보아 광배가 있었다면 거신광擧身光이었을 가능성이 높다. 어깨부 밑으로는 큰 틀잡이 구멍이 두 개 있어 내부를 들여다볼 수 있다. 대좌의 내부는 비어 있고, 그 안에는 주조할 때 생긴 물질로 막혀 있다.

불상은 약합을 들고 있어 약사여래藥師如來임을 알 수 있다. 삼국 시대와 통일신라 시대에 걸쳐 약사여래가 유행하는데, 석불일 경우에는 주로 좌상, 금동불일 경우에는 주로 입상으로 만들어진다. 삼국 시대에는 우견편단右肩偏袒으로 삼굴三屈 자세를 하고, 오른손을 내려뜨려 보주寶珠 형태의 지물持物을 들고 있는 불상이 유행한다. 그런데 태안마애삼존불泰安磨崖三尊佛 중의 약사여래입상이나 통일신라 시대 이후의 약사상들은 모두 왼손에 약합 형태의 지물을 들고 있는 형식으로 바뀐다. 약합은 일반적으로 둥근 모양 또는 둥근 모양에 뚜껑을 의미하는 선을 윗부분에 그리는 반면에 천은사 금동불은 윗면이 편평한 사발형이라는 점이 특징적이다.

천은사 금동불은 상호, 신체와 대좌의 비례가 조화를 이루어 인체 표현에 가깝다. 불상의 편년은 마모가 심하나 탄력과 생명감·표현력이 있고, 단정하여 통일신라 양식의 절정기와 관련된다고 판단된다.[3]

---

3 금동약사여래입상의 양식과 편년 관련 세부 내용은 다음 논문을 참고하여 소개하였다. 洪永鎬·金道賢, 2003, 「三陟市 未老面 天恩寺의 佛像 考察」.

2) 편년

천은사 금동약사여래입상은 상호와 법의 의문, 띠매듭, 대좌 등을 편년의 기준으로 설정할 수 있다.

이 불상은 알맞은 비례와 균형을 이룬 불신, 단정한 자세, 크고 둥근 육계, 풍만하고 조용한 미소를 담은 상호, 사실적으로 묘사한 법의 의문을 보여 준다. 반면 9세기 이후에 나타나는 굳은 얼굴의 흔적이나 신체의 편평성이 일체 없다. 또한 아직까지 선각화 현상도 나타나지 않고 있다. 9세기 중엽부터 활발히 조성되는 불상 양식을 보면 이상적·사실적인 양상이 없어진다. 얼굴은 모두 다르고 인간적인 얼굴이 되며, 신체에서는 양감이 사라지고 편평해진다. 옷주름은 사실성과 탄력성이 없어지고 추상적·도식적이 되어 옷의 양감도 사라져 버린다.

속옷이 왼쪽 가슴에서 오른쪽 가슴으로 대각선(斜線)으로 내려가는 예는 비교적 많은 편이다. 천은사 금동불의 경우 속옷을 가로지르는 띠의 매듭 고리가 위로 올라가는지는 마모로 인하여 불확실하나 띠자락이 좌우로 갈라져 아래로 쳐지는 띠매듭 형식이다. 이러한 양식은 동시대 및 그 이후 시기의 금동불·석불에서도 나타나며, 고려 시대 후기까지도 금구金具 장식과 결합하여 약간의 변형을 보이며 계승된다. 주목할 점은 띠주름과 띠매듭이 도드라져 있어 아직 선각화가 되지 않았으므로 통일신라 시대 전성기에 가까운 시기에 유행한 형식이라는 점이다.

천은사 금동불상의 대좌는 상·하 2단 대좌에 하대 하단석에는 안상이 투각되고 있어 비교적 높은 편이다. 이러한 높은 연화대좌의 장식적 형태는 신라 후기 불상에 보이는 형식화와 함께 새롭게 첨가되는 외형적 요소이다. 통일신라 금동불의 대좌는 9세기까지 화려하고 장식적인 형태를 보이다가 점차 간략화되는 것으로 생각되고 있다. 나중에는 상대부분이 더욱 축소되고 단순화되어 높이가 낮아지거나 폭이 좁아지면서 점차 연잎은 사라지고 소위 연육蓮肉만 남은 듯이 표현되기도 한다. 또한 9세기 이후에 유행하는 3단 연화대좌도 아니고, 상·하대석 모두 연꽃잎이 단엽이며, 상대석의 연꽃잎 내에 화문이 아직 없는 점, 2단 대좌이나 하대 하단석에 안상이 투각된 점 등으로 볼 때 9세기 후기로 내려오기는 어려울 것으로 보인다.

제작 기법으로도 천은사 금동불상은 배면背面의 틀잡이 구멍(鑄型孔)이 편년 설정에 도움을 주고 있다. 즉 이 불상은 통일신라 금동불의 특징인 배면의 원형공동圓形空洞을 메우지 않았다. 일반적으로 통일신라 시대 불상은 배면에 원형 또는 죽엽형竹葉形으로 틀잡이 구멍을 한 개 내지 두 개를 뚫고, 이 자리를 메우지 않는다. 반면 9세기 이후에는 금동상의 배면이 거의 뚫려 있어서 상의 안쪽이 보이는 경우가 많은, 이른바 거의 뒷면이 비어 있는 편불片佛이 된다.

결국 천은사 금동약사여래입상은 상호, 법의, 왼쪽 손목 뒤로 넘어가는 대의, 띠매듭, 대좌 등의 양식으로 보아 아직까지는 신라 하대의 후기적인 요소는 보이지 않는다. 통일신라의 조각술은 8세기 중엽에 절정에 달하는데, 이 시기, 즉 최전성기의 사실적 경향이 매우 많이 남아 있다. 반면 선각화 현상이 아직 나타나지 않고, 양감을 잘 표현하고 있으므로 9세기 후반까지는 내려가지 않는 것으로 보인다. 즉 시대적인 것으로 보아 8세기 중반 이후 9세기 전반에 속한다고 판단된다.

약사불 신앙은 약사불의 이름만 들어도 여러 가지 병환·재난災難이 제거되고, 무명無明과 번뇌가 해소되며, 수명을 연장해 준다는 부처님을 믿는 것이다. 약사부처님은 한 손은 마구니를 격파하고 또 다른 한 손에 있는 약으로 질병을 치료한다는 매우 현세구복적이고 대중 신앙적인 면

이 강하게 반영되어 있다.

　신라에 약사 신앙이 전래된 시기는 『삼국유사』 권5, 밀본최사密本摧邪
조에서 밀본密本이 선덕여왕善德女王 때 삼국통일의 공신功臣인 김양도金良圖가
어렸을 때 그의 병을 고친 것으로 보아 진평왕 대眞平王代(579~631) 후반後半에
는 이미 전래된 것으로 보인다. 특히 통일신라 시대의 사방불四方佛에서 동
쪽의 한 면에 약사여래가 표현될 정도로 매우 유행하였다. 『삼국사기』의
기록을 보면 800년경을 전후로 하여 질병이 많이 발생하고 있다. 약사 신
앙과 역병疫病과의 관계를 짐작해 볼 때 약사불상이 800년을 전후하여 집
중적으로 조성된 사실과도 부합된다. 통일신라 하대에 약사불상이 많이
조성된 또 다른 이유는 귀족들이 서로 대립 항쟁하는 내란기가 계속되었
던 시대였기 때문이기도 하다. 약사불이 신앙의 대상이 되고 약사불 조성
이 급격하게 늘어난 시기는 경덕왕 이후 특히 8세기 말에서 9세기 중엽까
지인데, 이 시기는 기근과 재해와 질병·내란이 계속되던 재난의 시대였
던 것이다.

　그러나 통일신라 하대 후기에 들어와서는 비로자나불상이 주류를
형성해서인지 약사불상은 전기에 비하여 현격하게 줄고 있다. 이 점도
천은사 금동약사여래입상의 편년을 설정할 때, 그 하한을 정하는 데 기
여할 수 있을 것이다.

3) 역사성

　소형 금동불은 이동이 쉬우며, 소집단의 예배 대상으로 불교 및 미
술 양식의 전파에 결정적 역할을 한다. 반면 소형 금동불은 문화의 전파
경로를 따라 이동하기 쉬우므로 비록 출토지가 확실하더라도 신중을 기
하여야 한다. 더구나 후대에 세전世傳되어 오다가 봉안되었거나 다른 지

역에서 불상을 옮겨 올 수도 있으므로 소형 불상의 출토지가 곧 그 사찰의 조성 시기와 직접적으로 일치한다고 보기는 어렵다. 그러므로 불상 자체에 명문이 있으면 가장 정확한 정보와 절대 연대를 알 수 있다.

하지만 그 상이 출토된 곳이나 위치한 지역도 불상 연구에 매우 중요한 단서가 되기도 한다. 특히 그 불상이 기록으로 알려진 사지寺址나 연대年代를 알리는 다른 출토 유물과 함께 나올 경우 그 제작 지역이나 제작 연대의 추정이 보다 더 확실해지는 것이다.

이런 점에서 본다면 적어도 금동약사여래입상이 천은사 경내, 그것도 옛 절터라고 하는 일대에서 출토되었다고 하는 사실을 결코 간과해서는 안될 것이다. 폐사지를 발굴한 결과 역사적인 문헌 기록이나 전설·설화처럼 보이는 사적기와 일치하는 유물이 출토되는 경우도 많이 있고, 그러한 유물을 통해 사찰의 실제적인 역사를 증명해 주는 예도 종종 있다. 앞으로 이 불상이 출토된 지역도 발굴을 통해 통일신라 시대의 유구나 관련 유물이 발굴된다면 이 불상의 역사적·미술사적 가치도 높아질 것이다.

사찰의 창건 설화는 이름난 고승과 관련하여 가탁·부회·윤색하는 경우가 많고, 설화 자체도 후대의 역사적·사회적 영향을 받아 생성·변화하기도 하므로, 있는 그대로 믿기는 어렵다. 그러므로 설화 자체를 시·공간적 흐름과 변화에 따라 역사성을 추출해야 한다. 이를 위하여 기본적으로 설화의 기록을 시간적으로 정리해 볼 필요가 있다.

천은사 창건 시기에 관해서는 앞의 장에서 살펴보았듯이 경덕왕설(758)과 흥덕왕설(829)이 있다. 경덕왕설은 1963년에 편찬한 『진주지』에 처음 나오고,[4] 흥덕왕설은 1916년에 편찬한 『삼척군지』에 처음 나온다.[5] 경덕왕설은 어느 자료에 근거를 둔 것인지는 알 수가 없으나, 흥덕왕설

은 동해시 삼화사와 동 시기 창건으로 본 것에서 기인한 것으로 보인다.[6]

한편 경덕왕설이나 홍덕왕설이나 천은사의 최초 명칭은 백련대라
고 하였다. 백련대라는 명칭은 허목이 1662년에 저술한 『척주지』에서
다음과 같이 처음 보인다.

흑악사는 옛날의 백련대로, 혹 간장암이라고도 하는데 두타산 동
쪽 기슭에 있고, 부 서쪽 40리이다.[7]

허목은 『척주지』, 「두타산기」에서 다음과 같이 삼화사의 창건 설화
도 언급하였다.

6월에 두타산에 들어갔다. 삼화사는 두타산의 옛 사찰인데 지금
은 폐허화되어 그 연대를 알 수 없고, 우거진 가시덤불 속에 다만
무너진 석탑과 부서진 철불만이 남아 있었다. 영은사 고적古跡에

---

4 崔晩熙·洪鍾凡, 1963, 『眞珠誌』, 寺刹條, 〈在頭陀山月精寺本山未寺在未老面未老里七八五番地
新羅 景德王戊戌創建白蓮臺世傳三入藤蘿三次重建一則砲手一則懶翁一則李承休也. 興德王己酉所
創有 黃色暇袈裟一襲廣可圍三四人俗稱懶翁祖師所傳…〉.

5 沈宜昇, 1916, 『三陟郡誌』, 天恩寺 條, 〈在未老面未老里 創設年代同三和 此卽白蓮臺也…〉.

6 그러나 실제 『두타산삼화사고금사적』에는 홍덕왕 시기는 나오지 않고, 慈藏이 唐 貞觀 16년(642)
즉 선덕여왕 11년에 창건하였다고 기록하고 있다. 삼화사가 홍덕왕 4년(己酉)에 창건되었다는 기록
은 심의승의 『三陟郡誌』(1916)에서 다음과 같이 처음 나온다. 〈三和寺 條 在北三 面三和 新羅興德
王四年己酉有三禪來頭陀 後人 名其峯曰三公 後 品曰祖 師自闥堀山 來 建佛 祠以三公名庵(興德王四
年 去今一千八十七年前…)〉. 1921년 「천은사기실비」를 건립할 때 이 기록을 전거로 하였을 가능성이 높
다. 삼화사는 최근 철불의 背面에서 銘文이 발견되어 보물로 지정되었고, 이로 인하여 더욱 유명해
졌다(韓國文化史學會, 1997, 『文化史學: 頭陀山 三和寺 特輯』 8, 학연문화사).

7 『陟州誌』, 眉老里 條, 〈黑岳寺古白蓮臺或曰看藏庵在頭陀山東麓府西四十里〉.

172

의하면 세 개의 철불이 있는데, 하나는 흑련대(삼화사이다)에 있고,
또 하나는 청련대(지상에 있다)에 있고, 또 하나는 금련대(영은사라 한다)
에 있다고 하였다.[8]

위와 유사한 설화는 『두타산삼화사고금사적』[9]에 약사불 3형제가
왔다고 한 것보다 구체적으로 다음과 같이 서술되고 있다.

삼화사 숲속에 삼층보탑이 있는데 약사의 3형제불이 서역에서
돌로 된 배를 타고 동해에 와서 놀다가, 제일 맏이는 흑련을 들고
지금의 삼화사에 오니 흑련대라 하고, 둘째는 청련을 들고 지금
의 지상사로 오니 청련대라 하고, 끝은 금련을 들고 영은사로 오
니 금련대라 부른다.[10]

결국 백련대라는 명칭, 기실비紀實碑에 실려 있는 창건 내용들이 위의
설화와 깊은 관련이 있는 것으로 보인다. 즉 천은사의 사적을 위의 사적

8 『陟州誌』, 頭陀山記 條, 〈六月入頭陀山三和寺者頭陀古伽藍今廢不知年代叢棘中有石塔鐵佛敗
毀 靈隱寺古跡言三鐵佛一在黑蓮臺(三和寺也)一在靑蓮臺(在池上)一在金蓮臺(靈隱寺云)…〉.

9 『頭陀山三和寺古今事蹟』은 사적의 번역본과 함께 역사성에 관하여 책자로 편찬된 바 있다(홍사
성·박상준·이승철, 1998. 『두타산과 삼화사』, 동해시). 그런데 삼화사 사적의 작성 연대를 1631~1632년으로
보고 사찰의 역사를 재구성하고 있다. 이는 사적의 말미에 있는 각각의 작성 연대의 간지인 崇禎四
丁未, 崇禎紀元後四戊辰의 연대를 잘못 설정한 것으로 판단된다. 사적기에 許穆(1595~1682)의 「頭陀
山記」가 등장하고, 내용 중에 純祖(재위 1800~1834)도 나오고 있기 때문이다. 따라서 崇禎四丁未는 '崇
禎紀元後四丁未(1847)'로 '紀元後' 또는 '後'가 빠진 것으로 보아야 하므로 이 사적기는 1847년(헌종 13)
에 작성된 것이고, 崇禎紀元後四戊辰의 간지를 가진 사적은 1868(고종 5)에 작성된 것이다.

10 『頭陀山三和寺古今事蹟』, 〈古蹟言三和寺叢棘中有三層寶塔云藥師伯仲季三佛本自西域遊歷東
海乘一 扁石舟來泊本國伯則手持黑蓮一朶仲則手持靑蓮一朶季則手持金蓮一朶一在黑蓮臺(今三和寺
也)一在靑蓮臺(池上村也)一在金蓮臺(靈隱寺也)〉.

에 가탁한 분위기를 보여 주는 것이다.

그런데 『신증동국여지승람』에 언급된 삼화사에 관한 기록은 위의 설화와는 차이가 나는데, 다음과 같다.

… 신라 말에 세 선인이 있었는데 각자가 거느린 무리가 매우 많았다. 여기에 모여서 서로 더불어 의논하였는데, 옛날 제후가 회맹會盟하던 예禮와 같았다. 오랜 뒤에 헤어져 갔으므로, 지방 사람이 그 봉우리를 삼공三公이라 이름하였다. 도굴산闍崛山 품일 조사品日祖師가 그곳에 가서 절을 세우고 또한 '三公'이라는 현판을 걸었다. …[11]

이로 보아 삼척·동해 지역 사찰사적기의 형성 과정은 『신증동국여지승람』의 '삼공'으로부터 시작하여 『척주지』 편찬 시기에 사찰명과 구체적으로 관련되어 나타나고, 이 시기에 천은사(당시 흑악사)도 이 설화에 가탁된 것으로 보인다. 즉 『신증동국여지승람』 편찬 이후 『척주지』 편찬 이전 또는 당시에 삼화사·영은사 유형의 설화가 이 지역의 사찰에 자리를 잡은 것으로 추정된다. 그 후 『두타산삼화사고금사적』을 편찬할 당시에 '약사불'이라는 구체화되고 발전된 형태로 나타나는 것이다.

비록 이 지역의 사찰과 관련하여 사적기나 기타 여러 자료들이 많이 있지만, 간행 연대가 『척주지』보다도 내려오므로 적어도 창건과 관련하

---

11 『新增東國興地勝覽』, 三陟都護府 佛宇 條, 三和寺. 이 글의 전거로 釋息影庵記를 들었는데, 석식영암이 『東文禪』에 11편의 글을 남기고 있는 인물이라면 幻庵混修(1320~1392)에게 능엄경을 가르친 고려 후기의 스님으로 추정된다(홍사성, 1998, 「삼화사의 역사와 오늘」, 홍사성·박상준·이승철, 『두타산과 삼화사』, 34쪽). 그렇다면 위의 설화는 문헌상으로는 고려 후기에 이미 유포되어 있었던 것이다.

여서는 역사성이 부족한 셈이다. 그렇다고 하여 전적으로 부정하기보다는, 앞으로 사적기의 창건 설화와 관련된 자료를 비판적으로 검토하여 역사성을 살려야 하는 것은 당연한 것이다. 예를 들어 동해시 삼화사의 철불에서 명문이 발견되었는데, 이 불상의 조성 시기가 범일의 활동 시기와 시대적으로 일치한다. 창건주가 범일인가는 차치하더라도 창건 시기는 일치하는 것이다.

결국 경덕왕(758) 또는 흥덕왕 4년(829)에 천은사(백련대)가 창건되었다는 창건설의 진위 여부는 그 개연성을 남겨 둘 필요는 있다.

그러한 점에서 천은사(백련대)의 창건 시기가 천은사의 옛터에서 나왔다는 금동약사여래입상의 조성 시기와 일치하는 점은 흥미롭다. 이 불상이 천은사 창건시와 관련된 유물이라면 사적기에 나온 창건 기록의 신뢰성을 배제할 수는 없는 것이다.

한편 『두타산삼화사고금사적』에서 약사불이 등장하는데, 약사 신앙의 유행과 천은사 금동약사여래입상과의 관련성도 고구해 볼 문제이다. 이 문제와 관련하여 조선 태종 7년(1407)에 동해시 삼화사가 총남종摠南宗 소속으로 자복사資福寺가 된다.[12] 총남종은 신라의 혜통 법사惠通法師를 개조開祖로 하는 총지종摠持宗이 자장慈藏의 계율종戒律宗을 개조로 하는 남산종南山宗과 결합하여 발생한 종파이다.[13] 그러므로 이때를 계기로 하여 『두타산삼화사고금사적』의 설화에서 보는 바와 같이 삼척 지역의 각 사

---

12 『태종실록』, 태종 7년 12월 2일. 전체적으로는 曹溪宗 24, 天台宗 17, 華嚴宗 11, 慈恩宗 17, 中神宗 8, 摠南宗 8, 始興宗 3으로 강원도 사찰 가운데 자복사로 선택된 사찰은 화엄종의 原州 法泉寺, 襄州 成佛寺, 총남종의 三陟의 三和寺, 麟蹄의 玄高寺이다. 이때 선택된 摠南宗의 資福寺는 江陵의 天神寺·臨津의 昌和寺·三陟의 三和寺·和順의 萬 淵寺·羅州의 普光寺·昌平의 瑞峰寺·麟蹄의 玄高寺·鷄林의 天王寺의 8곳이다. 한편 삼화사는 이미 태조 4년에 國行水陸齊를 지내는 사찰로 지정되어 그 위상이 커졌고, 이후 세종 7년에 五臺山 上院寺로 바뀐다.

지장보살   아미타불   관세음보살

찰에서 약사 신앙이 유행하였을 가능성도 있고, 또는 그 이전 시대에 밀교·약사 신앙이 삼척 지역에 널리 유포된 까닭에 총남종의 대표 사찰 중에 한 곳으로 삼화사가 선택되었을 가능성도 있다.

나. 목조아미타삼존불

1) 양식

강원도 유형문화재 제147호로 지정된 아미타삼존불은 극락보전 안에 봉안되어 있다. 1948년 동짓달에 천은사에 화재가 나서 주요 법당이 불에 타 없어지고, 산신당·조사전·화엄암만 남게 되자, 이 불상을 삼척

---

13   李種益, 1979, 「韓國佛教諸宗派成立의 歷史的 考察」, 『佛教學報』 16, 동국대학교 불교문화연구소; 佛教史學會 편, 1986, 『韓國曹溪宗의 成立史研究』, 민족사, 75~117쪽.

시내 삼장사(三藏寺)로 옮겼었다. 그 후 당시 주지 스님이었던 문일봉 선사가 다시 천은사로 모셔 왔다.[14]

삼존불은 아미타불을 중심으로 좌우에 관음보살과 지장보살이 협시하고 있다. 불상의 크기는 등신대(等身大)로 본존과 보살 사이에 규모는 물론이고 법의, 수인 등 큰 차이는 없다. 전체적으로 단정하고 우아한 인상과 듬직한 분위기를 풍긴다.

본존인 아미타여래는 불신 높이 약 100㎝, 무릎폭 약 74㎝로 두부와 상체·하체 간의 비례가 훌륭하다고 할 수 있다. 군이 지적하자면 상체에 비하여 하체가 다소 낮고 약한 느낌을 준다. 인체의 표현도 비교적 사실적으로 자연스럽게 되어 있다. 상체를 세워 얼굴과 어깨는 그다지 움추리지 않았다. 두 팔은 따로 만들어 끼웠다.

상호는 나발과 육계와의 경계가 없이 둥그스럼하게 표현되었고, 중앙 계주만 반달형으로 표현되고, 정상 계주는 없다. 얼굴은 계란형에 가까우며, 눈·코·입 등의 표현도 비례가 적당하며, 양 눈썹 사이 위에는 백호가 있으며 전체적으로 보아 원만형이다. 특히 코는 콧등을 인체적으로 잘 표현하였다. 귀는 늘어져 어깨까지 내려왔으며, 귓볼은 밖으로 약간 벌어졌고, 귓볼 안에는 귀걸이용 구멍이 표현되었다.

법의는 오른쪽 어깨에서 겨드랑이를 거쳐 흘러내린 대의가 군의(裙衣)를 덮으며 왼쪽 대의의 허리 안으로 들어가게 하였다. 속옷은 가슴 밑에

---

14 현재 三藏寺(옛 竹藏寺 터)를 소개한 글에는 천은사로부터 삼존불을 옮겨 왔다는 기록은 있지만, 다시 천은사로 반환했다는 내용은 실리지 않았다(辛虎雄·李相洙·金奭洙, 1995, 「三陟市의 佛敎文化遺蹟」, 『三陟의 歷史와 文化遺蹟』, 관동대학교박물관 학술총서 9, 233쪽; 三陟市, 1997, 『三陟市誌』, 학연문화사, 777쪽). 현재 삼장사 법당에 모셔진 삼존불은 2019년 4월에 봉안되었고, 천은사에서 목조아미타삼존불을 모셔 가면서 봉안했던 삼존불은 현재 월정사 성보박물관에 모셔져 있다.

까지 수평으로 올라와 있고, 승각기나 금구 장식 등은 보이지 않는다. 다만 속옷의 상단 밑에 줄이 나 있어 승각기의 역할을 하였을 것이다. 군의 상단 밑의 아랫배 부분은 약간 불룩하다. 법의에서 특징은 오른쪽 어깨만 덮는 반달형 법의가 팔꿈치부터 드러나는 반단半袒 양식이고, 오른쪽 가슴 부분의 옷주름이 N자의 주름을 형성하며, 왼쪽 팔꿈치 위의 옷주름이 Ω형 주름을 형성한다는 점이다. 대의가 흘러내려 두발을 덮는 주름도 좌우 대칭을 고려하였으나 도식적이라기보다는 자연스럽고, 발목 부근에 내려온 옷주름도 물결치듯 S자로 한 번 말려 표현되어 있다. 두 발은 길상좌를 하고 있으며, 발목, 발도 생략화하지 않고 사실적으로 잘 표현하였다. 수인은 오른손을 가슴 위로 올리고, 왼손은 왼쪽 발목 위에 두어 하품중생인下品中生印을 하고 있다.

관음보살상은 본존과 매우 흡사하다. 보살이 입는 천의가 아니라 불의를 입었고, 수인·상호·법의 모두 전체적으로는 본존과 동일하다. 다만 오른쪽 어깨를 덮는 반달형 법의는 반단 양식이 아니며, 가슴 부분의 N자 주름도 변형되었다. 왼쪽 팔꿈치 위의 Ω형 주름은 그대로 있다. 보관은 비교적 화려하나 보관 장식이 어깨 위까지 내려오지 않았고, 보발寶髮도 양쪽 어깨까지 내려오지는 않았다. 치레 장식도 가슴에만 목걸이를 하고 있다.

지장보살상은 머리를 깎은 승려머리(민머리)이다. 지장보살 역시 불의佛衣를 입었고, 수인·상호·법의 모두 전체적으로 본존과 흡사하다. 관음보살처럼 오른쪽 어깨를 덮는 반달형 법의가 반단 양식이 아니고, 오른쪽 가슴 부분의 N자 주름도 보이지 않는다. 왼쪽 팔꿈치 위의 Ω형 주름 역시 직선화되어 있다. 가슴에는 관음보살상의 치레 장식과 동일한

목걸이를 하고 있다.[15]

2) 편년

아미타삼존불은 전체적으로 보아 단정하고 우아한 분위기를 느낄 수 있어 이른바 고려 후기의 단아 양식의 불상을 계승한 양식으로 보인다. 그렇다고 하여 고려 시대의 작품이라고 보기는 어렵다. 고려 후기 단아 양식의 불상의 경우 대부분이 띠주름과 띠매듭이 보이고, 승각기나 금구 장식이 있으며, 오른쪽이나 왼쪽 발목 아래로 대의의 끝자락이 흘러내리는 등과 같은 몇 가지 특징적인 요소가 보이는데, 천은사의 경우 이러한 요소가 보이지 않기 때문이다. 또한 지장보살을 협시로 하는 아미타삼존불을 구성하였고, 지장보살의 경우 두건이나 각이 진 모자를 쓴 형식이 아니므로 조선 시대 불상에 속한다고 보아야 할 것이다. 그리고 아미타불·관음보살·지장보살 각각은 양식이 거의 동일하고, 크기도 같아 동시에 제작한 것으로 보인다.

천은사 삼존불의 편년은 띠주름과 띠매듭이 표현되지 않았으므로 영주榮州 흑석사黑石寺 목조아미타여래좌상(1458)과 강진康津 무위사無爲寺 목조아미타삼존불상(1476) 등처럼 띠매듭이 표현되는 불상들보다는 시대가 다소 떨어지는 것으로 보인다. 그럼에도 불구하고 아직은 조선 후기의 방형 3단 구도나 블록화 현상은 전혀 보이지 않는다. 또한 수인도 17세기 이후에는 두 손을 양 무릎에 내리는 경향이 있지만, 그에 비하면 고려 후기 단아 양식의 수인인 하품중생인이 그대로 유지되고 있다. 더불어 오른쪽

---

15 목조아미타삼존불의 양식과 편년 관련 세부 내용도 다음 논문을 참고하여 소개하였다. 洪永鎬·金道賢, 2003, 「三陟市 未老面 天恩寺의 佛像 考察」.

어깨로부터 흘러내리는 N자 주름, 왼쪽 팔꿈치 위의 Ω형 주름, 가슴 위로 군의가 올라가지 않고 젖가슴이 그대로 노출된 점 등은 조선 전기적인 요소가 아직은 강하게 남아 있음을 반영한다. 상호 역시 인간의 얼굴처럼 둥그렇고 원만상으로 잘 표현한 점, 사실적인 콧등, 움추려진 어깨가 아니라 당당하며 머리도 앞으로 숙이지 않은 점, 짧지 않은 목도 조선 후기 불상과는 차이가 난다. 발목 부분의 대의도 조선 후기에 일반적으로 나타나는 좌우 대칭의 도식적인 표현이 아니라 고려 후기 단아 양식처럼 오른쪽 발목을 덮는 대의가 물결치듯 S자로 말려 접힌 점, 길상좌를 한 오른쪽 발과 발목도 전체가 드러나도록 사실적으로 표현한 점도 조선 후기의 불상에서 주로 발을 약화시키거나 대의로 덮여 보이지 않게 하는 것과 차이가 난다. 한편 본존의 양 귀의 귓볼에는 귀걸이를 달 수 있도록 오목하게 되어 있다. 물론 보살상이 아니므로 귀걸이를 달기 위한 의도는 아니겠으나, 고려 후기 단아 양식에서 이미 보이고, 흑석사 목조아미타여래처럼 조선 전기 불상에서도 보이고 있어 편년을 설정하는 데에 하나의 요소가 될 수 있을 것으로 보인다.

천은사 삼존불은 전체적으로는 단정하고 우아한 분위기, 듬직한 신체, 안정된 형태, 장대한 자세를 보인다. 인체의 표현으로 보아 흑석사 목조아미타여래좌상과 비교할 만하다. 흑석사 불상은 정상 계주가 있고, 상체가 세장한 편인 반면, 천은사 불상은 상체가 장대하고, 얼굴이 작고, 하체가 낮고 다소 빈약하다. 상대적으로 보면 흑석사 목조아미타여래는 정상 계주가 있고, 상호가 원·명 계열적인 요소가 강하고, 천은사는 고려 후기 단아 양식 요소가 더 강할 뿐이다. 한마디로 왼쪽 팔꿈치 위의 Ω형 주름, 오른쪽 어깨에서 가슴으로 내려오는 옷깃이 N자인 점이 시대를 올려 잡게 하고, 반면 흑석사 아미타여래보다는 상체 부분이 직선화 경향도 있고, 띠매듭도 없어 시대가 떨어지는 것으로 보인다.

여기서 한가지, 천은사 아미타여래는 17세기 이후에 주로 유행하는 반단 형식이 보이나, 이 반단 양식도 그 이전 시기, 수종사水鍾寺 불상(1459~1493)과 조선 전기(주로 16세기)의 불화에서도 보이고 있어 천은사 불상의 연대를 올리는 데 문제는 없다. 그리고 왼쪽 다리에 늘여뜨리던 옷자락이 없는 점도 흑석사 아미타여래에 없으므로 연대를 올리는 데 큰 문제가 되지 않는다.

지장보살이 협시를 하는 아미타삼존상은 고려 말부터 보이는 신안사삼존불 등에서 이미 보이기 시작하여, 조선 초기를 거쳐 조선 후기·말기까지 지속적으로 유행한다. 조선 초기·전기의 속하는 예로는 무위사아미타삼존상(1476년경), 수종사 삼존상(1459~1493), 무량사無量寺 탑 출토 금동아미타삼존상(1500년경) 등이 있다. 이들 예는 아미타, 관음, 지장보살의 삼존상으로 조선 초기 아미타삼존상의 경향을 보여 주고 있다. 그런데 이들 지장보살상은 각진 모자나 두건을 써서 조선 후기의 지장보살이 승려머리인 것과는 구별된다. 상주尙州 북장사北長寺 아미타삼존 중 지장보살상(1676)은 조선조 전기의 두건 쓴 지장보살상과는 다른 박박 깎은 승려머리로 나타나는데, 이후의 지장보살상에 유행하는 양식이다. 현원 작賢元作 목아미타삼존불감(1637), 영현 작英賢作 목아미타삼존불감(1644)의 지장보살도 승려머리이다. 이로 보아 적어도 17세기 전반 무렵에는 승려머리 지장보살상이 만들어졌음을 알 수 있다.

여기서 천은사 지장보살상도 승려머리이므로 편년 설정에 하나의 요소가 될 수 있다. 그런데 위에서 언급한 17세기의 승려머리 지장보살상들은 이미 가슴의 치레 장식이 없는 반면 천은사 지장보살상은 가슴에 치레 장식이 있으므로 적어도 이들 작품보다는 앞설 가능성이 높다. 그렇다면 17세기 전반 이후로 내려오지는 않을 것임을 반증하고 있다.

관음보살상은 보관만 쓰고, 불의를 입고 있다. 전체적으로는 본존 및 지장보살상과 동일한 양식이다. 영덕盈德 장육사莊陸寺 건칠보살좌상乾漆菩薩坐像(1395), 대구大邱 파계사把溪寺 목관음보살좌상木觀音菩薩坐像(1447), 경주慶州 기림사祇林寺 건칠보살좌상(1501), 영천永川 은해사恩海寺 운부암雲浮庵 금동보살좌상金銅菩薩坐像(조선 초기), 문경聞慶 대승사大乘寺 금동보살좌상(1516년 개금) 등과 비교할 때 화려한 보관과 치레 장식이 신체 전체를 꾸미지는 않았다. 또한 보발이 귀를 덮고, 어깨까지 내려오지도 않았다. 한마디로 조선 초기 양식보다는 내려온다고 볼 수 있다. 그러나 가슴에 치레 장식, 오른쪽 어깨를 덮는 옷주름이 N자 변형 주름이고, 왼쪽 팔꿈치 위에도 Ω형 주름이 있어 본존과 동일한 편년으로 볼 수 있다.

따라서 천은사 아미타삼존불의 조성은 상한이 흑석사 아미타여래나 무위사 아미타삼존불보다 다소 떨어지는 15세기 후반부터 하한은 승려머리 지장보살의 편년으로 볼 때 17세기 중반에 걸치는 것으로 편년해 볼 수 있다. 그런데 임진왜란과 병자호란을 겪은 후인 1650년경 전후부터 조선 후기라고 하였을 때 이 시기의 불상부터는 하체·상체·두부를 블록식으로 쌓아 올린 듯한 3단 구도, 상대적으로 짧아진 상체, 장중함과는 다른 둔중함, 뚜렷한 괴체화, 평판적 조형미, 어깨와 머리를 앞으로 숙이게 하는 경우가 많다. 이에 비하면 천은사 삼존불은 이보다 앞서는 요소들이 두드러지게 표현되었으므로 상한은 15세기 후반부터 하한은 16세기대로 올라갈 가능성이 매우 높다.

조선조 조각의 편년은 4기로 나누어 볼 수 있다. 즉 1400년경부터 1500년경까지의 1기와 1500년경부터 1650년경까지의 2기, 1650년경부터 1800년까지의 3기, 1800년경부터 1900년경까지의 4기인데, 이것을 다시 전기(1, 2기)와 후기(3, 4기)로 크게 구분할 수도 있다. 여기에 따르면 천은사 삼존불은 2기에 근접한 편년을 가질 것으로 판단된다. 즉 조선 전기의 삼존불일 가능성이 매우 높다. 그러한 점에서 이 삼존불은 지장보살이 승려머리로서 조선 후기에 유행하는 형식의 선구를 보이고, 불화가 아닌 조각으로서의 반단 양식도 빠른 편임을 예시하고 있는 양식사적인 의의가 있다. 동시에 고려 후기 단아 양식의 불상이 조선 전기를 거쳐 중기로 넘어가는 양상이 그동안 자료가 부족해 연구가 미진하였는데, 이러한 양상을 보여 주는 과도기 양식으로서의 가치가 매우 크다.

3) 복장개금발원문

조선 전기 조각의 양식적 특징은 다양한 양식이 혼재하지만 고려 말의 단아 양식을 계승·진전시킨 전통 양식이 주류를 형성하고 있으며, 15세기 후반, 정확히 말해서 1450년 이후 1500년경을 전후해서 명의 영향을 다소 수용한 불상들이 유행한다.

현재 사찰의 불상은 대부분이 임진왜란과 병자호란 후인 조선 후기에 사찰을 중창·중수하면서 조성된 것이다. 이 시기의 불상이 수적으로는 많으나 조선 후기 불교 조각의 연구는 삼국 시대, 통일신라 시대, 고려 시대 불교 조각 연구에 비하여 적은 실정이다. 그 이유로는 조선 후기에 조성된 상들의 복장 조사가 많지 않아 편년을 알 수 있는 상이 부족하고, 또 성리학에 의해 불교가 밀려나 학자들도 자연히 불교 관계의 연구를 피한 점 등을 들 수 있다.

여기에 조선 전기 이후부터 후기·말기에 걸친 불상들의 양식적 특징이 도식화·생략화라는 표현 외에 그다지 뚜렷하게 양식적인 변화 요소를 찾아내기가 어려울 정도를 닮은 유형으로 제작된 것도 한 요인이 될 것이다. 물론 미세한 차이가 있겠으나 현재로서는 복장발원문에 의한 자료의 증가가 필요한 실정이다.

　법당을 건립하게 되면 반드시 불상을 동시에 봉안하는 것이 일반적인 관례이다. 이러한 관례는 예나 지금이나 변함이 없다. 그런데 천은사 삼존불상의 복장발원문은 조성발원문造成發願文이 아니라 개금발원문이다. 어느 시점에 천은사를 중수할 때 다른 절로부터 이안移安·봉안奉安하였을 가능성도 고려해야 할 것이다. 현재로서는 복장발원문 1·2 모두 중수 개금 시重修改金時의 발원문이고, 최초 조성에 관한 내용은 없다. 그러나 삼존상의 1차 사료라고 할 수 있는 복장발원문 1(「아미타불원문」)은 용파당이 중심이 되어 가경 3년 무오(1798, 정조 22)에 작성되었는데, 이 자료의 10행에 의하면 해운당이 병신년에 개금하였음을 알 수 있다. 문제는 간지에서 병진년이 언제인가이다. 물론 내용상으로 보아 12행에서 용파 대사가 중수했다는 내용이 있으므로 가경 3년(1798)보다는 비교적 연대가 올라갈 것이다. 이 문제는 다행히 현재 천은사 부도군에 있는 해운당 부도와 비문을 통해 해결이 된다. 비문에는 해운당이 '乾隆十一年丙寅閏三月初九日入寂'이라고 나온다. 즉 입적한 해는 1746년이다. 이를 기준으로 역산하면 병진년은 1736년(건륭 1, 영조 12)이 된다.

　복장발원문 2(「삼존상개금후불탱개채원문」)는 1922년에 작성한 것으로 「천은사기실비」를 만든 다음 해이다. 위의 기준을 적용하여 복장발원문 2에 나타난 개금의 시기 또는 관련된 시기를 정리하면 다음과 같이 나온다.

① 휴휴당 이승휴 선생이 개금한 때(21·22행/13세기)
② 주지 법능이 채금상한 때(24·25행/1596, 만력 병신, 만력 24, 선조 29)

③ 강희 정유에 중건(29행/1717, 숙종 43)

④ 해운이 병신년에 개금(30행/1736, 영조 12)

⑤ 용파가 가경 3년 무오에 불의를 입힘(1798, 정조 22)

여기서 이승휴 선생의 활동 시기와 불상의 조성 시기를 같은 시기로 보기는 양식상 어렵다. 그리고 주지 법능이 채금상한 때부터 용파가 개금을 한 때까지 새롭게 불상을 조성하였다는 구절은 없다. 즉 강희 정유에 중건을 하였을 때 불상을 새로 모셨다고 보기는 어렵다. 그렇다면 천은사 아미타삼존불상은 주지 법능이 채금상한 때인 1596년보다 이전에 조성되었을 가능성이 높고, 실제 양식적으로도 일치한다. 즉 불상 양식의 편년과 복장개금발원문으로 추정해 본 조성 시기가 일치하므로 이 불상은 15세기 후반에서 16세기에 조성된 불상으로 판단된다.

한편 복장발원문 2에는 '三尊像毫同時製'라고 하여 삼존불을 동시에 제작했다는 표현이 있다. 양식학적으로도 천은사 아미타삼존불은 처음부터 동시에 조성되어 지금까지 존속한 것으로 판단된다.

이러한 복장발원문 2의 내용 전개 순서는 「천은사기실비」의 내용 전개 순서와 일치한다. 다만 「천은사기실비」는 주로 중건, 중수에 관한 내용으로 이루어지다 보니 불상에 관한 내용이 생략되었을 뿐이다. 예를 들어 기실비의 내용 가운데 "임진병란 때 절의 탑이 무너지고, 화재로 잿더미가 되었으나 전우 1동만 가까스로 남았다"라는 문구는 봉안되어 있었던 불상이 임란 시에도 화를 모면하였음을 역설적으로 말해 주고 있다. 그렇다면 임진왜란 시에 전우에 봉안되어 있었던 불상이 현재의 천은사 삼존불일 가능성을 고려할 수도 있을 것이다. 따라서 천은사 아미타삼존불상의 경우 복장개금발원문 2도 근대의 것이라 하여도 신뢰도가 높다고 할 수 있다.

마지막으로 「천은사기실비」와 복장발원문 2를 통해 볼 때 서산 대사 이후의 내용은 생각보다 자세하고 정확하다. 아마도 「천은사기실비」나 복장발원문 2를 작성할 당시인 1921~1922년 이전에는 천은사의 옛 사적기가 있었다고 판단된다. 아마도 이후에 화재나 전란과 같은 상황 속에서 천은사 사적에 관한 자료가 소실되었을 것이다.

다. 소형 목조불상

천은사 인법당에 모셔진 소형 목조불상을 천은사 신도였던 분이 6.25전쟁 때 업고 다니며 보호하다가, 천은사 인근 밭에 묻었다고 한다. 전쟁이 끝난 후 다시 모셨는데, 현재의 극락보전을 지어 삼장사에 모셨던 목조아미타삼존불을 다시 모셔 오기 전까지 천은사의 주불主佛이었다고 한다.

1) 양식

불신 높이 약 31㎝, 무릎 폭 약 24㎝, 대좌 높이 약 3.5㎝이다. 전체적으로 보아 인체적인 굴곡이 없어지고, 평판적인 표현, 세부적인 묘사가 간략화되었다. 통견이며, 불의는 두껍고, 대의는 옷자락이 복부의 앞섶 중간으로 들어갔다. 내의는 수평으로 가슴 위를 가로지르고 있는데, 두 줄의 띠줄로 승각기를 표현하고 있다. 머리는 나발과 육계와의 경계를 구분하기 어려울 정도로 둥글고, 반달형의 중앙 계주와 정상 계주가 있다. 백호가 양 눈썹 밑으로 내려오고 콧등 위에 걸려 있다. 두 손은 양 무

릎에 얹고 있다. 자세는 길상좌이며, 하체의 옷주름은 좌우 대칭의 도식
적이다. 전체적으로 머리, 상체, 하체의 3단 블록식 구도로 평판적이다.

2) 편년

복장물이 조사되지 않았으므로 정확한 편년은 현재로서는 어렵다.
소형의 불상이지만, 목과 어깨가 그다지 움추리지 않고, 대의 옷자락이
복부의 앞섶 중간으로 들어가며, 내의가 가슴 위를 가로지르고, 백호가
양 눈썹 밑과 콧뿌리 사이에 있는 점 등으로 보아 18·19세기경의 조성으
로 보인다.[16]

---

16 소형 목조불상의 양식과 편년 관련 세부 내용 역시 다음 논문을 참고하여 소개하였다. 洪永鎬·
金道賢, 2003, 「三陟市 未老面 天恩寺의 佛像 考察」.

라. 천은사 목조아미타불 복장

천은사 극락보전 안에 봉안되어 있는 목조아미타삼존불은 아미타불을 중심으로 좌우에 관음보살과 지장보살이 협시하고 있다. 「삼존상개금후불탱개채원문」에는 '三尊像毫同時製'라고 하여 삼존불을 동시에 제작했다는 표현이 있다. 양식학적으로도 천은사 아미타삼존불은 처음부터 동시에 조성되어 지금까지 존속한 것으로 볼 수 있다.

이 삼존불 중 복장유물이 발견된 불상은 아미타불이다. 복장은 불상을 조성하면서 배 안에 봉안하는 사리舍利와 여러 가지 유물을 일컫는 말이다. 사리를 불상 속에 넣음으로써 불상이 진신眞身 부처님으로 화할 수 있다고 믿었으니, 바로 이것이 생신 사상生身思想이다. 불상 복장 안에는 사리와 사리통, 5곡이나 오색실, 불경과 의복, 다라니와 만다라, 복장기나 조성기 등을 머리와 배의 빈 부분에 가득 채워 넣었다. 대개 『조상경造像經』[17]의 법식을 따르고 있다.

불상·불화 등에서 살필 수 있는 복장은 우선 그 조성 연대와 조성에 관계하였던 사람들을 알 수 있을 뿐 아니라 불상과 불화가 신앙의 대상이 되게 하는 상징적 의미를 부여하는 갖가지 신앙물이 들어가게 된다.

불상·불화 등에 복장의 이입이 갖는 의미는 불상 등이 단순한 물物이 아닌 정신적 의미를 지니고 있다고 하는 상징 작용이라고 볼 수 있다. 즉,

---

17 조선 후기 승려 知濯이 찬집한 불교 의식집으로 1권 1책이고 목판본이다. 순조 24년(1824) 금강산 楡岾寺에서 개판하였다. 여러 경에 산재하여 있는 佛菩薩像의 조성에 따른 제반 의식과 절차에 관한 것을 모아 체계화하였다. 책의 내용은 의식 절차를 설명하고 그 의식의 종류마다 의의를 부연하였는데, 이를 행할 때 외우는 주문은 범어·한문·한글을 병기하여 누구나 쉽게 접할 수 있도록 한 점이 특징이다. 이 책 이전에는 모든 사찰마다 각기의 주관에 따라 불상을 조성하고 의식 절차를 행하였으므로 통일성이 없었으나, 이 책의 출현으로 인하여 일정한 법식에 따라 의식을 행하게 되었다.

불상과 불화 등은 단순한 물건도 아니며 또한 단순한 감상의 대상만도 아니라 오직 불佛은 전지전능한 존재로서 5지智를 지니며 길러 내는 힘을 지닌다. 향기를 지녀 전 우주에 가득차게 하고 능히 모든 병환을 다스린다. 복장은 이 같은 불상이 지니는 의미를 5경鏡·5보병寶甁·5곡穀·5약藥 등의 물건을 불상 속에 넣어 상징적 의미를 갖게 하는 것이다. 말하자면 불교 미술에 있어 복장이란 불교 미술을 단순한 감상의 대상만이 아니라 예배의 대상이 되게 하는 의미를 지니게 하는 것이라 할 수 있다. 이를 불교 교리상의 의미에서 보면 밀교적密敎的 성격이 강한 것으로 볼 수 있다.[18]

이 복장은 조성이나 개금 당시의 불교 신앙 경향, 사경 미술寫經美術, 불상 조성의 유래, 작가·발원자들의 신분 등을 이해할 수 있는 귀중한 자료로 높이 평가되고 있다.

2006년 12월 14일 천은사 아미타불의 복장을 조사하는 과정에서 발견된 유물을 종류별로 분석하면 다음과 같다.[19]

---

18 『造像經』, 「腹藏諸物解釋分齊二科說」; 『造像經』, 「大藏一覽經造像品 15則」; 홍윤식, 1986, 「불상·불화에 있어 복장물의 의미」, 『文化財』 19, 국립문화재연구소, 37~45쪽.

19 1983년 개금을 하면서 소개된 腹藏은 1798년에 작성된 「阿彌陀佛願文」과 1922년에 작성된 「三尊像改金後佛禎改彩願文」이다. 이와 함께 看藏寺라 쓰인 『법화경』, 『대승기신론』, '天恩寺' 寺名이 찍힌 목판 경전이 나왔다고 하였다. 그러나 실제 腹藏을 확인한 결과 앞의 願文 2가지만 있고, 나머지 유물은 발견하지 못하였다. 강원도 내에서 복장물과 함께 일괄로 지정된 불교문화재 중 17세기에 조성된 것은 束草 新興寺 木造阿彌陀三尊佛坐像 및 腹藏遺物(유형 제143호: 1651년경 조성)이고, 대부분의 문화재는 1700년대 이후에 조성된 것이다. 1700년대 이후에 조성된 것으로는 楊口 深谷寺 木造阿彌陀三尊佛座像 및 腹藏遺物(유형 제125호)·鵂原鳥寺 木佛坐像 및 腹藏遺物(유형 제130호)·月精寺北臺孤雲庵木造釋迦如來坐像 및 腹藏遺物(유형 제131호)·雲興寺 木造阿彌陀佛坐像 및 腹藏遺物(유형 제132호)·龜龍寺 三藏幀畵 및 腹藏遺物(유형 제136호)·報德寺 四聖殿 後佛幀畵 및 腹藏遺物(유형 제139호) 등이다. 발견되는 腹藏遺物은 대부분 '願文·후령통·典籍·다라니'이다. 강원도 내 불교 관련 문화재 지정 자료는 강원도청 문화재 담당 조승호 박사님께서 제공해 주셨다. 귀한 자료를 제공해 주신 데 대하여 지면으로나마 감사드린다.

천은사 목조아미타불 복장물 개봉 전 모습

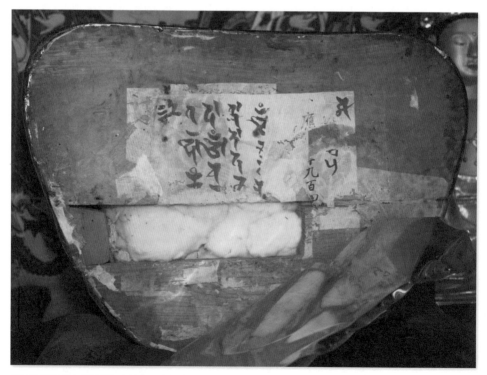

천은사 목조아미타불 복장공과 불상 좌대 밑면

천은사 목조아미타불 복장물 개봉 과정

천은사 목조아미타불 복장물

1) 발원문

『조상경』에는 발원문은 푸른 비단에 붉은 글씨로 증명한 모든 승려, 불상 등을 조성한 사람, 도운 사람, 신도, 연화를 보고 듣고 따라 기뻐하여 도운 사람들의 이름을 일일이 써야 한다고 되어 있다. 그러나 실제 발견되는 발원문은 닥종이에 먹으로 발원문과 기타 내용을 적은 형태로 많이 발견된다.

천은사 아미타불에서 발견된 중수기와 발원문은 총 4장이다. 소개하면 다음과 같다.

가)「중수기」

이「중수기」는 만력 24년 병신, 즉 선조 29년(1596) 닥종이 위에 먹으로 쓴 것인데, 크기는 113㎝×20㎝이다. 자세히 보면 닥종이 3장을 이어 붙여 만들었음을 알 수 있다.[20] 내용은 연대, 중수기라 쓴 제목, 흑악사라 쓰인 사명, 복장 시주한 명단, 중대사와 부속 암자인 오봉암, 영은사에 주석한 스님들의 명단으로 구성되어 있다.

---

20 조선 중기에 종이 사정이 좋지 않아서 왕실이나 고급 관료들은 上品의 중국 종이를 사용하였지만, 일반적으로 劣品의 楮紙나 藁精紙를 사용하였다고 한다(박상국, 1984, 「上院寺 文殊童子像 腹藏發願文과 腹藏典籍에 대해서」, 『한국불교학』 9, 한국불교학회, 87쪽). 이에 天恩寺 阿彌陀佛 내에서 발견된 중수기가 닥종이 3장을 이어 붙여 만들었다는 것은 당시의 종이 부족 상황을 잘 반영한다고 볼 수 있다.

192

내용으로 보아 당시의 사명이 흑악사였다는 것을 알 수 있으며, 임진왜란 와중에 불탄 전각을 중수하고, 훼손된 아미타삼존불을 1596년에 중수하였다고 볼 수 있으며,[21] 중수와 함께 아미타불에 복장 시주하였음을 알 수 있다.

이와 유사한 사례로 오대산 상원사의 문수동자상에서 나온 중수발원문이 있다. 이 발원문은 선조 32년(1599)에 담록색의 명주 바탕에 주사로 쓴 필사본 발원문으로서 다음과 같은 형태로 되어 있다.

皇明萬曆己亥五月日 綠化比丘 智雲 本寺大衆 普明等
同發蓋提之心 重修
童子文殊 一尊 老文殊 一尊 十六聖衆 華嚴會圖 西方會
...[22]

이 「중수기」는 천은사에서 발견된 「중수기」에 비해 불과 3년 늦은 것이다. 그리고 이 「중수기」에는 중수한 사찰이 밝혀져 있지 않은 데 비해, 천은사에서 발견된 「중수기」에는 아미타불을 흑악사에서 중수하였음을 분명하게 밝히고 있다. 이는 아미타불을 중수한 1596년에 이 불상이 흑악사에 봉안되어 있었음을 확실하게 보여 주는 증거이다. 또한 상원사의 문수동자상에서 나온 중수발원문에는 '중수'라는 표현이 위의 자료에서와 같이 보이는데, 이는 1599년에 2구의 문수상, 16구의 나한상과

---

21 임진왜란 중에 절의 탑이 무너지고, 殿宇 1동만 남고 모두 훼손되었다고 「天恩寺紀實碑」와 이후의 기록에서 보인다.

22 박상국, 1984, 「上院寺 文殊童子像 腹藏發願文과 腹藏典籍에 대해서」, 85~86쪽.

탱화 7폭 등을 중수한 사실을 밝혀 주는 내용을 담고 있다. 천은사의 「중수기」에는 비록 중수한 대상을 구체적으로 명기한 것은 아니지만 아미타불 복장물로 발견되었다는 점에서 목조아미타삼존불을 중수하였다고 볼 수 있다.

따라서 '중수기'라는 표현은 사찰의 허물어진 전각을 새로 짓거나 보수하는 의미만이 아니라 퇴락한 불상이나 탱화에 대한 보수를 의미할 수 있으며, 당시 흑악사에서 훼손된 아미타삼존불을 중수하고 복장 시주를 한 후 봉안하였음을 보여 주고 있다.

1596년 중수라는 편년과 불상의 양식학적인 특징, 그리고 작은 닥종이 3장을 이어 붙여 만든 중수기임을 고려하였을 때 조선 시대를 전·중·후기로 구분한다면, 이는 전기에서 중기 사이에 조성된 불상이라는 좀 더 구체적인 증거로 제시될 수 있다.

이 중수기와 함께 발견된 「삼존상개금후불탱개채원문」에 다음과 같은 기록이 보이는데, 이 문서 또한 천은사 아미타삼존불이 시기적으로 1596년 이전에 조성되었다는 것을 증명해 주고 있다.

> …
> 大師西山改黑岳
> 住持法能彩金像
> 時年萬歷丙申秋
> …23

---

23 「三尊像改金後佛幀改彩願文」(1922).

여기서 '住持法能彩金像'이라 쓴 기록으로 보아 당시 주지 법능이 처음 불상에 금金을 입힌 것으로 볼 수도 있으나, 위 중수기에 불상을 처음 조성하였다는 어떤 단서도 확인할 수 없기에 단정할 수는 없다. 다만 위에서 설명한 바와 같이 '腹藏施主'라 기재되어 있는 것으로 보아 1596년 당시에 목조아미타삼존불을 수리하여 모셨던 것은 확실하다고 볼 수 있다.

그러나 당시 흑악사를 중수한 후 불상 조성 또는 불상에 금을 입혔다면 앞부분에 원문이 적혀 있어야 하는데, 이와 관련한 내용은 없다. 원래 앞부분에 원문이 있었으나 몇 차례에 걸친 개금 과정에서 이어 붙인 앞부분이 없어졌거나, 또 다른 문건의 발원문이 존재하였을 가능성은 있으나, 확인할 수 없다.[24]

그리고 이 「중수기」는 흑악사와 함께 중대사의 부속 암자로 오봉암이 보인다. 지금까지 중대사나 삼화사의 부속 암자로 오봉암의 존재는 알려지지 않았다. 당시에만 있었던 암자인지, 그 명칭이 후대에 바뀌었는지는 알 수 없으나, 중대사의 부속 암자로 오봉암이 있었음을 처음으로 알려 준다는 면에서 중요하다. 그리고 1592년 발생한 임진왜란으로 삼화사와 천은사도 그 피해를 입었다고 후대의 기록에 보인다. 특히 삼화사는 임란 중에 약사전을 제외하고 불에 탔으므로 무릉계곡에 위치한

---

24 전주 삼경사 阿彌陀佛坐像(숙종 34, 1708)의 복장에서 나온 조상 기문은 조성 연대, 불상 명칭, 봉안처, 시주와 연화질, 조상 동기 등의 순으로 쓰여 있다. 이와 함께 불상 대좌의 바닥에 韓紙에 朱書된 종이를 붙여 놓았는데 일부분만 남아 있으나, 불상의 발원문일 것으로 추정하였다(최인선, 2004, 「전주 삼경사 목조불상 2구와 복장물」, 「문화사학」 21, 한국문화사학회, 87쪽). 天恩寺 阿彌陀佛 복장에서 발견된 유물이 「중수기」이지만 내용 중 앞부분 구성이 전주 삼경사 阿彌陀佛坐像에서 나온 조상 기문과 비슷하다고 볼 수 있고, 天恩寺 阿彌陀佛의 불상 대좌 바닥에도 정확하게 판독할 수는 없지만 한지에 주서된 종이가 몇 겹으로 붙여져 있는 것으로 보아 비록 현재 글자를 확인할 수는 없지만 어떤 형태로든 발원문이 있었다고 추정할 수 있다.

중대사로 이전하였다고 볼 수 있다. 이에 당시 흑악사 아미타불의 중수에 중대사 스님들이 관여한 것으로 보인다.

또한 『삼척군지』(심의승, 1916)를 비롯한 각종 기록에 1599년 청허 대사가 사명을 흑악으로 바꾸었다고 기록되어 있으나, 위 중수기에 이미 '흑악'이라는 사명이 보이는 것으로 보아 이는 사실이 아닌 것으로 보인다. 이와 함께 당시 스님들의 지위와 관련하여 '禪宗參學·禪伯·參學·乙科禪伯·禪宗乙科·禪參·沙彌·住持'라는 명칭이 보인다. 이는 당시 이 지역의 사찰이 참선을 중시하는 전통을 지녔음을 알 수 있으며, 사찰 내 승려들의 위계를 보여 주는 사례로 볼 수 있다.

그런데, 「중수기」 하단부에 '本寺住持法能/本寺住持性惠'라고 적혀 있다. 「삼존상개금후불탱개채원문」에 당시 법능이 흑악사 주지라 하였기에, 본사주지本寺住持 성혜性惠가 어느 사찰의 주지인지는 확실하지 않고, 더욱이 본사주지 2명을 연이어 기록한 것은 이해할 수 없는 부분이다.

나) 「아미타불원문」

「아미타불원문」은 가경 3년 무오(정조 22, 1798) 4월 16일~5월 7일 사이에 용파 대사가 화주가 되어 중수한 후 아미타삼존불을 개금하면서 작성한 발원문이다. 닥종이 위에 먹으로 쓴 것인데, 크기는 80cm×67cm이고, 발원문의 뒷면에는 십바라밀을 붉은 글씨로 2개를 그려 놓았다. 내용은 불상 명칭과 조성, 사찰의 창건, 개금 관련 연혁, 사찰의 연혁, 당시의 개금과 관련하여 관여한 승려들이 포함된 시주질施主秩·연화질緣化秩·송주질誦呪秩·공양주질供養主秩·정통질淨桶秩·양공질良工秩·삼강질三綱秩·산중질山中秩·본사노덕질本寺老德秩 등으로 구성되어 있다.

원문에는 불상의 명칭을 미타불이라 하였으며, '幾千年之古尊像'이라 하여 불상이 오래전에 조성되었다고 하였으나, 그 정확한 시기는 알 수 없다. 그러나 「중수기」에서 1596년에 불상을 중수하고 복장 시주하였다고 하였으므로, 조성 시기는 1596년 이전으로 추정할 수 있다. 그리고 사찰의 옛 명칭이 문적文籍을 참고하여 '백련사 → 간장'이라 하면서, 현재는 '흑악'이라 하였다. 이와 함께 병신년(영조 12, 1736)에 해운당이 개금을 하였고,[25] 무오년(정조 22, 1798) 여름에 용파 대사가 중수하였으며, 같은 해 4월 16일~5월 7일 사이에 용파당 도성道性이 화주가 되어 다시 개금하였음을 보여 주고 있다.

이때 양공질에 기록된 조각장이 도화원 팔정都畫員八正·화원 도건畫員道建·화원 성일畫員性日·화원 보찬畫員普贊·화원 찬화畫員贊和인 것으로 보아 스님들이 개금 작업을 주도하였음을 알 수 있다. 조선 중후기에 불상을 조성할 때 대부분 스님들이 조각장으로 등장하는데, 당시 흑악사에도 이와 같은 추세가 반영되었다고 볼 수 있으며, 차후 이 스님들이 어느 계열에 속하는지 그 계보가 파악된다면 조선 후기 불상 조각사 연구에 많은 도움이 되리라 생각한다.

그리고 화주 중에 조원암祖院菴에서 개금화주改金化主로 참여한 회언會彦이 보인다. 각종 문헌에 조선 시대 천은사의 부속 암자로 조운암祖運庵과 화엄암華嚴庵이 주로 소개되는데, 이 기록에 의하면 개금한 1798년경에는 조운암이 조원암으로 불렸다고 볼 수 있다.

이와 함께 대시주질大施主秩 명단에 호장戶長·이방吏房이 등장하는 것으

---

25 '丙辰改金海雲堂'에서 丙辰年은 龍波大師가 重修한 年代가 戊午年(정조 22, 1798)이고, 海雲堂大禪師 坦淑 浮屠碑에 해운당이 乾隆十一年丙寅(영조 22, 1746) 閏三月初九日에 入寂한 것으로 기록되어 있는 것으로 보아 역산하면 병진년은 영조 12년(1736)이다.

로 보아 삼척도호부 내의 일부 향리들이 불사에 참여하였음을 알 수 있다.[26] 또한 스님들의 법명 앞에 통정대부通政大夫나 가선대부嘉善大夫와 같은 품계가 기재되어 있는 것으로 보아 당시 이곳에 주석한 스님들 중에서 국가로부터 품계를 받은 예가 많았음을 알 수 있다.

또한 이 발원문을 통해 당시 흑악사와 산내 암자에 50여 명의 승려들이 주석하였음을 알 수 있다. 이것은 당시 흑악사의 사세가 매우 컸다는 사실을 보여 준다.

다) 「삼존상개금후불탱개채원문」

「삼존상개금후불탱개채원문」은 정유년(1897)부터 경신년(1920)에 이르기까지 24년간의 불사를 마무리한 후, 천은사 입구에 천은사의 내력과 중수 과정을 기록한 「천은사기실비」를 1921년에 건립하고, 다음 해인 세존 응화世尊應化 2949년 2월 5일, 즉 1922년에 당시 천은사 주지였던 혼해混海 한종漢宗이 발원하고, 운곡 대선사가 화사로 참여하여 목조아미타 삼존불을 개금하고, 후불탱화를 개화하면서 작성한 발원문이다.[27] 닥종이 위에 먹으로 쓴 것인데, 크기는 103cm×68cm이고, 발원문을 작성한 연대 아래, 즉 주도한 주지 혼해 한종 오른쪽 옆에 '天恩寺印'과 '天恩寺住持印'이라 새긴 사각 도장 2개를 붉은색 인주를 사용하여 찍었다.

내용은 창건 시기와 연혁, 불상 명칭, 사명 변경과 중수 과정, 개금 과정, 사찰의 사방 경계, 연대와 직원질職員秩·화공질化工秩·산중질山中秩·불

26　洪永鎬·金道賢, 2003, 「三陟市 未老面 天恩寺의 佛像 考察」, 29쪽.

27　이 발원문과 「阿彌陀佛願文」에 대한 일부 내용 분석은 다음 논문을 참고할 수 있다. 洪永鎬·金道賢, 2003, 「三陟市 未老面 天恩寺의 佛像 考察」, 28~30쪽.

사임원록佛事任員錄(설주說主·증명証明·화주化住·송주誦呪·병법秉法[28]·공사供司·도감都監·사정司丁) 등으로 구성되어 있다.

발원문에는 천은사가 당 태화 3년 기유, 즉 흥덕왕 4년(829) 범일에 의해 창건되었으며, 당시 사명이 '백련'이라 소개하고 있다. 불상은 지장地藏·관음觀音·미타불로 '三尊像毫同時製'라 표기한 것으로 보아 삼존불이 같은 시기에 제작되었음을 알 수 있다. 이와 함께 고려 시대에 백운白雲·도안 법사道眼法師·휴휴 거사에 의해 각각 중수되었으며, 사명이 '백련 → 간장 → 흑악 → 천은사'의 순으로 바뀌어 가는 과정을 소개하고 있다. 불상의 개금과 관련하여 고려 시대에 이승휴 선생이 개금하였으며,[29] 주지 법능이 1596년, 해운당이 1736년, 용파당이 1798년에 개금을 하였으며, 발원문을 작성한 1922년에 다시 개금하게 되었음을 소개하였다.[30]

내용 중에는 당시 천은사의 경계도 기록하였는데, 석탄石灘·고기古基·염불암念佛巖·신리辛梨를 절의 사방 경계로 설정하였음을 알 수 있다. 또한 사찰을 운영하는 주지·감사監事·감원監院을 '직원질'이라는 항목 아래에 기재하였다. 당시는 일제강점기로서 삼척 향교 운영의 최고 책임자도 '직원'이라 지칭한 예에서 알 수 있는 바와 같이 사찰이나 향교·서원 등의 책임자나 간부들을 획일적으로 '직원'이라 하였음을 알 수 있다.

그리고 당시 승려들의 위계가 대덕·중덕·견덕·대선 등으로 구분되어 있음을 알 수 있는데, 불교계에서 지금도 이와 같은 위계가 정립되어

---

28 의식 법요를 집행하는 승려.

29 고려 후기에 이승휴 선생에 의해 看藏寺가 만들어진 것을 제외한 다른 사실들에 대한 사실 여부는 확인할 수 없다.

30 앞의 단원에서 분석한 바와 같이 阿彌陀佛 복장에 같이 소장되어 있는 「重修記」와 「阿彌陀佛願文」에서 이를 증명하는 기록을 확인할 수 있다.

있다고 한다. 개금불사와 관련하여 임명된 임원으로 설주·증명·화주·송주·병법·공사·도감·사정이라는 직책이 보이는데, 이는 1798년에 개금을 하면서 작성한 「아미타불원문」에서도 발견할 수 있었던 직책이다. 200여 년 이상이 지났어도 그 격식은 큰 변화가 없었음을 알 수 있다.

또한 이 발원문을 통해 당시 천은사를 비롯한 인근 사찰과 암자에 25여 명의 승려들이 주석하였음을 알 수 있다. 이것은 당시 흑악사의 사세가 18세기보다는 줄었지만, 여전히 일정 규모의 사격을 갖춘 사찰이었음을 보여 주고 있다.

라) 「삼존불개금발원문」

「삼존불개금발원문」은 불기 2527년 계해년(1983) 2월 13일 당시 주지 스님인 운허당 일봉 선사가 1972년 부임하여 폐허된 절을 중창하여 사격을 갖춘 후 화주가 되어 목조아미타삼존불을 개금하면서 작성한 발

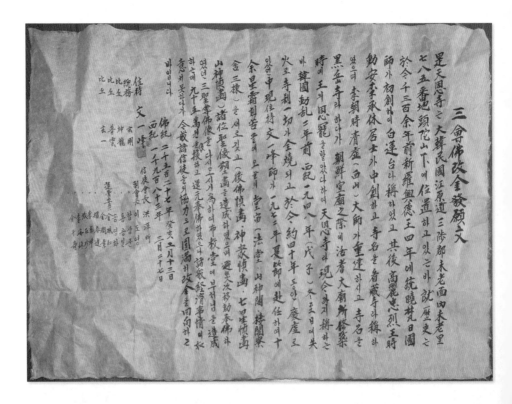

원문이다. 한지 위에 먹으로 쓴 것인데, 크기는 103㎝×68㎝이다. 내용은 사찰의 명칭과 연혁, 중수 과정, 발원, 연대와 화주 및 신도 대표 명단 등으로 구성되어 있다.

마) 기타

1922년에 개금을 할 때 개인적으로 1장으로 된 발원문을 직접 작성하여 봉안한 예가 다음과 같이 있다. 다음의 '南無佛說無碍大悲心百天大舜'은 직접 필사하여 작성되었는데, 열해涅海 비구 근서謹書 한종漢宗, 즉 당시 천은사 주지였던 한종이 작성한 것이다.

---

* 「남무불설무애대비심백천대다南無佛說無碍大悲心百天大舜」
* 일시: 임술(1922)[31] 3월 염일念日
* 크기: 34㎝×40.5㎝

---

2) 시주기

가) 시주질

응화 2949년(1922) 2월에 작성된 시주질로서 닥종이 위에 먹으로 쓴 것인데, 크기는 80㎝×67㎝이다. 1922년 천은사에서 아미타삼존불을 개금할 때 시주한 것으로 보이며, 당시 영은사 주지 조회염 외 7명, 신흥사 주지 권태하 외 3명이 시주하였음을 알 수 있다.

---

31 1922년에 개금할 당시 天恩寺 주지였던 한종이 기재되어 있는 것으로 보아 임술년은 1922년이다.

나) 「강원도삼척군천은사극락전개금시주기」

웅화 2950년 계해(1923) 원월에 작성된 시주기로서 닥종이 위에 먹으로 쓴 것인데, 크기는 65㎝×40㎝이다. 1922년 천은사에서 아미타삼존불을 개금할 때 시주한 것으로 보이며, 당시 월정사·삼화사·보덕사와 강학 송姜鶴松을 비롯한 5명이 시주한 내역을 주지 한종이 구체적으로 기입한 문건이다. 그런데, 「삼존상개금후불탱개채원문」은 1922년에 제작되었는데, 이 시주기는 1923년에 작성되었다. 1923년에 작성된 문건으로 「셔천불설팔만딕장경목녹」도 복장물로 발견되었는데, 이는 개금 후 1923년에 복장을 봉납하였음을 나타내는 것으로 볼 수도 있다.

3) 불경

가) 전적典籍

불상을 안치할 때 불상의 복장에 기본적으로 봉헌하는 복장물 중의 하나가 경전이다. 주로 『묘법연화경』·『능엄경』·『화엄경』·『원각경』·『육경합부』 등을 봉안한다.

천은사 아미타불의 복장물로 발견된 전적은 '성주사인聖住寺印'이 있는 『능엄경』 2권과 『묘법연화경』 3권, 그리고 1983년 개금 후 봉납한 『(국역) 동안 거사 문집』·『이승휴와 제왕운기』 논문집 등이다.[32] 지금까지 '간장사'라는 사명이 기재된 전적이 복장물로 존재한다고 여겨 왔으나, 확인한 결과 이는 사실이 아님이 밝혀졌다.

---

32 삼척 新興寺, 당시 雲興寺 般若庵에 봉안하기 위해 조성한 雲興寺 木造阿彌陀佛坐像(1700년경 제작)의 복장물 중에 典籍으로 法華經이 발견되었는데, 이것은 1659년에 다시 印出한 경전이다.

나) 대장경 목록

1922년에 개금을 할 때 개인적으로 1장으로 된 경전이나 경전 목록을 직접 적어서 봉안한 예가 다수 발견되고 있다.

다음에 소개한 것은 「불설고왕관세음경」을 직접 작성하여 봉안한 예이다. 승려가 작성한 것으로 보이며, 직접 필사하여 작성하였음을 알수 있다. 「불설고왕관세음경」과 『불설몽슈경』을 한글로 쓴 것으로 마지막 부분에 불상을 조성한 공덕으로 모두가 함께 불도佛道를 이루자는 기원과 함께 돌아가신 부모님의 극락왕생을 기원한다는 내용을 담고 있다.

① 「불설고왕관세음경」
• 일시: 응화 2949년(1922) 임술 납월 20일
• 크기: 71cm×38cm

그리고 아미타불 복장 중에 1장으로 된 「서천불설팔만대장경목록」을 한문이나 한글로 직접 적은 것이 다음과 같은 5종류가 발견되었는데, 정리해 보면 다음과 같다.

② 「서천불설팔만대장경목록」 1
• 작성 일시: 응화 2949년(1922)
• 크기: 편지지 양식(18.5cm×26.5cm)/펼친 크기(37cm×26.5cm)
• 봉안자: 정기화鄭基華[33]/두타산 천은사
• 기타: 위 문건은 직접 필사하여 작성되었으며, 포장한 후 겉에 '謹封'

과 '南無阿彌陀佛'이라 쓴 종이로 포장하여 보관하였다. 그리고 생전
의 안락安樂과 사후의 극락왕생極樂往生을 발원하는 내용으로 마무리
하였다.

③ 「서천불설팔만대장경목록」 2
- 일시: 12월 28일
- 크기: 73cm×38cm
- 기타: 위 문건은 직접 필사하여 작성되었는데, 뒷면에는 남무아미타불
  南舞阿彌陀佛이라 적은 후 세장방형으로 접고 겉에 '謹封'이라 쓴 종이
  로 포장하여 보관하였다.

④ 「서천불설팔만대장경목록」 3
- 크기: 60cm×39cm
- 봉안자: 박수영朴壽永
- 기타: 위 문건은 직접 필사하여 작성되었는데, 작성 연대가 표기되어
  있지 않다.

⑤ 「셔천불셜팔만디장경목녹」 1
- 연대: 디형십이연(대정 12년, 1923) 니월일
- 봉안자: 윤용하
- 크기: 65cm×40cm
- 기타: 위 문건은 직접 필사하여 작성되었는데, 한글로 쓰여 있다. 복장
  을 직접 써서 봉안하면서 복장에 합장예배함을 적어 두었다.

⑥ 「셔천불셜팔만디장경목녹」 2
- 크기: 71cm×38cm

• 기타: 작성자와 작성한 연대를 알 수는 없고, 직접 필사하여 작성하였는데, 한글로 쓰여 있다. 그리고 팔만대장경 목록과 권수만 적었고, 개인적인 발원문 등은 전혀 없다.

1장으로 제작된 「서천불설팔만대장경목록」은 한문으로 쓴 것이든, 한글로 쓴 것이든 그 내용은 동일하다. 즉, 각종 경전 이름과 권수를 직접 적었는데, 이와 같이 작성하여 복장물로 봉안하는 개인적인 이유는 팔만대장경을 다 읽어 그 법을 깨쳤으므로 현생 안위와 극락왕생을 발원하기 위해 적어 봉안한 것 같다.[34] 그리고 이 목록을 작성한 발원자들이 「삼존상개금후불탱개채원문」이나 「시주질」에서 보이는데, 이는 천은사나 인근 지역의 사찰에 주석하였던 승려들이 주로 목록을 작성하여 봉안하였음을 알 수 있다.

위의 자료 ②, ③, ④, ⑤, ⑥은 평안도 묘향산 상원암에서 중간한 「셔천불설팔만디장경목녹」을 한문이나 한글로 1장에 직접 옮겨 쓴 것인데, 자료 ⑥을 제외한 나머지 4개의 자료는 생전의 안락과 사후의 극락왕생을 발원하는 내용으로 마무리한 후 발원 일시나 발원자를 마지막 부분에 부기하였다. 이에 비해 자료 ⑥은 「셔천불설팔만디장경목녹」만을 한

33　鄭基華는 「三尊像改金後佛幀改彩願文」에 職員秩의 監院 ·大禪 ·佛事任貝錄의 供司에 각각 이름이 올려져 있는 것으로 보아 天恩寺를 이끌어 가는 간부급의 승려로 볼 수 있다.

34　서울 안양암에서도 1916년에 제작된 佛說八萬大藏經目錄 목판이 있다. 이 목판의 상단에는 佛說八萬大藏經目錄을 나열하고, 하단에는 여러 종류의 부적들을 배열하였다. 상단의 2점을 포함하여 모두 24가지의 다양한 부적이 새겨져 있는데, 이것으로 볼 때 佛說八萬大藏經目錄을 직접 쓰거나 목판으로 제작된 것을 종이에 찍어 봉안함으로서 개인적으로 현생안위와 극락왕생을 발원하였음을 알 수 있다.

글로 옮겨 적어 봉안한 자료이다.

이것으로 보아 「서천불설팔만대장경목록」을 직접 써서 봉안할 경우 대부분 개인적으로 발원할 내용과 작성 시기·작성자를 부기하였음을 알 수 있다. 물론 개인적인 발원 내용은 현생에서의 안위와 사후 세계에서의 극락왕생을 기원한다는 내용이 공통적으로 보인다.

4) 진언류

불복장물 중 많은 부분을 차지하는 것은 낱장의 형태로 이루어진 진언류이다. 이들은 불상 속의 공백 부분을 채워, 훼손을 방지하려는 실제적 목적을 가지고 있었으며, 이 외에도 법신法身의 불은佛恩을 얻어 구경에 이르게 한다거나 또는 진언을 독송함으로써 현세에서 소재기복消災祈福할 수 있다는 믿음 때문에 납입된 것들이다.

진언류를 납입한 목적을 구체적으로 알아 보면 다음 2가지로 요약할 수 있다.

첫째, 실제적인 목적으로 충진의 기능을 하기 위해서이다. 불복장에 있어서 후령을 싼다든가 복부의 하단부터 불상의 속 내부와 직접적으로 다른 복장물이 닿지 않도록 다라니를 뭉쳐 넣어서 공간이 없도록 하여 충격이나 마찰을 일으키지 않도록 하려는 것이다. 이에 낱장의 진언류는 한 장짜리도 있으나, 대체로 동일한 내용의 것을 적게는 서너 장에서 많게는 수십 장을 판본 하나를 바탕으로 찍어 납입한다.

둘째, 낱장의 진언류를 납입한 것은 불상 안의 납입물을 보호하기 위해서이다. 낱장의 진언류 중에서 특히 '일체여래심비밀전신사리보협인다라니'와 같이 그 역할이 신물信物을 보호하는 의미를 가진 진언이 많다. 여기에 종교적인 목적도 있는데, 인쇄나 필사된 진언의 기능이 우주

206

의 원리와 자아의 일체를 나타내는, 즉 보제심菩提心을 키워 법신의 불은을 얻어 구경에 이르게 한다는 목적이다.[35]

낱장의 진언류에는 일체여래심비밀전신사리보협인다라니가 가장 많고, 이 외에도 정본능엄주, 능엄소주, 삼실지(비밀실지, 입실지, 출실지)[36]가 있다. 그리고 불복장에서 낱장의 진언류는 실담 문자로만 표기된 것도 있고, 한자나 한글로 표기된 것도 있다. 진언류를 한곳에 모아서 정리한 진언집은 만연사본(1777)과 망월사본(1800)이 대표적으로 전한다.

천은사 아미타불 복장에서 발견된 진언류는『천수다라니경』목판본과 실담 문자와 불교 부적으로 구성되어 '강원도 삼척부 두타산 흑악사 각판'이라 쓰인 목판본이다. 소개하면 다음과 같다.

가) 『천수다라니경』 목판본[37]

이 다라니경의 전체 크기는 72cm×48.5cm, 인쇄된 판각 크기는 35cm ×18.5cm이다. 가로 15줄, 세로 10행의 목판본이다. 이 경은 제목도 없으며 뒤에 간기刊記도 없이 오로지 범어로만 일정한 간격을 유지하여 판각되었는데, 각각의 범어에 원형의 테두리를 둘렀다. 모두 2묶음, 총 18장이 발견되었으며, 묵서가 있는 다라니경도 없어서 특별히 개인적으로 시주한 것은 아니고, 불상 안의 납입물을 보호하거나 충진充振의 기능을 하기 위하여 납입한 것으로 보인다. 실제로 이 다라니경 묶음은 복장물을

---

35 안주호, 2005, 「불복장 문헌자료의 표기 양상 연구」, 『어문학』 88, 한국어문학회, 30~32쪽. 진언류가 잘게 구겨졌던 흔적이 보이는 것은 위의 목적에 부합하여 사용되었음을 나타낸다고 볼 수 있다. 그런데, 대체로 사찰에서 개금불사 시에는 이러한 것을 태우는 것을 원칙으로 하므로 그 전체 규모를 파악하는 데는 어려움이 있다고 한다.

36 법계를 구현하려는 염원에서 작성된 것이다.

개봉할 때 아미타불 좌대의 맨 아래의 입구에서 발견되었다. 1묶음은 접은 후 오색실을 이용하여 십자형으로 묶었다.[38]

나) 강원도 삼척부 두타산 흑악사 각판

이 각판은 2장이 1묶음으로 접혀진 형태로 발견되었는데, 전체 크기 46cm×34cm, 인쇄된 판각 크기 35.5cm×18.5cm이다. 좌측 다라니는 각 줄당 11자, 마지막 줄은 9자, 총 42자가 4줄로 되어 있으며, 우측 다라니는 각 줄당 13자, 마지막 줄 11자, 총 76자가 6줄로 새겨져 있음을 알 수 있다. 상단 중앙에는 화합부를 비롯한 2개의 부적이 크게 새겨져 있고, 하단부에는 17개의 불교 부적과 이에 대한 각각의 부적명이 기재되어 있다. 불교 부적 17개를 오른쪽부터 왼쪽 방향으로 순서대로 정리해 보면 다음과 같다.

① 避熱符 ② 救産符 ③ 破地獄生佛土④ 滅罪成佛果 ⑤ 萬刧不受生死 ⑥ 諸罪能滅 ⑦ 善神守護 ⑧ 所望成就 ⑨ □□□□□ ⑩ 鬼神不侵 ⑪ 當得見佛 ⑫ 當生淨土 ⑬ 見君密護 ⑭ 爲貴人念 ⑮ 自然遠椎三災 ⑯ 能爭訟之厄 ⑰ 能産印朱書呑之卽出

---

37 陀羅尼는 한량없는 뜻을 지니고 있어 모든 악한 法을 버리고 한량없이 좋은 법을 지니게 한다는 불교 용어이다. 속초 신흥사에는 조선 후기에 제작된 것으로 추정되는 다라니 목판이 있다(조계종불교문화유산발굴조사단 편, 『한국의 사찰문화재(강원도)』, 문화재청·조계종불교문화유산발굴조사단, 2002, 32쪽). 이와 같은 목판은 천은사에도 있었다고 볼 수 있는데, 화재로 인해 현재 남아 있지 않다.

38 강원도 유형문화재 제136호로 지정된 龜龍寺 三藏幀畵에 봉안된 복장물 중에도 陀羅尼가 1매 발견되었는데, 朱書로 '一切如來 秘密全身舍利 寶篋陀羅尼'라고 한자로 제목을 쓴 후 내용은 梵字로 쓰여 있다.

간기가 없어 언제 작성한 것인지는 알 수 없으나, '흑악사'라 쓰인 사명으로 보아 16세기 이후 작성된 것으로 보인다.

부적 아래에 멸죄성불과滅罪成佛果·자연원추삼재自然遠椎三災·능피쟁송지액能避爭訟之厄·당득견불當得見佛·멸죄성불과滅罪成佛果 등의 내용이 있어 삼재 등 모든 액에서 벗어나고 귀신이 침범하지 말며, 부처님에게 의지하여 정토에 태어나기를 기원하기 위해 만들어진 불교 부적임을 알 수 있다.

사찰에서 부적을 사용한 전통은 매우 오래되었는데, 이에 대하여 김영자는 팔만대장경에 수록된 부적과 수원 용주사 탑에서 나온 부적을 통해 외침을 극복하는 것과 동시에 개인의 발원이 부적으로 표현된 것으로 보아 고려 시대에 이르러 부적이 정형화되었다고 하였다. 이는 서울 안양암에 소장된 1916년 제작한 불설팔만대장경목록판[39]에 용주사 탑에 부장한 부적이 모두 수록되어 있음을 통하여 알 수 있다고 하였다.[40] 필자가 조사한 천은사 아미타불에서 발견된 부적도 수원 용주사 탑에 부장된 부적이 대부분 수록되어 있었다.

그리고 조선 시대에 조성된 오대산 중대 사자암 목조비로자나불좌상에서 발견된 복장물 중에는 1456년에 조성된 「중대 사자암 목조비로자나불 범서中臺獅子庵木造毘盧遮那佛梵書」라 명명된 목판 인쇄본이 있다. 영가부부인永嘉府夫人 신 씨와 영순군아기永順君阿technology 이 씨가 시주한 것으로 상단 중앙에는 화합부를 비롯한 2개의 부적이 크게 새겨져 있고, 상단 오른쪽 아래와 하단부에는 18개의 불교 부적과 이에 대한 각각의 부적명이 기재

---

39 서울시 종로구 창신동에 있는 안양암에 소장되어 있는 이 목판은 상단에 팔만대장경 목록을 적고, 하단에 총 24개의 부적을 수록한 것이다.

40 김영자, 2007, 『한국 부적의 역사와 기능』, 고려대학교 대학원 박사학위 논문, 2쪽, 36~39쪽.

되어 있는데,[41] 천은사 아미타불에서 발견된 부적이 대부분 수록되어 있다. 수원 용주사 탑에 부장된 부적이 팔만대장경에 수록된 부적을 나름대로 취사선택하였다고 볼 때, 천은사 아미타불과 오대산 중대 사자암 목조비로자나불좌상에서 발견된 부적 또한 안양암에 소장된 불설팔만대장경목록판에서 보이는 부적처럼 고려 시대에 제작된 팔만대장경에 수록된 부적을 조선 시대에도 취사선택하여 모사하고 있음을 알 수 있다.

불교 부적은 위에서 소개한 사례 이외에도 대불정여래진언다라니판에 6개의 부적이 수록되어 있으며, 개별적으로 목판에 새긴 부적도 다수 있는 것으로 보아 고려·조선 시대에 걸쳐 많은 사찰과 민간에서 사용하였음을 알 수 있다.[42]

5) 기타

위에서 소개한 복장물 이외에도 겉에 '阿孔 安心 中'이라 쓰인 접은 형태의 종이 2개가 발견되었는데, 아무런 글씨 없이 겉표지에만 위의 글씨가 쓰여 있다. 펼친 크기는 83cm×50cm이고, 접은 크기는 30cm×11cm이다.

이것은 복장을 막을 때 처음 막고 외부에 원문 등을 써서 외부를 막

---

41 월정사 성보박물관 편, 2002, 『월정사성보박물관 도록』, 월정사 성보박물관, 76쪽. 이와 관련한 사진은 '오대산 중대 사자암 목조비로자나불 범서'이다. 이 사진은 위의 도록에서 전재하였음을 밝힌다.

42 불교 부적에 대하여 김영자 선생님이 많은 자료를 주시고, 조언을 해 주셨다. 지면을 통하여 감사드리며, 불교 부적에 대하여 다음 자료를 참고하였음을 밝힌다. 김영자, 2007, 『한국 부적의 역사와 기능』, 2쪽, 78~92쪽. 이러한 불교 부적은 사찰에서만 사용된 것이 아니라 민묘에서 출토된 복식에서도 발견된다. 이는 무덤의 주인공이 죽음을 맞이하자 극락왕생을 빌기 위해 가족들이 치마저고리 등에 이를 찍어 매장한 것으로서 후손들이 모든 재앙을 쫓아 버리고 고인의 극락왕생을 위한 간절한 염원에 의해 장치한 것으로 볼 수 있다(박상국, 1998, 「파주 금릉리 경주 정씨 분묘에서 출토된 복식에 적힌 다라니와 불교부적」, 『복식연구』 16, 단국대 석주선기념민속박물관, 1~4쪽).

을 때 내부를 막는 중간 구멍 마개 역할을 하거나, 여기에 칠보 또는 금
또는 오곡 또는 경면주사 등을 이것으로 싸서 복장에 넣을 때 사용된 것
으로 추정될 수 있으나, 현재 아무것도 없으므로 예전에 넣은 것이 개금
과정에서 사라진 것인지, 아니면 또 다른 용도로 봉안한 것인지는 알 수
없다.[43]

복장에는 위에서 소개한 복장물 이외에도 한지에 싸인 작은 목불 등
이 발견되었다.

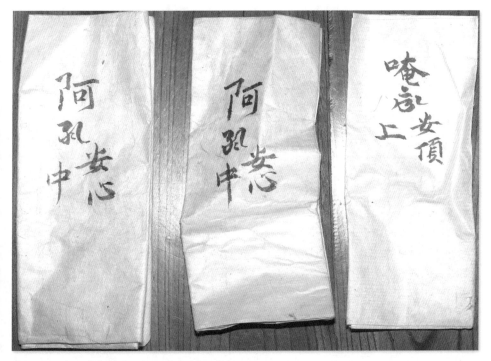

천은사 목조아미타불 복장물 중 '阿孔 安心 中' 묵서墨書

43   복장 발원문 및 승려들의 직책 등에 대해서는 미등 스님이 많은 조언을 해 주셨다. 지면을 통하
여 감사드린다.

오대산 중대 사자암 목조비로자나불 범서梵書

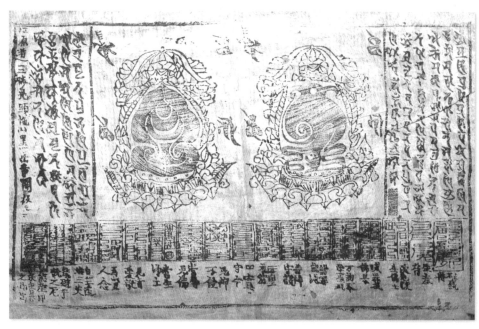

천은사 목조아미타불 복장물 중 강원도 삼척부 두타산 흑악사 각판刻版

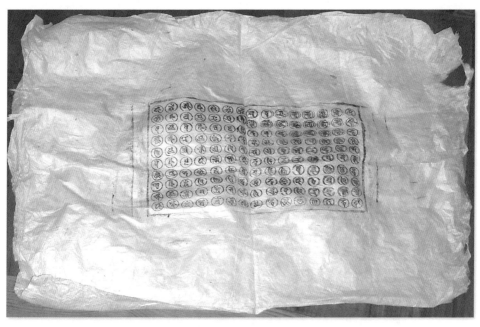

천은사 목조아미타불 복장물 중 「천수다라니경」 목판본

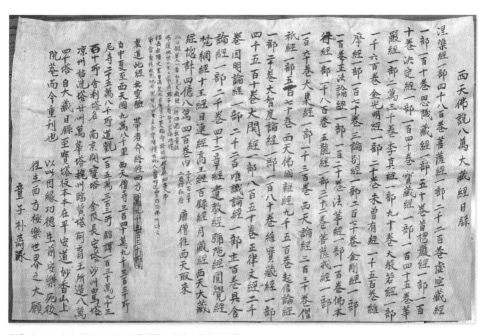

천은사 목조아미타불 복장물 중 「서천불설팔만대장경목록」 1

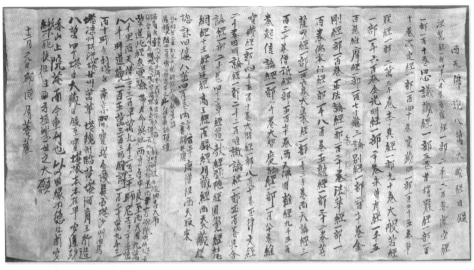

천은사 목조아미타불 복장물 중 「서천불설팔만대장경목록」 2

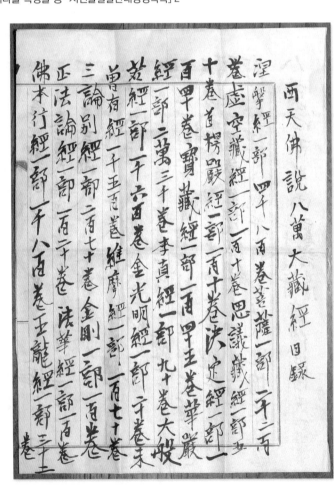

천은사 목조아미타불 복장물 중 「서천불설팔만대장경목록」 3

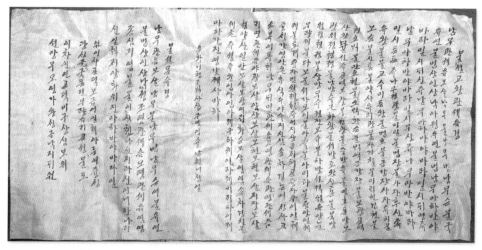

천은사 목조아미타불 복장물 중 「불설고왕관세음경」

천은사 목조아미타불 복장물 중 「묘법연화경」

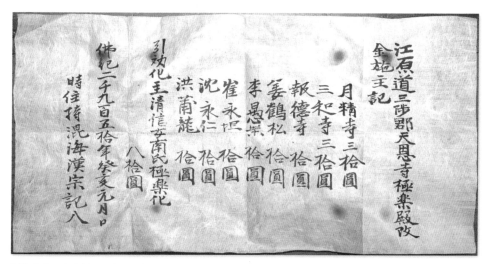

천은사 목조아미타불 복장물 중 천은사 극락보전 개금 시주기

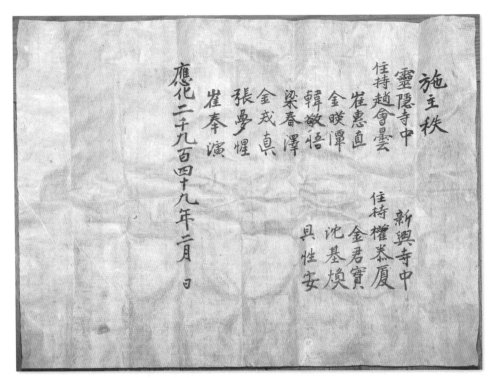

施主秩

靈隱寺中
住持趙會曇
崔惠直
金暎潭
韓敬悟
梁春澤
金戎真
張夢惺
崔奉演

新興寺中
住持權恭厦
金君寶
沈基煥
具性安

應化二千九百四十九年二月 日

천은사 목조아미타불 복장물 중 시주질施主秩

천은사 목조아미타불 복장물 중 소형 목불

마. 천은사 불상이 지닌 의미

어느 절이든 오래된 역사적 유물이 남아 있어 고찰의 아취雅趣를 느낄 수 있다면 더할 나위가 없을 것이다. 그러나 설령 역사적인 불교 유물이 있다 하더라도 그 가치를 미처 몰라보고 지나치는 경우도 허다하다. 전문학자의 손길이 미치기 어려운 지방의 절은 더더욱 유물에 대한 중요성을 발견하지 못하는 경우가 많다. 천은사 역시 이승휴 유적지 외에는 지금까지 불교 유물에 대하여 그다지 관심을 받지 못했다.

하지만 천은사가 소장하고 있는 불상들은 한국 불교 미술사에서 귀중한 자료가 될 수 있다.

금동약사여래입상은 통일신라 최전성기의 양식을 계승한 유물로 천은사 경내에서 출토되었으므로 사찰의 창건 설화와 관련한 하나의 단서가 될 수 있다. 또한 삼척 지역의 불교문화사에서도 최고의 유물이고, 나아가 이 지역에서 약사 신앙이 전파되고 발전하는 것을 설명하는 최초의 유물일 가능성도 있다는 점에 의미를 둘 수 있다.

목조아미타삼존불은 개금발원문의 분석 결과 임진왜란 이전에 조성되었을 것으로 판단되며, 불상의 양식으로도 일치한다. 이 시기는 자료가 부족해 아직 학계에서 연구가 미진한 실정이다. 즉 이 삼존불은 고려 후기 단아 양식의 불상을 계승한 조선 전기의 불상으로부터 조선 후기로 넘어가는 과도기 양식을 대표할 수 있다는 점에서 매우 귀중한 자료이다.

따라서 금동약사여래입상과 목조아미타삼존불은 문화재적 가치도 매우 높다. 이를 계기로 천은사 일대에 대한 종합적이고 체계적인 정밀 조사와 발굴 조사를 통해 천은사의 역사와 사적이 재조명되기를 기대한다.

4. 민속문화재

현재 천은사에 곡물을 갈거나 빻는 데 사용한 맷돌, 통방아, 연자방아, 디딜방아 확이 남아 있어 번성기 천은사의 사세寺勢를 짐작할 수 있다. 이들 민속문화재는 공통적으로 천은사 경내의 지형과 지세를 잘 활용하여 설치되었고, 사용한 돌 또한 자연석의 원래 모습을 최대한 살린 형태로 치석治石하였다.

가. 천은사 맷돌

천은사 맷돌은 공양간 앞 공터에 1기가 있다. 아랫돌은 큰 바위를 치석하여 만든 후 그 위에 윗돌을 만들어 올렸다. 윗돌은 원형으로 만들었는데, 그 크기는 가로 58㎝, 세로 55㎝, 높이 13~15㎝이다. 맷돌을 돌리는 손잡이인 어처구니 삽입 부분 크기는 가로 14.5㎝, 세로 7㎝이고, 곡물을 넣는 구멍 크기는 가로 11㎝, 세로 7㎝이다.

아랫돌의 전체 크기는 가로 180㎝, 세로 170㎝, 높이 80㎝이다. 윗돌과 맞물릴 수 있게 치석한 부분은 바닥 부분을 도드라지게 만들었는데, 그 크기는 지름 60㎝, 높이 5㎝이다. 이와 함께 갈아 낸 곡물이 잘 흘러내리도록 아랫돌 주변을 더 넓게 치석하였는데, 그 크기는 가로 지름 90㎝, 세로 지름 82㎝, 갈아 낸 곡물이 흘러내리는 부분을 포함한 전체 길이 110㎝이다. 일반적으로 사용하는 맷돌보다 크고, 갈아 낸 곡물이 흘러내리는 부분의 경사 각도를 비교적 크게 만들었다.

천은사 맷돌을 제작한 시기는 알 수 없으나, 맷돌의 크기와 아랫돌 형태로 보아 두부를 만들기 위해 조성한 것으로 여겨진다. 이에 1899년

천은사 내 자연석 위에 만든 맷돌(윗돌과 아랫돌)

준경묘·영경묘를 수축하면서 조포사로 지정되었던 시기에 제작되었을
것으로 추정된다.

나. 천은사 통방아와 물길(水路), 방아확

'물방아' 또는 '벼락방아'라고도 불리는 통방아는 수량이 많더라도
물레방아를 설치하기에는 낙차가 충분하지 않은 개울이나 냇가에 설치
된다. 쉰움산 계곡물이 천은사 옆을 지나는데, 낙차가 크지 않기에 하나
의 수로를 통해 공급되는 계곡물을 이용하여 3개의 통방아를 매우 효율
적으로 운영할 수 있는 형태로 제작하였음을 알 수 있다. 계곡물을 공급
하기 위해 돌로 쌓은 수로(길이 약 8m)와 나무 홈통(길이 4.25m)을 이어서 만든

수로를 통해 공급된 계곡물로 첫 번째 통방아를 운영한다. 나무 홈통을 안정적으로 받치기 위해 석축을 8단(높이 122cm)으로 쌓았다. 연결된 3개의 통방아와 수로를 포함한 전체 길이는 90~95m이다. 이 중 첫 번째와 두 번째 통방아를 연결한 수로의 길이는 약 42m이고, 두 번째와 세 번째 통방아를 연결한 수로의 길이는 약 22m이다.

천은사 통방아는 통나무의 한쪽을 구유처럼 길게 파고 다른 끝에 공이를 박아 놓았다. 천은사 계곡물을 돌로 쌓은 축대 위에 설치한 폭 40~60cm, 깊이 22~30cm 크기의 물길(水路)로 끌어들여, 떨어지는 물이 물받이에 가득 차면 물의 무게 때문에 물받이 쪽은 내려앉고 반대로 공이 쪽은 들려 올라간다. 이때 물받이에 담겼던 물이 쏟아지면서 공이는 떨어진다. 이와 같이 위·아래로 시소 형태처럼 움직이는 과정이 반복되어 방아확(호박) 안의 곡식을 찧거나 빻는다. 방아 시설 중 방아머리와 공이, 방아확은 굴피로 지붕을 이은 원추형의 방앗간 내에 설치된다. 방앗간은 굴피로 지붕을 이은 후 직경 21~24cm 크기의 지지대 15개를 칡덩굴로 엮어서 지붕을 고정하였다.

첫 번째 통방아를 기동한 물은 자연석을 이용하여 만든 수로와 통나무 단면을 반원형으로 잘라서 만든 홈통(홈통 폭 54cm, 내부 폭 28cm)으로 연결되어 두 번째와 세 번째 통방아 기동에 사용된 후 계곡으로 흘러내려 간다.

비교적 딱딱한 옥수수 등의 곡물에는 박달나무 공이, 쌀이나 보리 등 무른 곡식 도정에는 소나무 공이를 주로 사용하였다. 그리고 용도에 따라 공이의 형태를 달리하는데, 도정할 때는 뾰족한 공이를 사용하고, 제분할 때는 뭉툭한 공이를 사용하였다. 공이가 닳으면 끝부분을 잘라낸 후 다듬어 사용하였는데, 이때 공이의 길이가 짧아지므로 3번까지만 잘라서 사용할 수 있었다.

천은사 내 통방아 전경

통방아에 사용되었다가 폐기된 방아확

천은사 내 통방아와 수로

    통방아는 벼·피·귀리·청보리·메밀·조·수수·옥수수·콩 등을 도정하는 작업인 찧기와 가루 내는 작업인 빻기에 이용되었다. 폐기된 천은사 돌확의 크기가 전체 지름 115㎝, 돌확 내부 지름 63~64㎝인 것으로 보아 1회에 1가마니 이상의 분량을 도정할 수 있었을 것으로 추정된다.

    천은사 내에 통방아를 3기 설치한 것으로 보아 이를 사용할 당시 천은사와 부속 암자에 주석하였던 스님들이 매우 많았음을 알 수 있다.

다. 연자방아

천은사 내에 연자방아를 구성하였던 윗돌과 아랫돌이 남아 있다. 말이나 소의 힘을 이용하여 한꺼번에 많은 양의 곡식을 찧거나 빻는 데 사용하였다.

천은사 내 연자방아(윗돌과 아랫돌)

라. 디딜방아

천은사 경내에서 디딜방아용 돌확 2개가 발견되었다. 현재 주지채 (용안당) 화단에 보관된 디딜방아확은 직경 24㎝ 정도 크기이다. 감로수를 마실 수 있는 음수대飮水臺로 활용하는 약사전 앞의 돌확은 좀 더 넓게 다듬어졌기에 당시의 크기를 가늠할 수는 없으나, 직경 30㎝ 정도의 크기로 추정된다.

주지채(용안당) 화단에 보관된 디딜방아의 방아확

5장

천은사 내 전각과 불교 민속

1. 동안사와 사찰 내 전각

천은사 사역寺域은 사적 제421호 삼척 두타산 이승휴 유적으로 지정
되어 보호되고 있다. 이승휴 선생을 모신 동안사와 함께 주불전인 극락
보전을 중심으로 삼성각, 약사전, 설선당(인법당), 영월루, 범종각, 용안당,
육화료가 있다. 석물石物은 극락보전 앞에 오층석탑과 석등 2기가 있으
며, 부도는 용안당 좌측 언덕에 배치되어 있다. 소대는 극락보전과 약사
전 사이의 뒤에 설치하였고, 헌식대는 소대 좌측에 있다.

좀 더 구체적으로 소개하면 다음과 같다.

가. 동안사

사적 제421호 삼척 두타산 이승휴 유적으로 지정된 천은사 경내에는 동안 이승휴 선생을 모신 '동안사'가 있다. 1995년 11월에 착공하여 1996년 완공된 동안사는 방형의 담장 내에 정면 3칸, 측면 2칸 크기로 지어졌다. 지붕은 겹처마에 기와를 올린 맞배지붕 형태이고, 건물 정면에 서경瑞景 임규林奎[1]가 '動安祠'라 쓴 편액을 걸었다.

동안사 내부에는 매년 10월 3일 다례제를 지내기 위해 나무로 제작한 제단을 설치한 후 이승휴 선생의 위패를 모셔 두었다.

동안사에 모신 동안 이승휴 위패의 앞과 뒤

---

1 瑞景 林奎(1962~)는 삼척을 중심으로 활동하는 서예가이다. 국전 입선과 초대 작가 등을 통해 한국을 대표하는 서예가로 이름을 떨치고 있다. 삼척을 비롯하여 강원도 내 주요 건물의 편액을 썼으며, 독특한 필법과 전각, 서각은 생동감이 넘친다.

천은사 내 동안사

나. 사찰 내 전각

천은사 내 전각은 극락보전을 중심으로 좌측 뒤 언덕에 삼성각, 우측에 약사전, 약사전 앞에 인법당(설선당)을 배치하였다. 극락보전 앞에는 영월루와 그 아래에 범종각을 세웠으며, 극락보전 앞 좌측에 요사채인 육화료를 설치하였고, 청자 도요지 아래에 용안당을 배치하였다. 사찰 입구에는 일주문이 세워져 있다.

천은사 내 전각 배치 전경

천은사 오층석탑(1993년 조성)

천은사 내 부도와 부도비

천은사 일주문 전경

1) 일주문

천은사 입구에 세워진 일주문은 1993년에 세워졌다. 약간 경사진 곳에 세웠기에 5개의 계단을 기단부에 설치한 후 그 위에 기둥 2개를 세워 일주문을 건립하였다. 공포를 정면과 측면 기둥 사이에도 배치한 다포식 건물이다. 지붕은 겹처마이며, 기와를 올린 맞배지붕이다. 정면에 일중—中 김충현金忠顯[2]이 '頭陀山天恩寺'라고 쓴 편액을 걸었다.

2) 극락보전

천은사의 주불전인 극락보전은 1978년 착공하여 1982년 준공하였다. 1993년에는 기와불사를 하여 청기와를 올렸다.

건물 크기는 정면 3칸, 측면 2칸이고, 기둥 사이에 공포를 배치한 다포식 건물이다. 건물의 정면 2번째와 3번째 기둥과 공포 사이에 황룡과 청룡 조각을 배치하였고, 그 사이에 대산大汕 혜봉惠鳳 스님[3]이 '極樂寶殿'이라 쓴 편액을 걸었다. 지붕은 겹처마에 기와를 올린 팔작지붕 형태이다.

극락보전 내부 상단에는 1596년에 중수하였다는 기록이 전하는 목조아미타불을 주존으로 관세음보살과 지장보살이 협시하고 있다. 화면 중앙부에 석가모니불과 협시보살, 상단에는 제석천과 범천, 십대 제자, 사천왕 등을 그린 후불탱은 불기 2521년(서기 1977년)에 당시 주지였던 일봉 스님이 조성하였다고 쓴 화기가 있다.

---

2   一中 金忠顯(1921~2006)은 동생 여초 김응현(1927~2007)과 함께 20세기 한국 서예를 이끈 양대 산맥으로 꼽힌다.

3   대산 이혜봉 대종사는 15세 이전 사서삼경을 독파하였다. 평양사범학교를 졸업한 후 고종조에 정4품 관직을 받았다. 이후 일봉 서경보 존자 수하에서 득도하였다. 1989년 삼론종을 창종하여 초대 종정에 취임하였다. 2000년 원적하였다.

신중단은 불기 2521년(서기 1977) 7월에 조성한 신중탱화를 걸어 상단 좌측에 설치하였다. 상단 오른쪽에는 불기 2521년(서기 1977) 7월에 조성한 칠성탱화를 모셨다. 대부분의 사찰에서 칠성을 삼성각에 모셨는데, 천은사에서는 치성광여래를 극락보전에 모셨다. 천은사에 치성광여래를 위한 별도 의례는 없으나, 매달 초하루에 치성광여래를 위한 마지를 올린다.

극락보전 내 오른쪽 벽면에는 하단을 설치하여 감로탱을 걸었다. 을축년乙丑年(1985) 7월 1일 당시 주지였던 일봉 스님이 주선하여 최돈규가 시주하고, 금어金魚 홍점석洪㸃錫이 그려서 봉안하였다고 쓴 화기가 있다.

극락보전은 일상적인 불공과 함께 입춘기도, 삼재소멸기도를 비롯한 각종 기도를 하는 공간이면서, 49재 등 천도재를 지내는 공간으로도 활용한다.

천은사 극락보전

천은사 극락보전에 모신 목조아미타삼존불상

천은사 극락보전 내 상단 후불탱화

천은사 극락보전 내 중단(신중단)

천은사 극락보전 내에 모신 치성광여래

천은사 극락보전 내 하단을 장식한 감로탱화

천은사 극락보전 주련

천은사 극락보전 정면 기둥에는 「지장예문地藏禮文」에 실려 있는 선시禪詩를 주련柱聯으로 걸었다. 소개하면 다음과 같다.

> 무량한 광명 속에 백억의 화신불
> 無量光中化佛多
> 우러러 보니 모두가 아미타불이네.
> 仰瞻皆是阿彌陀
> 응신마다 각각 황금빛 나타내시고
> 應身各挺黃金相
> 보계에는 벽옥의 나발 두르셨네.
> 寶髻都旋碧玉螺

3) 범종각

영월루로 오르는 계단 좌측에는 범종각을 배치하였다. 범종각 내에 설치한 범종을 1987년 제작하였고, 건물을 1988년 준공하였다. 1996년에는 기와불사를 하여 청동 기와로 교체하였다.

건물 형태는 정면 1칸, 측면 1칸이고, 기둥 사이에 공포를 배치한 다포식 건물이다. 건물의 정면에 도연陶然 김정金正[4]이 '梵鐘閣'이라 쓴 편액을 걸었다. 지붕은 겹처마에 기와를 올린 팔작지붕 형태이다.

---

4 陶然 金正은 경남 사천 출신이다. 추사체의 대가였으며, 1999년 94세로 타계하였다. 대표작으로 로마 교황청에 있는 敬天之國과 다솔사의 寂滅寶宮이 손꼽힌다.

천은사 범종각

천은사 영월루

4) 영월루

극락보전 맞은편에 세운 영월루는 내부에 도연 김정이 '葆光亭'이라 쓴 편액을 걸었다. 1982년에 완공된 영월루는 정면 3칸, 측면 2칸이다. 1996년에는 기와불사를 하여 청동 기와로 교체하였다. 다른 건물과는 달리 기둥 사이에 공포를 배치하지 않았다. 건물의 정면에 대산 스님이 '映月樓'라 쓴 편액을 걸었다. 지붕은 겹처마에 기와를 올린 팔작지붕 형태이다.

영월루 내부에는 1983년에 설치한 목어, 1990년에 설치한 북과 운판이 있다. 범종각에 설치한 범종과 함께 불교 의식에 사용되는 4가지 법구, 즉 사물이 잘 갖추어진 사찰임을 알 수 있다.

5) 약사전

극락보전 오른편에 건립한 약사전은 천은사 내에서 1985년 출토된 금동약사여래입상을 모신 전각이다. 원래 산신각이 있었던 자리인데, 1948년 화재로 소실되었다. 금동약사여래입상을 모시기 위해 1988년에 준공하였다. 약사전 건물은 정면 3칸, 측면 2칸이고, 기둥 사이에 공포를 배치한 다포식 건물이다. 건물의 정면에 도연 김정이 '藥師殿'이라 쓴 편액을 걸었다.[5] 지붕은 겹처마에 기와를 올린 맞배지붕 형태이다. 1996년에는 기와불사를 하여 청동 기와로 교체하였다.

천은사에서 출토되어 강원도 유형문화재 제148호로 지정된 금동약사여래입상은 월정사 성보박물관에서 보관하기에 약사전 내부에는 이를 확대하여 만든 불상을 조성하여 1989년에 모셨다. 금동약사여래입상

---

5 약사전 편액과 주련은 陶然 金正이 83세였던 戊辰年(1988) 봄에 썼다.

천은사 약사전

천은사 약사전 내 금동약사여래입상과 후불탱화

후불탱은 화면 중앙부에 모셔진 석가모니불을 관음보살과 문수보살이 협시한 형태에 더하여 10대 제자·사천왕 등을 그렸다. 불기 2533년(서기 1989)에 최상철·김창준이 시주하여 조성하였다고 쓴 화기가 있다.

약사전 정면 기둥에는 모든 질병을 치유하고 재앙을 소멸하는 정근인 「약사여래불정근藥師如來佛精勤」을 주련으로 걸었다. 소개하면 다음과 같다.

약사여래 부처님의 십이대원 접한 중생

十二大願接群機

한 조각 슬픈 마음 허공처럼 스러지네.

一片悲心無空缺

범부들의 전도망상 병의 뿌리 깊어지니

凡夫顚倒病根深

천은사 약사전 주련

약사여래 못 뵈오면 업장소멸 어렵다네.

不遇藥師罪難滅

6) 삼성각

산신山神을 모신 산신각의 원래 자리는 현재 약사전이 세워진 자리였다. 천은사 화재로 소실되었다가 일봉 스님이 주석한 이후 해당 자리에 약사전을 지어 천은사에서 출토된 금동약사여래입상과 산신탱을 모셨다.

이후 1982년 현재의 자리에 삼성각을 지어 약사전에 모셨던 산신탱을 이곳으로 모셨다. 극락보전 뒤의 산자락에 건립한 삼성각은 나반존자(독성獨聖)와 함께 산신·용왕을 모신 전각이다. 다른 사찰의 삼성각과는 달리 나반존자(독성)·산신과 함께 용왕을 모신 이유는 동해東海를 잘 조망하고, 그 원력을 받으려는 의지를 담아서 모셨다고 한다. 삼성각 건물은 정면 3칸, 측면 1칸이고, 기둥 사이에 공포를 배치한 다포식 건물이다. 건물의 정면에 도연 김정이 '三聖閣'이라 쓴 편액을 걸었다.[6] 지붕은 겹처마에 기와를 올린 맞배지붕 형태이다. 1996년에는 기와불사를 하여 청동기와로 교체하였다.

삼성각 내부 정면에는 독성탱화를 배경으로 나반존자(독성)를 모시고, 동우東愚 김영경金英卿이 '獨聖閣'이라 쓴 편액을 걸었다. 독성각 우측에 대산 스님이 '山神閣'이라 쓴 편액을 걸고 산신을 산신탱화 형태로 모셨다. 독성각 좌측에는 동우 김영경이 '龍王閣'이라 쓴 편액을 걸고 용왕을 용왕탱화 형태로 모셨다.

---

6 삼성각 편액과 주련 역시 陶然 金正이 83세였던 戊辰年(1988) 봄에 썼다.

천은사 삼성각

천은사 삼성각 내 전경

천은사 삼성각 내 산신각

천은사 삼성각 내 독성각

천은사 삼성각 내 용왕각

산신탱화는 불기 2989년(서기 1962)에 조성하였는데, 탄허 스님이 증명하였다. 독성탱화는 불기 2547년(서기 2003) 최보광명崔普光明이 시주하여 조성하였고, 용왕탱은 화기畵記가 없기에 그 조성 연대를 알 수 없다.

삼성각 정면 기둥에는 산신경山神經을 구성하는 내용 중 신령의 공덕을 찬양하는 소리인 가영歌詠을 주련으로 걸었다. 소개하면 다음과 같다.

옛날 영산에서 부처님의 위촉을 받아
靈山昔日如來囑
강산에 위엄 떨치며 중생을 제도하고
威振江山度衆生

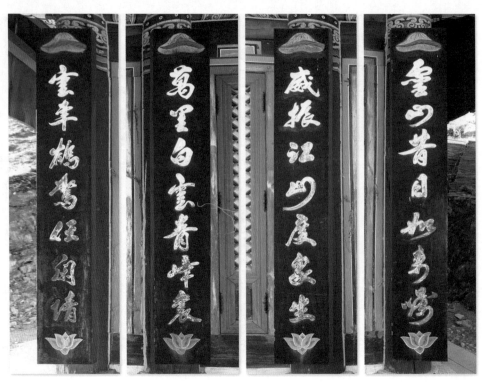

천은사 삼성각 주련

만 리 뻗어 있는 흰 구름과 푸른 산봉우리 속에서

萬里白雲靑嶂裡

학이 모는 구름 수레 타고 한가로이 지내시네.

雲車鶴駕任閑情

7) 용안당

천은사 주지 스님이 머무르는 요사채를 '용안당'이라고 한다. 이승
휴 선생이 10여 년간 머무르며 삼화사에서 불경을 빌려 읽고, 『제왕운
기』를 저술할 때 머무르며 '容安堂'이라 쓴 당호를 현재까지 이어받아서
사용하고 있다.

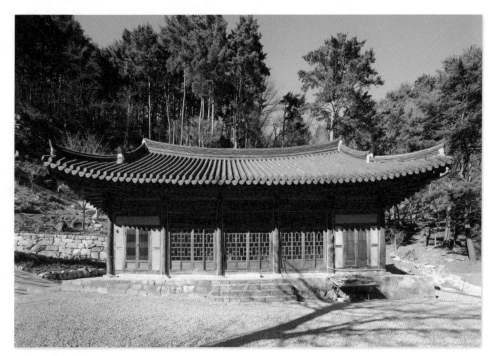

천은사 내 용안당

1982년 현재의 자리에 건립하였던 용안당을 2003년에 허물고, 다시 지어 2004년 준공하였다. 건물 규모는 정면 5칸, 측면 3칸의 목조 건물이다. 지붕은 겹처마에 기와를 올린 맞배지붕 형태이다.

8) 육화료

1972년 6월 10일 천은사에 주지로 부임한 일봉 스님이 방 2칸 부엌 1칸의 가건물에서 부처님을 모셨다. 부임 다음 해인 1973년부터 손수 농사일을 하면서 육화료를 짓기 시작하여 1975년 완공하였다. 당시 육화료는 ㄱ자형으로 지어진 정면 5칸, 측면 5칸 규모의 요사채였다. 지붕은 홑처마 기와집으로 팔작지붕 형태였다.

당시 건물 정면에 '六和寮'라고 쓴 편액을 걸었는데, 탄허 스님이 정

천은사 육화료 편액(탄허 스님 글씨)

천은사 육화료 전경

사년丁巳年(1977)에 쓴 글씨이다.

2004년 육화료를 허물고 삼척 지역 소나무를 이용하여 다시 짓기 시작하여 2005년 상량식을 하고,[7] 2006년 준공하였다. 새로 지은 육화료는 정면 5칸, 측면 7칸이고, 그 형태는 이전의 육화료와 같은 형태인 ㄱ자형 건물이다. 지붕은 겹처마에 기와를 올려서 팔작지붕 형태로 만들었다, 겹처마로 지었기에 이전보다 더 웅장하게 보인다.

9) 설선당(인법당)

설선당은 당호가 뜻하는 바와 같이 말씀을 논하고 참선을 위한 공간이면서, 스님들이 수도하는 건물이다. 처음에는 목조 건물로 정면 5칸 측면 2칸 규모로 설선당을 지어 운영하였다. 1996년에 기존의 건물을 헐고 콘크리트를 사용하여 다시 지었는데, 정면 8칸, 측면 5칸 규모의 2층 건물(극락보전 방향에서 보면 지상 1층, 지하 1층)이다. 건물 형태는 ㄱ자형이며, 지붕은 겹처마이고, 기와를 올린 팔작지붕 형태이다. 극락보전을 마주 보는 방향에 대산 혜봉 스님이 '說禪堂'이라 쓴 편액을 걸었고, 그 반대쪽에 사찰 이름인 '天恩寺'를 양각으로 새긴 편액을 걸었다.

2층은 소형 목불(좌대 가로 길이 26.5cm, 세로 15cm, 높이 36.5cm, 불상 높이 33cm)을 모셔서 참선과 수련을 하는 공간인 인법당因法堂, 다실, 요사채로 구성되어 있고, 1층에는 종무실, 회의실, 공양간이 있다.

---

7 「頭陀山天恩寺六和寮重建上樑文」은 彌巖 金道賢이 上樑文을 짓고, 一竹 洪泰義가 글씨를 썼다.

천은사 설선당(인법당)

천은사 설선당(인법당)에 모신 소형 목불

천은사 내 공양간에 모신 조왕단

10) 소대 및 헌식대

극락보전과 약사전 사이의 공간 뒤에 소대燒臺가 있다. 각종 재齋를 비롯한 기도를 드린 후 회향을 할 때 헌공한 물건이나 종이 등을 태우는 곳이다. 소대 주위에 반원형의 담장을 둘러서 소대를 감싸고 있으며, 그 내부에 의식을 진행할 때 모신 위패 등을 모시는 공간을 별도로 마련하였다. 그리고 소대의 담장 밖에 '먹을 것을 바치는 곳'이라는 의미를 지닌 헌식대를 두어 각종 무주 고혼이나 새·짐승들을 위한 헌식 공간으로 활용하고 있다.

천은사 소대

천은사 소대 옆 헌식대

2. 천은사에서의 불교 세시

천은사의 하루 일과는 새벽기도로 시작한다. 이후 오전 10시에 사시기도를 하고, 오후 6시에는 저녁 예불을 한 후 하루 일과를 마친다. 주중 행사는 별도로 없으며, 월중 행사로 매달 음력 초하루부터 3일간 신중기도를 한다. 이는 불법을 수호하는 신장님들을 위한 기도이다. 매달 음력 초팔일은 약사재일藥師齋日이고, 음력 18일은 지장재일地藏齋日인데, 천은사에서는 별도의 불공을 드리지 않는다.

특별기도로 음력 12월 8일 부처님 출가 재일(성도재일)을 맞이하여 12월 1일부터 8일까지, 약 1주일 동안 이를 기념하기 위해 '자비도량참법기도'를 한다. 방법은 매일 참법기도문을 읽으면서, 절하는 대목에서 절을 하며 기도하는 것이다. 이 기간 동안 매일 저녁에 천은사에 와서 오후 6시부터 8시 30분까지 기도를 한다. 주말에는 오후 1시부터 3시 30분까지 기도한다.

천은사에서 연중 설행하는 주요 의례를 정리하면 다음과 같다.

정월 초삼일부터 일주일간은 정초 신중기도를 한다. 그리고 입춘 3일 전부터 입춘기도와 삼재기도를 같이하여 입춘에 회향한다. 3월에는 산신재일인 음력 3월 16일 기준, 3일 전부터 매일 오전 10시에 산신기도山神祈禱를 드린다. 산신기도 회향 후 사찰 3곳을 순례하는 삼사순례와 방생의식을 한다.

음력 4월에는 부처님오신날을 기념하는 사월 초파일 행사를 한다. 이 행사는 천은사를 비롯하여 대부분의 사찰에서 가장 큰 행사로 여긴다. 음력 7월 보름에는 '백중기도'라 하여 조상님들을 모셔서 합동 천도재를 지낸다. 백중기도 입재는 음력 7월 1일, 회향은 음력 7월 15일이다. 양력 10월 3일에는 이곳에 머무르며 『제왕운기』를 쓴 이승휴 선생을 기리는 이승휴 다례제를 (사)동안이승휴사상선양회와 함께 준비하여 지낸다.

음력 10월 1일부터 다음 해 1월 12일까지는 백일 관음 기도를 드린다. 동지에는 새로운 1년을 시작한다는 의미에서 팥죽을 준비하여 동지기도를 드리고, 각 전각의 기둥에 뿌려 액살을 막는다. 신도들은 천은사 공양간에서 팥죽을 함께 먹으면서 새해 액운을 물리치길 기원한다. 섣달 그믐 오후 3시경에는 천은사 주지 스님과 공양주 보살이 공양간에 모신 조왕을 위한 조왕기도를 드린다.

그리고 본사인 월정사에서 주관하는 오대산 문화축전에 참여한다. 천은사에 선방이 없기에 매년 월정사와 상원사 등 오대산에 소재한 사찰에서 하안거와 동안거를 하는 시기에 방문하여 공양금을 기탁하고, 대중 공양을 한다.

이와 같이 매년 일정한 시기에 설행하는 기도·의례 외에 비일상적으로 49재, 천도재를 지낸다. 천은사 불교 세시를 좀 더 구체적으로 소개하면 다음과 같다.

가. 정월

정월 초삼일부터 일주일간 정초 신중기도를 한다. 그리고, 입춘기도와 삼재소멸기도를 드리는데, 본래는 별도로 설행하여야 하나, 천은사에서는 같이한다. 정월에 설행하는 기도를 소개하면 다음과 같다.

1) 정월 초 신중기도

2020년 천은사 신중기도를 정초에 천은사 극락보전에서 시작하여 일주일간 진행하였다. 정초 신중기도를 일주일간 진행하나, 평소에는 매달 초에 3일간 신중기도를 한다. 상단과 신중단 등에 올릴 과일을 천은사신도회 회원들을 중심으로 신중기도 입재 전날 고임새하여 설단하였다.

신중기도 기간 동안 매일 오전 10시부터 12시까지 의식 절차에 따른 기도를 하며, 상단불공을 드린 후 중단권공을 하였다. 구체적인 과정을 소개하면 다음과 같다.

상단불공을 드리는 과정은 다음과 같다.

보례진언(널리 삼보께 예를 드리는 진언) → 『천수경』 독송 → 정구업진언(구업을 청정하게 하는 진언) → 오방내외안위제신진언(오방내외 신중을 편안하게 모시는 진언) → 개경게(경전을 펴는 게송) → 개법장진언(법장을 여는 진언) → 신묘장구대다라니(신묘한 대다라니) 독송 → 사방찬(경전을 펴는 게송) → 도량찬(청정한 도량의 찬) → 참회게(죄업을 뉘우치는 게송) → 참제업장십이존불(업장을 참회하여 없애 주시는 열두 분의 부처님) → 십악참회(열 가지 악업을 참회함) → 참회진언(죄업을 뉘우치는 진언) → 준제찬(준제주의 찬) → 정법계진언(법계를 맑게 하는 진언) → 호신진언(몸을 보호하는 진언) → 관세음보살 본심미묘 육자대왕진언(관세음보살님의 본마음을 보여 주는 미묘한 육자대왕진언) → 준제진언(준제관음의 진언) → 준제발원(준제보살의 발원) → 여래십대발원문(부처님께 세우는 열 가지 원) → 발사홍서원(네 가지 큰 원을 세움) → 발원이 귀명례삼보(발원을 마치고 삼보께 귀의함) → 정삼업진언(몸과 입과 뜻으로 지은 잘못을 맑게 하는 진언) → 개단진언(법단을 여는 진언) → 건단진언(법단을 세우는 진언) → 정법계진언(법계를 깨끗이 하는 진언) → 거불舉佛 → 보소청진언 → 유치(불보살의 덕상을 찬탄하고 법회가 이루어지는 연유를 아룀) → 청사(공양받으시길 청하는 글) → 향화청香花請 → 헌좌진언獻座眞言 → 관세음보살 정근(관세음보살님의 명호를 부르면서 공덕을 찬탄하는 것) → 마지종 타종 → 정법계진언 → 공양게 → 사다라니(진언권공) → 무량위덕 자재광명승묘력 변식진언 → 시감로수진언 → 일자수륜관진언 → 유해진언 → 예공 → 보공양진언 → 보회향진언 → 원성취진언 → 보궐진언 → 탄백 → 축원

상단불공을 마친 후 상단에 올린 공양물을 내려서 신중에 올린다. 상단에 올린 공양물 외에도 신중기도를 할 때 찬을 비롯하여 다양한 공양물을 준비하여 올린다. 기도에 동참한 신도들은 신중단을 향해 중단권공에 임하였다. 불법을 옹호하는 일체의 성현과 신장들에게 올리는 퇴공의식인 중단권공 진행 순서는 다음과 같다.

진공진언 → 공양게 → 예참 → 진언가지 → 보공양진언 → 금강심진언 → 예적대 원만다라니 → 항마진언 → 제석천왕제구예진언 → 십대명왕 본존진언 → 소청팔부진언 → 『반야심경』 봉독 → 불설소재길상다라니 → 『화엄경』 약찬게 → 보회향진언 → 원성취진언 → 보궐진언 → 화엄성중 정근 → 축원

정초 신중기도 입재를 마친 후 스님과 신도들이 법당 내에서 서로 세배를 한 후 주지 스님이 참여자들에게 세뱃돈을 주었다.

천은사에서는 정초 신중기도를 알리는 안내문을 신도들에게 알리는데, 그 내용 중에는 정초 신중기도 기간, 기도 동참금과 부처님께 올릴 공양물을 미리 받는다는 것 등을 알린다. 법회를 위한 특정 제물 헌공을 설판 동참이라고 하여 일반 신도들보다 더 많은 동참비를 낸다. 2020년 정초기도에는 약 100여 명이 동참하였다.

2020년 천은사 정초 신중기도는 코로나19 방역을 위해 동참자들 간 거리두기를 하였다. 이에 극락보전에 동참자들이 모두 함께할 수 없어서 극락보전에서 설행하는 의례를 실시간으로 각 전각에 중계하였다. 이와 같은 방법으로 인법당·삼성각 등 천은사 내 각 전각에서 정초 신중기도에 동참한 신도들은 극락보전에서의 의례에 동참할 수 있었다.

그리고, 극락보전에서 정초 신중기도를 설행하면서. 천은사 극락보전 내 칠성단에 각종 과일과 떡을 올렸고, 약사전·인법당·삼성각에도 감로수와 함께 떡(괄시루떡)을 올렸다.

정초 신중기도를 설행하는 과정과 설단을 사진으로 소개하면 다음과 같다.

천은사 신중기도 입재에서의 상단의식

천은사 인법당에서 신중기도를 드리는 신도들

천은사 신중기도 입재를 위한 극락보전 상단 진설

천은사 신중기도 입재 중 상단에 공양미를 올리는 신도

천은사 신중기도 회향 중 주지 스님이 개인 참여자를 위해 신중단을 향해 축원하는 장면

천은사 신중기도 회향 중 신중단을 향해 신중 명호를 정근하는 장면

천은사 신중기도 회향 중 신중단에 마지를 올리는 장면

천은사 신중기도 입재 시 극락보전 내 신중단 진설 장면

천은사 신중기도 입재 시 극락보전 내 칠성단 공양물 진설 장면

천은사 신중기도 회향 시 인법당 설단

천은사 신중기도 회향 시 약사전에 진설한 팥시루떡

천은사 신중기도 회향 시 삼성각 내 산신, 칠성, 용왕에 공양물을 진설한 장면

천은사 신중기도 입재 시 삼성각 내 산신단에 봉헌한 엿과 쌀

천은사 신중기도 입재 후 스님과 신도들이 세배하는 장면

천은사 신중기도 입재에서 세배를 한 후 주지 스님이 세뱃돈을 주는 장면

2) 입춘기도·삼재소멸기도

원래는 정초 신중기도를 한 후 입춘기도와 삼재소멸기도를 한다. 삼재소멸기도는 정월대보름에 하여야 하나, 천은사에는 입춘기도와 삼재소멸기도를 입춘을 전후하여 같이한다.

기도에 동참하는 신도들이 준비해야 할 것은 공양미 3되 3홉, 한지로 포장한 삼재가 든 사람의 속옷과 나이 수만큼의 동전이다. 속옷에는 삼재가 든 사람의 주소, 생년월일, 이름을 적는다. 그리고 광명진언, 불경, 관세음보살 등 부처님 명호를 필사한 공책도 준비한다. 이와 같이 개별적으로 준비한 것을 신중단 앞에 놓인 종이 상자에 가지런하게 둔다. 마지막으로 공양미를 칠성단 앞에 진설한다.

2021년에는 설날인 2월 12일에 앞서 2월 3일이 입춘이기에 입춘·삼재소멸기도를 먼저 한 후 정초 신중기도를 할 예정이다. 이에 입춘인 2월 3일 회향을 해야 하기에 2월 1일부터 3일간 매일 오전 10시부터 12시까지 입춘·삼재소멸기도를 설행할 예정이다.

의례 과정과 각 단에 올린 제물은 대부분 같으나, 입재 공양물로 과일을 올리고, 회향을 할 때에는 수수팥떡을 더 올린다. 그리고 진수는 입재와 회향 두 번 올린다. 또한 기도 기간 동안 매일 마지를 3그릇 준비하여 상단과 함께 신중단과 칠성단에도 각각 1그릇 올린다.

입춘·삼재소멸기도를 하는 중에는 약사전·삼성각·인법당과 함께 조왕단에 팥시루떡을 비롯한 모듬 과일과 감로수를 진설하여 합의 동참을 염원한다.

입춘·삼재소멸기도를 진행하는 과정은 크게 상단의식과 중단의식, 그리고 회향 때 소대에서의 봉송의식으로 구분하여 진행한다. 상단 집전은 3일간의 기도 기간 중 매일 하며, 상단에는 마지를 올리고 입춘 생축만 한다. 중단 집전은 중단퇴공을 한 후 삼재자 개별 축원을 해 준다. 좀 더 구체적으로 천은사 입춘·삼재소멸기도를 소개하면 다음과 같다.

■ 천은사 삼재경(상단권공 포함)

상단불공

보례진언 → 정구업진언 3번 독송 → 오방 내외 안위제신진언 3번 독송 → 개경계 독송 → 개법장진언 3번 독송 → 신묘장구대다라니 독송 → 사방찬 → 도량찬 → 참회게 → 참제업장십이존불 → 십악참회 → 참회진언 → 준제찬 → 정법계진언 → 호신진언 → 관세음보살 본심미묘 육자대명왕진언 → 준제진언 → 준제발원 → 여래십대발원문 → 발사홍서원 → 발원이 귀명례삼보 → 정삼업진언 → 개단진언 → 건단진언 → 정법계진언

헌공의식

거불 → 보소청진언 → 유치 → 청사 → 향화청 → 헌좌진언 → 관세음보살 정근 → 스님이 마지종을 치면, 보살들이 마지 뚜껑과 다기 뚜껑을 연다 → 정법계진언 → 공양게 → 사다라니 → 무량위덕 자재광명승묘력 변식진언 → 시감로수진언 → 일자수륜관진언 → 유해진언 → 예공 → 보공양진언 → 보회향진언 → 원성취진언 → 보궐진언 → 탄백 → 축원

중단권공

입춘 삼재풀이는 신중청을 한 다음 삼재경을 독송한 후 중단권공 순으로 한다. 중단권공은 다음과 같은 순서로 진행한다.

보례진언 3번 독송 → 정구업진언 3번 독송 → 오방 내외 안위제신진언 3번 독송 → 개경계 독송 → 개법장 진언 3번 독송 → 신묘장구대다라니 독송 → 나무 대불정 여래밀인 수중요의 제보살만행 수능엄신주 3번 독송 → 불설소재길상다라니 3번 독송 → 광명진언 3번 독송 → 원성취진언 3번 독송 → 삼재소멸축원문 독송

[삼재소멸축원문]

나무 천관조신 지관조신 인관조신

나무 수관조신 화관조신 풍관조신

나무 연관조신 월관조신 일관조신 시관조신

삼재살(들, 묵, 날) 삼재 일시소멸

천궁 지궁 연궁 월궁 일궁 시궁

연월일시 삼재살신 일체소멸

금궁 목궁 수궁 화궁 토궁

금 목 수 화 토관 삼재살신 일체소멸

풍궁 창궁 풍창관 삼재살신 풍재 수재 화재 관재소멸

삼재살신 일시소멸 동서남북 삼재살신

사방팔방 삼재살신 상방하방 삼재살신 삼재팔란 일시소멸

해자축년 사유축년 삼재소멸

인묘진년 신자진생 삼재소멸

사오미년 해묘미생 삼재소멸

신유술년 인오술생 삼재소멸

자오묘유 삼재소멸 인신사해 삼재소멸

진술축미 삼재소멸 사대육신 사백사병 삼재소멸

이별살과 낙마살과 재패살과

거리노중 교통사고 관재구설 삼재팔란 일시소멸

악삼재와 패삼재와 삼재살신 원리타방 훼방불교

고뇌중생 일체삼재살신 두파작칠분 일체소멸(3번)

여아수지 독송삼편

들삼재 전화위복 묵삼재 전화위복 날삼재 전화위복

일체삼재자 전화위복

옴 급급여률령 사바하(3번)

원이차공덕 보급어일체 아등여중생 당생극락국

동견무량수 개공성불도

거불 [8]

중단권공: 진공진언 → 공양게 → 예참 → 진언가지 → 보공양진언 →

금강심진언 → 예적대 원만다라니 → 항마진언 → 제석천왕제구예진언

→ 십대명왕본존진언 → 소청팔부진언 → 반야심경 봉독 → 불설소재길

상다라니 → 화엄경 약찬게 → 보회향진언 → 원성취진언 → 보궐진언

→ 화엄성중 정근을 다 함께 독송 → 축원

■ 신중단 축원문

앙고 화엄회상 제대현성 첨수연민지정 각방신통지묘력(반배)

원아금차 지극지정성 (신축년 정월 신중기도) 헌공발원제자

○○ 거주 ○○ 보체 앙몽화엄성중님 명훈가피지묘력

신무일체 병고액난 심무일체 탐연미혹 관재구설 삼재팔난 영위소멸

각기 사대강건 육근청정 악인원리 귀인상봉

자손창성 부귀영화 만사일일 여의원만 성취지발원

재고축

원아금차 지극지정성 (신축년 정월 신중기도) 헌공발원제자

○○ 거주 ○○ 보체 앙몽화엄성중님 명훈가피지묘력

금일 신중기도 발원공덕 각기 기도자 속득성취

참선자 의단독로 염불자 삼매현전 간경자 혜안통투 주력자 업장소멸

박복자 복덕구족 단명자 수명장수 병고자 속득쾌차 운전자 안전운행

사업자 사업성취 상업자 재수대통 농업자 오곡풍년 공업자 안전조업

구직자 속득취직 직장자 진급성취 무연자 혼사성취 무자자 속득생남

학업자 지혜통명 각종 시험 준비자 우수성적 무난합격 등

각기 심중 소구소망 만사여의원만 형통지대원

삼고축

금일 신중기도 기도 동참 재자 각각 등 보체

각기 연연내내 심신건강 가족화목 부모효도

가정평안 재수대통 액난소멸 기쁨충만 일상의 생활안락 등

각기 심중 소구소원 원만성취지발원

연후원

처세간 여허공 여련화 불착수 심청정 초어피 계수례 무상존 구호길상

마하반야바라밀(반배)

---

8 공양물을 신중단으로 옮기고, 불법을 옹호하는 일체의 성현과 신장들에게 올리는 퇴공의식.

회향일에는 위에서 소개한 중단권공을 하고, 『화엄경』 약찬게를 끝낸 후 삼재경을 3번 독송한다. 그리고 삼재 축원을 한 후 소대로 이동한다. 소대에서는 별도 축원을 하지 않고 화엄성중을 정근하면서 신중단 앞에 두었던 한지에 싼 생년월일·이름·주소를 적은 속옷과 광명진언·불경·관세음보살 등 부처님 명호를 사경한 공책을 소대에서 소각한다.[9] 그리고 반야심경을 함께 독송한 후 회향을 마친다.

회향 후 극락보전 상단에 올려 둔 입춘축(立春大吉萬事如意亨通)과 삼재 소멸부적을 기도 동참자들에게 나누어 주고, 칠성단 앞에 올린 공양미를 내려서 떡을 만들어 신도들에게 나누어 준다.

2020년 입춘·삼재소멸기도를 설행하는 과정과 설단을 사진으로 소개하면 다음과 같다.

천은사 입춘 · 삼재소멸기도 중 상단의식

9 삼재가 든 신도들이 준비한 속옷에 생년월일을 적은 속옷과 사경한 공책을 함께 태움으로써 한 해의 액이 소멸된다고 여긴다.

천은사 삼재소멸기도 중 신중단을 향해 절을 함

천은사 삼재소멸기도 중 주지 스님이 축원을 하는 장면

천은사 극락보전 내에 입춘·삼재소멸기도를 위한 상단 설단

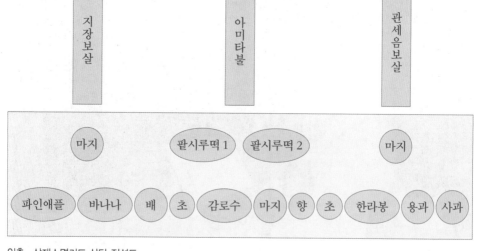

입춘·삼재소멸기도 상단 진설도

삼재소멸기도를 위한 신중단 설단과 삼재소멸을 위해 동참자들이 각각 준비한 속옷과 동전 등

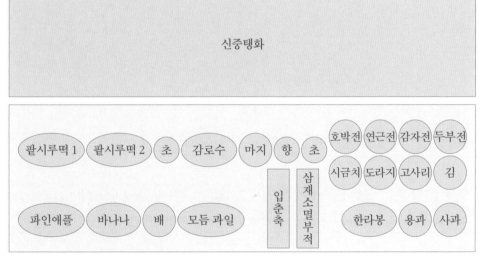

입춘 · 삼재소멸기도 신중단 진설도

천은사 극락보전 내 칠성단에 입춘 · 삼재소멸기도를 위해 올린 공양미

입춘 · 삼재소멸기도 칠성단 진설도

입춘 · 삼재소멸기도 후 신도들에게 나누어 줄 입춘축과 부적

삼재소멸을 위한 준비물

삼재소멸기도를 위해 준비한 속옷과 동전 등

삼재소멸기도에 동참한 신도들이 자신의 나이 수만큼 준비한 동전과 지폐

삼재소멸기도 시 개인적으로 준비하여 사경한 공책

삼재소멸기도 후 소대에서의 회향 준비

삼재소멸기도 회향 시 삼재소멸을 위해 개인적으로 준비한 물품을 태우는 장면

삼재소멸기도 회향(소대)

나. 삼월-산신기도

즉 산신기도는 음력 3월 16일 산신재일을 기준으로, 3일 전인 음력 3월 14일이 입재 날이다. 신도들은 산신을 매우 영험하다고 여기기에 다양한 형태로 동참한다. 준비한 제물은 산신이 좋아하시는 당근, 호박, 가지, 미나리, 고구마를 고임새하여 생으로 올린다. 그리고 다양한 떡을 올리는데, 2020년에는 백설기, 팥시루떡, 증편을 올렸다. 과일도 다양한 제철 과일을 많이 올린다. 다른 재에 비해 많은 제물을 올리는 이유는 산신기도에 설판하려는 신도들이 매우 많아서이다. 이에 가능하면 서로 분담하여 제물을 준비할 수 있도록 잘 조정한다.

다른 기도와 달리 산신기도는 삼성각 내 산신단에서 동은 주지 스님과 효담 스님이 설행하였다. 산신기도를 하는 3일 동안 극락보전 내 상단과 칠성단, 약사전, 인법당, 삼성각 내 독성각과 용왕각에 감로수, 떡과 모듬 과일을 진설하여 합의 동참을 염원하였다.

산신기도 후 절 3곳을 순례하고, 이 과정에 방생기도를 한다. 주로 수도권 사찰로 가며, 내수면에 미꾸라지를 주로 방생한다.

2020년에 설행한 천은사 산신기도 설행 과정을 소개하면 다음과 같다.

〈보례진언〉
아금일신중 즉현무진신 변재산신전 일일무수례
「옴 바아라 믹」(3번, 삼배)

천수경 운운

거불

나무 만덕고승 성계한적 산왕대신(절)

나무 차산국내 항주대성 산왕대신(절)

나무 시방법계 지령지성 산왕대신(절)

〈보소청진언〉

『나무 보보제리 가리다리 다타 아다야』(3번)

유치

절이 산왕대성자 최신최령 능위능맹 능맹지처 최요항마 최령지시 소재강복

유구개수 무원부종 시이 사바세계 남섬부주 동양 대한민국

강원도 삼척시 미로면 내미로리 두타산하 천은사 청정 수월도량

원아금차 지극지정성 산신기도 발원재자 ○○ 거주 ○○ 보체…

이차인연공덕 산왕대신 가피지묘력 일체병고액난 관재구설 영위소멸

사대강건 육근청정 자손창성 수명장수 복덕구족 각기 심중소구소망

여의원만 성취지대발원…

이 금월금일 건설법연 정찬공양 산왕대성 병종권속 기회영감 곡조미성

앙표일심 선진삼청(마지막에 요령)

청사

나무 일심봉청(반배)

후토성모 오악제군 직전외아 팔대산왕 금기오온 안제부인

익성 보덕진군 시방법계 지령지성 제대산왕 병종권속

유원승 삼보력 강림도량 수차공양(요령, 반배)

※청사 전체를 3번 반복

〈향화청〉(3번)

영산석일여래촉 위진강산도중생 만리백운청장리 운거학가임한정

고아일심 귀명정례(반배)

〈헌좌진언〉

아금경설보엄좌 봉헌제대산왕전 원멸진로망상심 속원해탈보리과

『옴 가마라 승하 사바하』(3번)

정근

(시작)나무 만덕고승 성개한적 산왕대신…(마침)

영산석일여래촉 위진강산도중생 만리백운청장리 운거학가임한정

고아일심귀명정례(반배)

※ 이때 마지종을 치고 마지 뚜껑과 다기 뚜껑을 연다.

〈정법계진언〉

『옴 남』(7번)

다게

금장감로다 봉헌산신전 감찰건간심

원수애납수(절) 원수애납수(절) 원수자비애납수(절)

〈진공진언〉

『옴 반자 사바하』(3번)

〈무량위덕 자재광명 승묘력 변식진언〉

『나막 살바다타 아다 바로기제 옴 삼바라 삼바라 훔』(3번)

〈시감로수진언〉

『나무 소로바야 다타 아다야 다냐타

옴 소로소로 바라소로 바라소로 사바하』(3번)

〈일자수륜관진언〉

『옴 밤 밤 밤밤』(3번)

〈유해진언〉

『나무 사만다 못다남 옴 밤』(3번)

예참

지심정례공양 만덕고승 성계한적 산왕대신(절)

지심정례공양 차산국내 항주대성 산왕대신(절)

지심정례공양 시방법계 지령지성 산왕대신(절)

유원 산신 애강도량 수차공양 실개수공 발보리 시작불사도중생(반배)

산왕경

(3번, 대중이 같이 합송한다)

대산소산산왕대신 대악소악산왕대신 대각소각산왕대신 대축소축산왕대신

미산재처산왕대신 이십육정산왕대신 외악명산산왕대신 사해피발산왕대신

명당토산산왕대신 금궤대덕산왕대신 청룡백호산왕대신 현무주작산왕대신

동서남북산왕대신 원산근산산왕대신 상방하방산왕대신 흉산길산산왕대신

〈보공양진언〉

『옴 아아나 삼바바 바아라 훔』(3번)

〈보회향진언〉

『옴 삼마라 삼마라 미만나 사라마하 자가라바 훔』(3번)

〈불설소재길상다라니〉

『나무 사만다 못다남 아바라지 하다사 사나남 다냐타

옴 카카 카혜 카혜 훔 훔 아바라 아바라 바라아바라 바라아바라

지따 지따 지리 지리 빠다빠다 선지가 시리예 사바하』(3번)

〈대원성취진언〉

『옴 아모카 살바다라 사다야 시베 훔』(3번)

〈보궐진언〉

『옴 호로호로 사야모케 사바하』(3번)

영산석일여래촉 위진강산도중생 만리백운청장리 운거학가임한정

고아일심귀명정례(반배)

축원

앙고 제대산왕대신전 첨수연민지지정 각방신통지묘력(반배)

원아금차 사바세계 남섬부주 동양 대한민국

강원도 삼척시 미로면 내미로리 두타산하 천은사 청정 수월도량

원아 금차 지극지정성 (00년 산신기도) 기도 동참 발원제자 각각 등 보체…

앙몽 산왕대신님 가피지묘력 각기 신무일체 병고액난 심무일체 탐연미혹

관재구설 삼재팔난 사백사병 영위소멸 사대강건 육근청정 악인원리

귀인상봉 자손창성 부귀영화 사대강건 육근청정 신강철석 일체재화 일

체마장

영위소멸 안과태평 수명장원 각기 심중소구소원 만사일일 여의원만 성

취지대원

원아금차 지극지정성 (00년 산신기도) 헌공발원제자

○○ 거주 ○○ 보체 양몽 산왕대신님 명훈가피지묘력

금일 산신기도 발원공덕 각기 기도자 속득성취 참선자 의단독로

염불자 삼매현전 간경자 혜안통투 주력자 업장소멸 병고자 즉득쾌차

박복자 복덕구족 단명자 수명장수 무인연자 속득인연 무자자 속득생남

학업자 지혜총명 각종 시험자 우수성적 무난합격 농업자 오곡풍년

사업자 사업성취 상업자 재수대통 공업자 안전조업 운전자 안전운행

승선자 안전운항 출전장병 왕방무애 구직자 속득취직 직장자 진급성취 등

각기 심중소구소망 만사여의원만 형통지대원

금일 산신기도 기도 동참 재자 각각 등 보체

각기 연연내내 심신건강 가족화목 부모효도 형제우애 부부애합

가정평안 재수대통 소원성취 복덕구족 액난소멸 기쁨충만

일상의 생활안락 등 각기 심중 소구소원 원만성취지발원

원제유정등 삼업개청정 봉지제불교 산왕대신전 구호길상 마하반야바라
밀(반배)

〈마하반야바라밀다심경〉(운운)

2020년 산신기도를 설행한 과정과 설단을 사진으로 소개하면 다음
과 같다.

산신기도 중 축원을 하는 스님

산신기도에 동참한 신도들

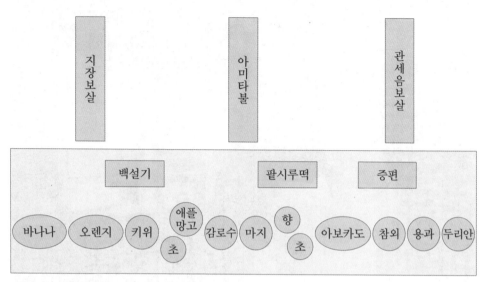

천은사 산신재일 입재 진설도(극락보전 상단)

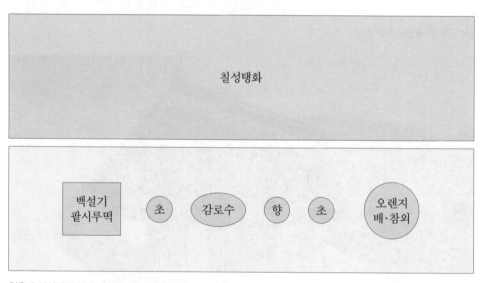

천은사 산신재일 입재 진설도(극락보전 칠성단)

286

산신기도를 설행하는 삼성각 내부 전경

산신각 진설 전경

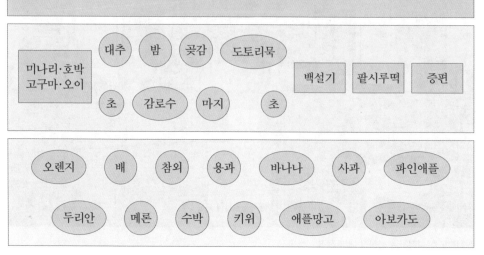

산신탱화

| 미나리·호박
고구마·오이 | 대추 밤 곶감 도토리묵 | 백설기 팥시루떡 증편 |

초 감로수 마지 초

오렌지 배 참외 용과 바나나 사과 파인애플

두리안 메론 수박 키위 애플망고 아보카도

천은사 산신재일 입재 진설도(삼성각 내 산신각)

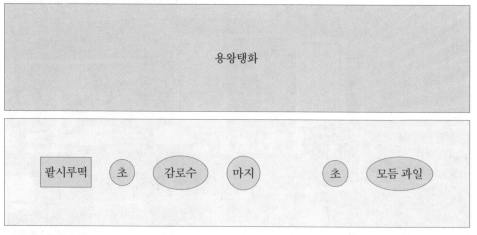

용왕탱화

팥시루떡 초 감로수 마지 초 모듬 과일

천은사 산신재일 입재 진설도(삼성각 내 용왕각)

다. 사월 초파일

매년 음력 4월 8일에는 부처님오신날을 맞이하여 봉축행사를 한다. 천은사에 주석하는 스님들과 신도들이 운력을 모아서 등을 달고 음식을 준비하는 등 정성을 다한다. 사월 초파일에 다음과 같은 염원을 담아서 등 보시를 한다.

공부하는 학생에게 지혜의 등, 사업하는 이에게는 성취의 등, 병들어 신음하는 이에게는 쾌유의 등, 삼재가 있는 이에게는 가호의 등, 운전하는 이에게는 안전의 등, 가족 모두에게는 화합과 행복의 등을 밝혀서, 미래의 삶을 환히 비추길 염원하며 등을 시주한다. 1년 등은 극락보전과 삼성각, 약사전에 걸고, 하루 등은 마당과 사찰 주위에 건다.

사월 초파일 법요식을 오전 10시부터 극락보전과 앞마당에서 거행한다. 순서는 다음과 같다.

명종 → 개회사 → 육법공양(등[초], 향, 차, 과일, 꽃, 쌀) → 삼귀의 → 『반야심경』 독송 → 관불의식 → 마정수기 → 찬불가 → 관불단 예경의식 → 점등 → 축원 → 봉축사 → 축사 → 주지 스님 법어 → 발원문 → 봉축가 → 헌화 → 사홍서원 → 탑돌이

천은사 경내에 건 사월 초파일 연등

천은사 동은 주지 스님의 봉축사

동은 주지 스님의 관불의식

법요식을 마친 후 탑돌이를 하는 스님과 신도들

라. 칠월 백중과 대학수학능력시험 백일기도

　1년에 한 번 지옥문이 열린다는 우란분절(백중)에 삼악도에서 고통받는 모든 중생을 부처님의 위신력과 지장보살의 가피로 이고득락하게 하는 날이 백중이다. 백중을 맞이하여 천은사에서는 음력 7월 초하루부터 보름간 백중영가천도기도를 봉행한다. 이 기도를 통해 선망 조상은 물론 인연이 있는 영가의 업장소멸과 극락왕생을 기원하고, 선근공덕 쌓기를 희구한다.

　위에서 소개한 내용과 함께 스님들이 공부를 마치는 7월 15일에 영가들을 위해 염불을 하고, 공양을 올리고 나누는 일종의 합동 천도재로 자리매김하였다.

　천은사에서의 백중기도 순서를 간단하게 소개하면 다음과 같다.

　상단불공을 드린 후 제물 일부를 신중단으로 내려 중단권공을 한다. 신중단을 향해서 진행하는 중단권공은 『반야심경』 봉독과 간단한 의식 절차로 구성하여 약식으로 한다. 이후 영단에 감로수를 올리는 등 49재를 지내는 절차에 버금가는 의식을 진행한 후 반야용선에 영가 위목 등을 담아서 소대에서 태우는 봉송의식을 끝으로 백중 기도를 마친다.

　영단 배면을 백지로 마감한 큰 판에 위목을 붙이고, 영단에는 이들 영가를 대표하여 '백중동참일체열위영가百中同參一切列位靈駕'라고 쓴 위패를 제단 중앙에 모셨다. 개인 위패는 '○○○ 엄부/자모 ○○부인 ○○○ 영가'라고 쓴 위패를 모셨다. 천은사 칠월 백중에는 약 1,000위의 위패를 모신다.

　영가를 천도하는 성격을 지닌 의식이기에 영단에 떡과 채소·전 등 각종 제물을 매우 많이 진설한다. 이때 큰 양푼에 밥을 담은 후 수저 여러 개를 꽂아서 모든 영가들이 시식할 수 있도록 준비한다.

그리고, 극락보전 밖에도 상을 차려 극락보전 내 영단에 동참하지 못한 존재들을 위한 시식단을 준비한다.

일반적으로 사찰에서 설행하는 기제사와 평재 때 상용영반을 하지만, 천도재와 49재에서는 관음시식을 한다. 천은사에서의 백중기도 중 하단의식인 영단에서의 시식 의례는 관음시식으로 한다.

이와 함께 대학수학능력시험 100일을 앞두고 백일기도를 봉행한다. 입재일은 수능 하루 전을 기준으로 100일 전이고, 회향은 수능 하루 전이다. 시험 준비로 고생하는 자녀들의 건강과 학업 성취를 기원하기 위한 기도이다.

마. 이승휴 다례제

매년 10월 3일 오전 11시, 천은사 경내에 있는 동안사에서 (사)동안 이승휴사상선양회와 함께 이승휴 다례제를 지낸다. 다례제 계획과 진행은 선양회에서 준비하고, 천은사 신도회에서 제물과 점심을 준비한다. 제단 중앙에 '動安李承休之神位'라고 쓴 위패를 모신 후 공양물을 진설한다. 제단의 윗단에 무지개떡과 증편, 콩가루떡을 진설하고, 그 아래에 배, 포도, 과줄, 약과, 밤, 대추, 수박, 감, 사과를 진설한다.

다례제 순서는 다음과 같다.

식전 행사(공연, 전시, 전통차 체험 등) → 타종(33번) → 개식 선언 → 삼귀의 →
내빈 소개(상임 부이사장) → 경과 보고(집행위원장) → 『반야심경』 봉독(천은사
기도 스님) → 헌향, 헌다, 헌화(선양회 이사장, 삼척시장, 삼척시의회 의장, 삼척교육
지원청 교육장, 삼척문화원장, 천은사 주지 스님 등) → 행장 낭독(선양회 부이사장) →
『제왕운기』 봉독(삼척교육지원청 교육장) → 추모사(선양회 이사장) → 봉축사(삼
척시장, 국회의원, 천은사 주지 스님) → 사홍서원 → 일반 참배객 헌화, 분향

이승휴 선생을 기리는 711주기 다례제

이승휴 선생을 기리는 다례제에서 이원종 이사장이 차를 올리는 장면(2011년 10월 3일)

이승휴 다례제 제물 진설

바. 동지

동지에는 동지기도를 한다. 이를 위해 동지팥죽을 준비하는데, 2019년 사례를 소개하면 다음과 같다.

동지 전에 20여 명의 신도가 참여하여 가마솥 2개에 팥 120kg 삶았다. 준비한 재료는 팥 6말, 쌀 8되(맵쌀과 찹쌀 비율은 4:1)였다.

먼저 팥을 깨끗이 삶았는데, 이때 일군의 신도들은 새알을 만들었다. 노련한 노보살들은 한 번에 새알 3개를 만들었다. 팥이 삶아지면 팥을 채로 걸러 내고 팥물에 불린 쌀을 가마솥에 넣어 다시 끓인다. 이때 바닥에 눌어붙지 않도록 긴 나무 주걱으로 계속 저어 주었다. 팥물이 끓으면 새알을 넣어 다시 끓였다. 이때 간식으로 가마솥 지핀 불에 고구마 또는 감자를 넣어 구웠다.

완성된 팥죽 중 상단에 마지로 올릴 분량과 신도들을 위한 팥죽은 별도로 보관했다. 그리고 인근 마을 어르신들에게 드릴 팥죽을 포장하여 마을 경로당에 희사했다.

동지 새벽기도를 할 때 부처님에게 팥죽을 올린 후 주지 스님이 사찰 내 각 전각 기둥, 출입구, 계단 입구, 마당 등에 팥죽을 숟가락으로 뿌려서 새해에도 액운을 물리치길 기원했다. 팥죽을 '극락보전 → 약사전 → 삼성각 → 인법당 → 육화료 → 영월루 → 용안당(주지 스님 거주채) → 주방 밖'의 순서로 뿌렸다.

오전 10시에 동지기도를 드리고, 기도에 동참한 신도들과 사찰을 찾은 일반 참배객들에게 천은사 공양간에서 동지팥죽을 제공했는데, 찬으로 물김치와 배추김치를 내어 주었다. 이들은 사찰에서 동지팥죽을 먹음으로써 새해 액운을 물리칠 수 있다고 생각했다.

가마솥의 팥죽을 큰 주걱으로 젓고 있는 신도들

천은사 공양간에서 동지팥죽을 주는 신도

사. 천은사 조왕기도

천은사 공양간에는 조왕을 모셔서 매년 섣달그믐 오후 3시경 조왕기도를 드린다. 2021년 2월 11일(음력 2020년 12월 30일) 천은사 동은 주지 스님과 공양주 보살이 참여하여 조왕 기도를 드릴 예정이다. 조왕기도를 드린 순서를 소개하면 다음과 같다.

> 배, 사과, 감로수 제단 진설 후 초를 켜고 향을 피움 → 주지 스님이 조왕전에 삼배 → 보례진언 → 신묘장구대다라니 독송 → 발원이 귀명례 삼보 → 거목 → 보소청진언 → 정근 → 정법계진언 → 무량위덕 자재광명 승묘력 변식진언 → 시감로수진언 → 일자수륜관진언 → 유해진언 → 예참 → 보공양진언 → 보회향진언 → 『조왕경』 독송 → 원성취진언 → 보궐진언 → 축원 → 『반야심경』 봉독

이와 같이 진행하는 과정에서 무량위덕 자재광명 승묘력 변식진언을 하기 전에 공양주 보살이 마지를 올렸다.

조왕기도 중 거목과 예참에서 좌보처 담시력사, 우보처 조식취모와 함께 팔만사천 조왕대신을 호명한 것으로 보아 이들을 모신 기도이고, 한 해 동안 천은사 공양간을 넉넉하게 해 주어 감사함을 표현하기 위한 의례로 볼 수 있다.

이와 함께 조왕대신에게 공양주 보살과 함께 천은사 사부대중들이 한 해 동안 무탈하였음에 감사하고, 앞으로도 나쁜 것을 막아 주길 기원하는 축원을 하였다.

현재 천은사 주지인 동은 스님이 오셔서 조왕탱화를 모신 후 조왕기도를 드리기 시작하여 현재까지 계속 이어지고 있다.

음력 2020년 12월 30일 설행한 천은사 조왕기도를 사진으로 소개하면 다음과 같다.

천은사 조왕기도를 집전하는 주지 스님

천은사 조왕기도 중 마지를 올리는 모습

천은사 조왕기도 설단

3. 49재와 천도재

영가靈駕의 명복을 비는 천도薦度 의식인 49재는 불교에서 사람이 죽은 날로부터 7일째마다 7회에 걸쳐서 49일 동안 개최하는 종교의례이다. 사람이 죽으면 다음 생을 받을 때까지 49일 동안 중음中陰의 상태를 맞게 되는데, 이때 영가로 하여금 좋은 생을 받기를 기원하며 49재를 지낸다. 49재를 다 지내면 영가는 비로소 중음의 상태를 벗어나서 이승을 떠난다.

현재 천은사에서는 주불전인 극락보전에서 49재를 한다. 부처님이 상주하는 전각에서 의식을 베풀어야 부처님이 이를 증명하여 영가를 극락으로 인도할 수 있다고 여기기 때문이다.

천은사에서 49재는 마지막으로 생존하였던 날을 기준으로 일주일 후에 초재를 지낸다. 각 재의 명칭은 초재, 평재인 이재, 삼재, 사재, 오재, 육재, 그리고 칠재를 막재로 한다. 각 재의 의식은 시왕전에 모셔진 대왕이 다르고, 이에 따른 각각의 의식이 달랐기에 각각의 재를 달리 설행하였다고 한다. 49재에 의한 7재를 지낸 후 100일째인 100재, 1주기, 3년재를 지내면 비로소 탈상을 하였다.

49재는 원래 일주일에 한 번씩, 7번을 지내는 의례이다. 그러나 요즘은 초재, 막재 또는 중간에 한 번 더 하여 3번 정도 지내는 사례들도 많다. 각 재에 유족이 안 오면 일주일에 한 번씩 스님이 간단하게 빌어 주며, 막재에는 유족 모두가 참여한다.

천은사에서는 49재를 불교의식집을 바탕으로 진행한다. 예전에는 한 번 재를 지낼 때마다 1박 2일간 하였으나, 요즘은 하루만 한다.

다수의 사찰에서 49재의 평재를 상용영반으로 한다. 이에 비해 천은사에서는 평재도 관음시식 중 대령과 관욕, 봉송의식을 제외한 모든 의례를 순서대로 진행한다. 막재는 관음시식을 중심으로 '대령 → 관욕 → 상단불공 → 관음시식 → 봉송의식'의 순서로 하며, 제물 또한 정성을 다하여 준비한다. 시식 중간에 『금강경』 또는 『아미타경』 등을 영가에 게 들려준다.

천은사에서 설행하는 49재 중 막재를 지낼 때의 설단을 소개하면 다음과 같다.

① 대령단
하단을 대령단으로 하여 국수를 준비한다. 천도재를 지낼 때에는 모신 영가가 여럿이면 각각의 국수를 준비한다.

② 관욕단
예전에는 영가 목욕을 극락보전에서 하게 되면 경망스럽다고 여겨서 요사채인 인법당에 관욕단을 설치하여 관욕을 하였다. 지금은 극락보전 하단 옆 한 켠에 병풍을 쳐서 관욕단으로 사용한다. 관욕은 부처님 전에 나가기에 앞서 몸과 마음을 깨끗이 정화한다는 의미이다. 관욕 후 영가를 하단에 모신다. 관욕은 49재 중 막재, 천도재에서만 한다.

③ 상단
상단에는 마지, 감로수와 함께 떡을 올리는데, 절편이나 기정떡, 백설기 등을 준비하며, 팥이 들어간 떡을 올리지 않는다. 그리고 각종 과일을 올리는데, 복숭아와 같은 형태의 뾰족한 과일은 귀신을 쫓는다고 하여 쓰지 않는다. 대신 수박, 배, 사과, 바나나 등 제철 과일을 주로 올린다. 평재에는 과일 5가지, 떡 1가지를 올리고, 막재에는 과일 7가지, 떡 2가지

를 올린다.

④ 신중단
상단에 올린 떡과 과일을 신중단에 내려서 진설한다. 그리고, '진수'라
하여 나물 5가지, 전 5가지, 과자 등 15가지 제물을 올린다. 이와 같은
공양물은 집에서의 기제사와 유사하다. 신중단에 올린 제물을 하단으로
내려서 진설하기도 한다. 요즘은 신중단에 마지를 올리고, 『반야심경』 봉
독을 한 후, 하단 의식을 진행하는 사례들이 다수의 사찰에서 나타난다.
이에 상단에 올린 떡과 과일을 그대로 영단으로 내려서 설단하는 사례
들도 많다. 이는 신중단에서 별도의 작법을 생략하는 사례가 많기 때문
이다.

⑤ 하단(영단)
신중단에 진설하였던 떡과 과일을 영단에 내려서 진설한다. 그리고, '진
수'라 하여 나물 5가지, 전 5가지, 과자 등 15가지 제물을 올린다. 마찬가
지로 이와 같은 공양물은 집에서의 기제사와 유사하다. 신중단에 올렸
던 진수를 영단으로 내려서 진설하기도 한다. 49재 비용을 많이 내면 단
마다 각각 준비한 제물을 진설한다.
요즘 영단에는 미리 '진수' 등을 다 차려 둔 후 상단 의식을 마친 후 신
중단에서 별도의 작법을 안 하거나, 간단하게 의식을 집전하는 사례들
이 많기에 상단에 진설하였던 떡과 과일을 그대로 영단으로 내려서 진
설하는 사례들도 많다. 그리고, 유족들이 꽃바구니 등을 가져오면 단에
올려드린다.
영단 옆에 반야용선을 걸어 둔다. 반야용선에 소창을 바닷길처럼 펴서
길을 만들고, 반양용선 안에 번과 영가지, 폐백용 옷 등을 넣은 후 봉송
의식을 할 때 소대에서 태운다.

그리고 천도재를 지내게 되면 규모가 커지기에 범패와 각종 작법을
할 수 있는 스님들을 초빙하여 진행한다. 의식은 49재를 지낼 때와 같은
관음시식을 중심으로 하며, 설단 또한 49재와 같다.

천은사 극락보전 내 영단 옆에 설치한 관욕단

극락보전 내 영단 옆에 설치한 관욕단 내부

천은사 극락보전 내 영단 옆에 49재를 지낼 때 걸어 둔 반야용선

지방에 소재하는 전통 사찰들 대부분은 그 창건 시기가 고대부터 시작되어 흥망을 거듭하면서 1~2가지의 특성만을 나타내며 현재에 이르는 사례들이 많다. 삼척시 미로면 내미로리에 있는 천은사 또한 이와 같은 경향을 보인다고 볼 수 있다. 그러나 최근에 다양한 자료들이 발굴됨에 따라 천은사에 대한 이해의 폭이 넓어지고 있으며, 그 중요성 또한 커지고 있다.

첫째, 지금까지 천은사는 고려 시대 이승휴 유적지로 주목되었다. 최근에는 불교문화와 관련하여 천은사 경내에서 출토된 금동약사여래입상이 통일신라 최전성기의 양식을 계승한 유물로서 영동 남부 지역의 불교문화사에서도 최고의 유물로 평가되고 있다. 나아가 이 지역에서 약사 신앙이 전파되고 발전하는 것을 설명하는 최초의 유물일 가능성이 있다는 점에서 주목받고 있다. 또한 목조아미타삼존불은 복장 내에서 발견된 「중수기」로 보아 임진왜란 이전에 조성되었음을 알 수 있다. 불상의 양식 또한 고려 후기 단아 양식의 불상을 계승한 조선 전기의 불상으로부터 조선 후기로 넘어가는 과도기 양식을 대표할 수 있다는 점에서 매우 귀중한 유물로 인정받아 강원도 유형문화재로 지정됨에 따라 귀중한 불교문화재를 소장한 사찰로서도 그 중요성이 높아지고 있음을 알 수 있었다.

둘째, 필자는 이 글에서 천은사의 연혁과 사명을 설명함에 있어 지금까지 알려지지 않은 자료들을 발굴하여 천은사의 연혁과 그 역사성을 좀 더 심도있게 분석할 수 있었다. 구체적으로 정리해 보면 천은사 사명이 역사적으로 '백련대(백련) → 간장사 → 흑악사 → 천은사'로 변화됨을 알 수 있는데, 조선 시대에는 간장사(간장암)와 흑악사라는 사명이 섞여 사용되고 있음을 알 수 있었다. 각종 지리지와 이명준·이병연·채제공의 시에는 '흑악'이라는 사명이 사용되었음에 비해 『여지도서』와 숙종 8년(1682)경에 제작된 「동여비고」에서 '간장암'이란 명칭이 사용되었고, 삼척 김씨 족보 『기유보』에서도 간장사라는 사명이 보였다. 이를 통해 천은사 사명이 시기별로 구분되어 사용되었다기보다는 조선 중기 이후 사용하는 사람에 따라 달리 불렸음을 알 수 있다. 특히 거의 같은 시기에 만들어진 『관동읍지』에는 '간장사'라 표기한 데 비해 상백본 『척주지』에는 '흑악사'라고 표기되어 있다. 즉, 1870년경에 2개의 사명이 같이 사용되었음을 알 수 있다. 이를 종합해 보면 결국 간장사가 흑악사이고, 이는 현재의 천은사임을 나타내는 중요한 근거로 제시할 수 있으며, 결국 고려 시대에 이승휴 선생이 10년간 불경을 읽으면서 『제왕운기』를 저술한 곳 또한 이곳 천은사임을 알 수 있다.

그리고 '흑악사'라는 사명은 1596년에 제작된 「중수기」에 처음 등장한 이후 계속 사용되다가 1900년 준경묘·영경묘 수축과 관련하여 1900년에 작성된 의궤 내의 「수호절목」을 보면 흑악사를 조포사로 한다는 내용이 나온다. 그런데, 1910~1911년 사이에 제작된 『조선지지자료』에서는 '천은사'라는 사명이 등장하는 것으로 보아 1900~1910년 사이에 사명이 '천은사'로 바뀌어 현재에 이르고 있음을 알 수 있었다.

셋째, 고려 원종 때 강화도 참성단에서 초제를 설행하고, '일통삼한'

이라는 역사 인식의 한계로 각 지역에서 일어났던 삼국 부흥 운동 등의 분립적 요소를 해소하기 위한 역사변전의식이 폭넓게 나타나고, 이의 영향으로 고조선을 고려 역사의 출발로 설정한 일연의『삼국유사』와 이승휴의『제왕운기』가 간행되었는데, 이 책은 우리에게 일반적으로 알려진『삼국유사』, 「기이」1의 고조선 조에 실린 단군 신화의 환인·환웅··곰·호랑이 등에 대한 이해에 있어 「묘향산 사적」에 실린 단군 이야기와 함께 곰·호랑이·신시 등에 대한 새로운 해석을 가능케 하여『삼국유사』에 담긴 내용을 정확하게 이해하고, 우리의 고대사를 올바르게 정립함에 있어 매우 중요한 인식의 토대를 제공하고 있다.

이와 같이 나름의 민족의식과 역사적 정통성을 내포한 이승휴 선생의 대표적인 저서인『제왕운기』를 저술한 곳이 용안당, 즉 간장사이고, 이는 현재의 천은사이다. 따라서 이곳 천은사는 민족사의 정통성을 확보하고, 우리의 고대사에 대한 인식을 새롭게 한 이승휴 선생이 10여 년 이상을 머무르며『제왕운기』를 저술한 유서 깊은 사찰이라는 면에서 역사적으로 매우 중요하다.

넷째, 천은사는 인근의 준경묘와 영경묘를 수축하는 과정에서 일정한 역할을 하였으며, 수축 후 조포사로 지정되어 제수를 준비하는 등 원찰로서의 역할을 수행하였다. 이와 관련하여『조경단 준경묘 영경묘 영건청 의궤』에서 준경묘·영경묘 수축과 관련하여 기해년(1899) 11월, 흑악사에 내려진 「완문」과 1900년에 작성된 「수호절목」을 발견하였는데, 이는 천은사가 준경묘·영경묘의 원찰로서 기능하였고, 당시에도 사명이 '흑악사'였음을 알려 주는 매우 중요한 자료이다.

다섯째, 천은사 극락보전에 봉안된 아미타불의 복장 내에서 만력 24년 세차 병신년에 제작된 「중수기」·『천수다라니경』 목판본·강원도 삼척부 두타산 흑악사 각판·「서천불설팔만대장경목록」·「아미타불원문」·「시주질」·「삼존불개금발원문」·「삼존상개금후불탱개채원문」·「서천불설팔만디장경목녹」·「강원도삼척군천은사극락전개금시주기」·'성주사인'이 있는 『능엄경』·『묘법연화경』을 포함하는 다량의 유물을 발견하였다.

특히 '만력 24년'이라 쓰인 「중수기」를 발견함으로써 목조아미타삼존불 조성 시기의 상한선이 실증적으로 올라가서 조선 전기에 제작된 불상일 가능성을 더욱 높여 주었다. 또한 1798년과 1922년에 작성된 원문을 통해 당시 천은사와 인근 사찰의 사세와 불상·불화의 개금과 개화 과정, 참여한 화사를 통한 강원도 지역 불교 미술의 계보 정리와 함께 천은사의 연혁을 이해하는 데 많은 도움이 되었다.

또한 다라니와 불교 부적이 새겨진 목판으로 찍은 진언, 개인적으로 필사한 「서천불설팔만대장경목록」 등을 통해 밀교적인 경향도 나타난 당시의 불교문화를 이해할 수 있었다. 그리고 복장에서 나온 목판 인쇄물은 1456년에 조성된 오대산 중대 사자암의 '중대 사자암 목조비로자나불 범서'라 명명된 목판 인쇄물과 함께 조선 시대에 강원도 지역에서 사용되었던 불교 부적 형태와 그 용례를 살펴볼 수 있는 계기도 되었다.

지금까지 천은사를 이해하는 데 사용된 자료는 새롭게 발견된 천은사 목조아미타불 내의 복장과 준경묘·영경묘 수축과 관련한 의궤에서 천은사에 내려진 「완문」, 흑악사를 소재로 한 시 등이다. 필자는 지금까지 천은사를 이해하는 데 사용된 이와 같은 자료보다 더 많은 사료와 유물 분석을 통하여 천은사의 연혁과 역사성, 그리고 복장유물에 대한 좀 더 깊이 있는 해석을 시도하여 위에서 언급한 의미를 살펴볼 수 있었다.

향후 새롭게 발견된 자료를 좀 더 폭넓게 활용하여야 하며, 특히 복장 내에서 발견된 원문에 대한 깊이 있는 분석을 통하여 천은사와 이 지역의 불교문화를 좀 더 정치하고 객관적으로 살펴볼 필요가 있다. 또한 인근의 전통 사찰인 삼화사·신흥사·영은사와의 비교 분석 또한 폭넓게 이루어져서 천은사와 함께 영동 남부 지역 불교문화의 위상과 그 의미가 재조명되기를 기대한다.

여섯째, 천은사의 역사성을 바탕으로 나름의 신앙 공간으로서의 면모를 보여 주는 전각 배치와 불교민속을 유지·전승하고 있다.

사찰에 대한 일반적인 생각은 부처님과 신중님들, 이들을 모신 각종 전각, 그리고 절집 생활을 영위하는 스님들을 떠올린다. 물론 신도분들과 이따금 절을 찾는 대중들, 다양한 나무와 풀, 새 등 절에 둥지를 틀거나 찾아오는 다양한 생명들 또한 중요하다.

필자는 천은사 내 전각과 불교 의례를 조사·정리하는 과정에서 사찰이 지닌 역사와 구성 요소들뿐만 아니라 불교 의례, 세시풍속, 음식 문화 등 무형의 요소들이 매우 밀접하게 연결되어 있음을 새롭게 알 수 있었다. 이와 같은 유·무형 요소들의 연결과 동참, 이를 통해 추구하는 가치를 찾으려는 과정을 통해 불교가 지닌 진정한 종교성과 의미 등을 조금이나마 깨달을 수 있을 것이다.

천은사는 사찰 내 유·무형의 요소와 사람들이 개별적으로 존재하는 것이 아니라 서로 연결되어 있다. 이를 연결하는 원동력이 불교 의례와 기도·참선 등이다. 이와 함께 각종 불교 의례와 불사에 적극 동참하는 신도들의 변함없는 관심과 기도·종교 실천 또한 불교가 지향하는 목적을 향해 중요한 역할을 한다.

천은사에서 1년간 설행하는 각종 불교 의례에서 상단의식은 천은사 의례집에 정리한 내용을 바탕으로 설행된다. 중단의식과 하단의식은 해당 세시 또는 관련 불교 의례의 성격을 반영하여 설단과 의례가 진행된다.

이에 기반하여 진행되는 천은사 불교 의례는 새해 시작에 따른 불공, 치성의 의미를 지닌 기도, 부처님 탄생을 축하하는 사월 초파일, 조상을 위한 기도, 1년을 마무리하며 감사드리는 기도, 불법에 귀의하기 위한 기도로 구분할 수 있다.

새해 시작에 따른 의례는 동지기도, 입춘기도, 삼재소멸기도, 정초신중기도를 하여 새해 시작에 따른 각종 액살을 소멸하고, 부정을 막아서 부처님의 가피가 충만한 한 해를 보낼 수 있기를 기원한다.

치성의 의미를 지닌 기도는 산신기도와 대학수학능력시험 백일기도이다. 산신이 하강한 3월에 산신각에서 산신기도를 드리는데, 산신의 가피를 입어서 원하는 바를 모두 이루기를 기원한다. 대학수학능력시험 백일기도 또한 대입을 앞둔 수험생을 둔 가정에서 백일기도를 하여 아무 탈 없이 시험에 응시할 수 있고, 이에 더하여 좋은 성적을 받을 수 있기를 기원한다.

부처님 탄생을 축하하는 사월 초파일 행사는 다른 사찰에서와 같이 연등을 달아 부처님의 탄생을 축하하고, 살아있는 사람들과 함께 모든 생명들, 유주무주 고혼들이 소통하고, 화합하는 세상을 만들어 가기 위해 노력하는 것이 부처님 오신 의미라는 것을 되새긴다.

조상을 위한 기도는 사월 초파일에 영가등을 달거나, 7월 백중기도가 이에 해당한다. 1년을 마무리하며 감사드리는 조왕기도를 드린다. 그리고, 불교 본연의 종교의례로 연말에서 연초로 이어지는 백일기도를 드린다.

이와 같이 천은사에서 1년간 진행되는 불교 의례와 이 의례들이 지닌 각각의 의미와 성격을 통해 종교 공간으로서의 천은사가 지닌 다양한 종교적 의미를 쉽게 이해할 수 있다.

현재 천은사에서 설행되는 1년 단위의 불교 세시풍속은 이에 기반하여 진행된다고 볼 수 있다. 이에 따른 천은사 불교 의례가 지닌 성격은 새해 시작, 치성, 찬탄, 조상 위함, 기도로 구분하여 정리할 수 있다. 이를 위한 구체적인 의례를 본문에서 소개하였는데, 다른 사찰과 유사함을 알 수 있다.

그러나, 실제 운영 과정에서 설단과 의례 과정, 장엄, 스님과 신도들의 참여 형태 등에서 천은사 나름의 모습들을 확인할 수 있었다. 이를 통해 다른 사찰과 구분되는 천은사 나름의 불교문화 전통을 이해하는 토대가 될 것이다.

향후 천은사 나름의 설단과 장엄, 의식문, 의례 과정 등을 바탕으로 한 불교 의례를 지속적으로 발굴·복원할 필요가 있다. 이와 함께 천은사에서 1년 동안 진행되는 다양한 불교 민속과 의례, 이에 동참하는 신도들의 마음과 운력을 좀 더 폭넓게 조사·분석한다면 천은사와 이 지역의 불교문화를 좀 더 정치하고 객관적으로 살펴볼 수 있을 것이다. 이에 더하여 인근의 전통 사찰인 삼화사·신흥사·영은사와의 비교 분석 또한 폭넓게 이루어져서 천은사와 함께 영동 남부 지역 불교 민속문화의 위상과 그 의미가 재조명되기를 기대한다.

1. 사료

金鼎卿, 1955, 『三陟鄕土誌』.

金宗彦, 『陟州誌』.

朴漢永, 1921, 「天恩寺紀實碑」.

沈宜承, 1916, 『三陟郡誌』.

李命俊, 江陵都護府使 李命俊 詩.

李秉淵, 三陟府使 李秉淵 詩.

李承休, 『動安居士集』.

_____, 『帝王韻紀』.

蔡濟恭, 『望美錄』.

崔晩熙, 1946, 『陟州誌』.

崔晩熙·洪鍾凡, 1963, 『眞珠誌』.

崔始榮, 1847, 『頭陀山三和寺古今事蹟』.

崔瀣, 1323, 「看藏庵重創記」.

許穆, 1662, 『陟州誌』.

『伽藍考』.

『江原道誌』, 1940.

『高麗史』.

『關東邑誌』, 1870.

『關東誌』.

『東國輿地誌』.

『梵宇攷』.

「三尊像改金後佛幀改彩願文」, 1922.

『三陟郡邑誌』.

三陟金氏族譜『己酉譜』, 1849.

『三陟府邑誌』.

『新增東國輿地勝覽』.

「阿彌陀佛願文」, 1798.

『輿地圖書』.

「重修記」(천은사 목조아미타삼존불에서 발견된 복장유물), 1596.

『肇慶壇濬慶墓永慶墓營建廳儀軌』, 1901.

『朝鮮地誌資料』, 1910~1911.

『朝鮮寰輿勝覽』, 1922.

『陟州先生案』.

서울대학교 규장각(http://kyujanggak.snu.ac.kr/).

2. 단행본

강원문화재연구소, 2003a, 『본적사지 시굴조사보고서』, 강원문화재연구소·태백시.

_____, 2003b, 『삼척 흥전리사지 지표조사 및 삼층석탑재 실측 보고서』, 강원문화재연구소·삼척시.

_____, 2006, 『三陟 天恩寺 李承休 遺墟址 發掘調査 報告書』, 강원문화재연구소·삼척시.

관동대학교 박물관, 1995, 『三陟의 歷史와 文化遺蹟』, 관동대학교 박물관·삼척시.

_____, 1999, 『三陟 天恩寺 李承休 遺墟址 發掘 調査 報告書』, 관동대학교 박물관·삼척시.

권상로, 1994, 『韓國寺刹事典』, 이화문화출판사.

314

김일기·박재문·김진문, 1985,『三陟郡誌』, 삼척군.

김희경, 1982,『塔: 韓國의 美術 2』, 열화당.

김도현, 2019,『준경묘·영경묘 청명제』, 삼척시·준경묘영경묘봉향회.

문화재관리국, 1977,『文化遺蹟總覽』,「江原道篇」.

배재홍 역, 2001,『국역 척주지』, 삼척시립박물관.

_____ 역, 2003,『척주선생안』, 삼척문화원.

불교문화재연구소 편, 2014~2020,『삼척 흥전리사지 시발굴·정밀발굴조사 약식보고
    서』, (재)불교문화재연구소.

_____ 편, 2019~2020,『韓國의 寺址: 시·발굴조사 보고서: 삼척 흥전리사지
    (三陟 興田里寺址)』1-2, 문화재청·삼척시·(재)불교문화재연구소.

(사)동안이승휴사상선양회 편, 2019,『한국고대사 사료로서의《제왕운기》』, 세창출판사.

신종원 편, 2007,『강원도 땅이름의 참모습: 조선지지자료 강원도편』, 경인문화사.

예맥문화재연구원 편, 2007,『문화유적분포지도(태백시)』, 태백시·(재)예맥문화재연구원.

월정사 성보박물관 편, 2002,『월정사 성보박물관 도록』, 월정사 성보박물관.

장정룡, 1994,『三陟郡地名由來誌』, 삼척군.

조계종불교문화유산발굴조사단 편, 2002,『한국의 사찰문화재(강원도)』, 문화재청·조계종
    불교문화유산발굴조사단.

차장섭·배재홍·김도현, 2006,『삼척지방의 金石文과 記文』, 강원대학교 강원전통문화연
    구소·삼척시.

한글학회 편, 1967,『한국지명총람 2: 강원편』.

3. 논문

김도현, 1997,「歷代 地理誌의 三陟郡 敍述에 대한 一考察」,『江原文化史研究』2, 강원
    향토문화연구회.

_____, 2004,「삼척시 하장면 中峯里寺址 小考」,『悉直文化』15, 삼척문화원.

_____, 2006,「삼척시 미로면 천은사의 역사와 목조아미타불 복장」,『박물관지』13, 강

원대학교 중앙박물관.

_____, 2013, 「준경묘·영경묘 수호활동과 제향」, 『박물관지』 20, 강원대학교 중앙박물관.

_____, 2015, 「동안 이승휴 선생의 불교 인식과 간장사」, 『이사부와 동해』 10, 한국이사부학회.

_____, 2017, 「동안 이승휴 선생의 생애와 관련 유적」, 『박물관지』 23, 강원대 중앙박물관.

_____, 2020, 「〈看藏寺記〉·〈看藏庵重創記〉를 통해 본 이승휴와 천은사」, 『2020년 동안 이승휴 학술대회 발표 자료집』, (사)동안이승휴사상선양회·강원대 강원전통문화연구소.

김승희, 2001, 「강원도의 불교회화」, 『월정사 성보박물관 학술총서』 II, 월정사 성보박물관.

김창균, 2003, 「영은사 괘불탱화에 대한 연구」, 『영은사 괘불 탱화 수리보고서』, 강원도·평창군청·오대산 월정사.

김 철, 1997, 「西山大師」, 『한국불교인물사상사』, 민족사.

박옥생, 2002a, 「新興寺 阿彌陀後佛幀」, 『오대법보』 5·6월호, 오대산 월정사.

_____, 2002b, 「新興寺 阿彌陀後佛幀」, 『오대법보』 11·12월호, 오대산 월정사.

박찬문, 2017, 「삼척 흥전리사지 출토 고승비편 소개」, 『木簡과 文字』 18, 한국목간학회.

배일환, 1999, 「본적사지 답사기」, 『태백문화』 20, 태백문화원.

배재홍, 2003, 「조선 태조 이성계의 고조 목조 이안사와 삼척」, 『조선사연구』 12, 조선사연구회.

원영환, 1993, 「목조의 활동과 홍서대고」, 『강원사학』 9, 강원사학회.

이은희, 1994, 「三陟 靈隱寺 佛畵에 대한 考察」, 『文化財』 27, 국립문화재연구소.

정영호, 1997, 「三和寺 鐵佛과 三層石塔의 佛敎美術史的 照明」, 『文化史學』 8, 한국문화사학회.

진홍섭, 1976, 「三和寺의 塔像」, 『고고미술』 129·130, 한국미술사학회.

차장섭, 2005, 「석강 황승규의 생애와 작품세계」, 『한국의 문자도』, 삼척시립박물관.

최연식, 2018, 「흥전리사지 출토 고승비편의 내용과 흥전리사지의 역사적 성격」, 『木簡과 文字』 20, 한국목간학회.

홍성익, 2005, 「보덕사의 문헌사 검토」, 『영월 보덕사 사천왕문지 발굴조사 보고서』, 강원문화재연구소.

홍영호, 1998,「韓國 三重基壇石塔의 出現과 展開에 關한 試考」,『文化史學』10, 한국문
화사학회.

_____, 2003,「불교 유적」,『태백 함백산 서학골 문화유적』, 강원대학교 중앙박물관.

_____, 2004,「삼척 도계읍 홍전리사지의 寺名 추정」,『강원지역의 역사와 문화』, 한국
대학박물관협회 50회 춘계학술발표회.

_____, 2018,「삼척 홍전리사지 삼층석탑의 미술사적 의미」,『한국고대사 탐구』29, 한
국고대사탐구학회.

홍영호·김도현, 1996,「三陟市 道溪邑 興田里寺址에 대한 考察」,『博物館誌』3, 강원대
학교 박물관.

_____, 1998,「三陟市 新基面 大坪里寺址와 石塔 紹介」,『博物館誌』4·5, 강원
대학교 박물관.

_____, 1998,「三陟市 遠德邑 臨院里寺址와 石佛立像 硏究」,『江原文化史硏究』
3, 강원향토문화연구회.

_____, 2003,「三陟市 未老面 天恩寺의 佛像 考察」,『강원지역문화연구』2, 강
원지역문화연구회.

황수영, 1997,「三和寺의 新羅鐵佛坐像의 背刻 銘記」,『文化史學』8, 한국문화사학회.

1. 천은사(간장사·흑악사)가 기록된 고지도 해제

1530~1600년 사이에 제작된 것으로 추정되는 『동국여지승람東國輿地勝覽』(古 4700-45) 중 강원도 지도에서부터 1872년에 제작된 지방도에 이르기까지 총 39종 39장의 지도에 수록된 두타산, 청옥산, 백복령 등에 대하여 산 표시 유형, 권역 표기 유형, 주요 물줄기 표기 여부 등을 중심으로 분석해 본 결과는 다음과 같다.[1] 먼저 산 표시 유형은 개별 산의 형태, 산을 산맥으로 이어서 표현한 형태, 독립된 산을 연결하여 표현한 형태로 구분할 수 있다. 개별 산의 형태는 「동람도東覽圖」 유형을 따른 지도로서 『동국여지승람』(古 4700-45)·「동국지도東國地圖」(일사. 古 912.51-D717)·「여지도輿地圖」(古 4709-58)를 비롯하여 도道 단위로 편찬한 지도에서 주로 발견된다.

이와 같은 산의 형태를 바탕으로 천은사가 표기된 고지도를 소개하면 다음과 같다.

---

1 고지도는 서울대학교 규장각이 홈페이지(http://e-kyujanggak.snu.ac.kr)를 통해서 서비스하는 지도를 중심으로 분석하였는데, 주로 강원도·강원도 삼척부 지도를 중심으로 소개·분석하였다.

가. 「비변사인 방안지도」 (奎 12154) 흑악사(1745~1760)

서울대학교 규장각한국학연구원 웹사이트에서 전재

삼척부 서쪽에 태백산太白山을 여러 개의 연속된 산봉우리로 이어서 회화식으로 그렸으며, 각 봉우리를 여러 겹으로 크게 표기하여 그 산세가 주변 산보다 웅장함을 표현하였다. 그리고 이 지도는 아래쪽을 동쪽으로 설정하였기에 지도 오른쪽은 북쪽이고, 지도 왼쪽은 남쪽이다.

강원도 영동 남부 지역은 '백복령-두타산-청옥산-죽령'을 중심으로 주변 산과 이어지는 산맥을 표현하였다. 삼척에서 영서 지역으로 통하는 백복령을 산봉우리와 함께 글자로 표기하였으며, 삼척에서 백복령을 지나 영서 지역으로 향하는 도로를 붉은색 실선으로 표기하였다. 청옥산과 두타산을 주변 산자락에 비해 웅장하게 표기한 것으로 보아 주변 지역을 아우르는 중심 산으로 인식하였음을 알 수 있다. 그리고 청옥산과 백복 령에서 발원한 물줄기가 전천으로 이어져서 동해로 향하고 있음을 표기 하였다. 이와 함께 청옥산 자락에 중대사가 있었음을 표기하였다.

현재의 쉰움산으로 추정되는 산 중턱에 은선암, 그 아래에 흑악사가 있음을 표기하였다. 현재 은선암은 쉰움산 중턱 큰 바위 절벽 아래를 이 르는데, 현재 내미로리 마을 주민들은 해당 장소를 은선암이라고 한다. 당시 흑악사의 부속 암자가 있었던 것으로 추정된다. 흑악사는 천은사의 옛 사찰 이름이다.

나. 「여지도서」 강원도 삼척도호부 간장암(1757~1765)

서울대학교 규장각한국학연구원 웹사이트에서 전재

이 지도는 수계水系를 중심으로 그려져 있고, 산은 주요 산을 중심으로 독립적인 산봉우리 중심으로 표현하고 있다. 지도의 아래쪽이 동쪽이고 위쪽이 서쪽을 향하게 그린 지도이다. 두타산과 청옥산은 다른 산과는 달리 여러 겹으로 표기한 것으로 보아 이 지역의 중심 산이었음을 알수 있다. 백두대간으로 이어진 '백복령-청옥산-두타산-죽령-건의령'을 차례로 이어서 표기하였다.

청옥산과 두타산 계곡 사이로 삼화사가 있었음을 알 수 있으며, 백두대간 서쪽 하장 지역에 중봉암이 있었음을 표기하였다. 이 중봉암은 몇몇 지리지에 소개된 단교암이다.

그리고, 삼화사와 노동 사이에 간장암看藏庵이라 표기된 사찰이 있다. 현재 천은사의 옛 사찰명인데, 고려 시대에 이승휴가 희사한 사찰이 조선 시대에도 계속 이어졌음을 알 수 있다. 아와 함께 영조 대에 현재의 천은사를 흑악사 또는 간장암(간장사)라고 불렀음을 잘 보여 주는 고지도이다.

다. 『관동지』 삼척부 중 흑악사(1826~1830년)

다음 지도는 주요 산의 형태를 실선으로 그려 이를 드문드문 연결하는 방법을 사용하였다. 백복령·두타산·죽령을 연결하여 표기함으로써 백두대간의 주 능선임을 보여 주고 있으며, 이들 산을 각각 하나의 실선으로 크게 묘사하였다. 그리고 두타산 자락에서 발원한 물줄기가 용추와 무릉계를 형성함을 글자로 표기하였는데, 특히 무릉계는 넓은 여러 반석으로 이루어져 있음을 간략하게 묘사하였다.

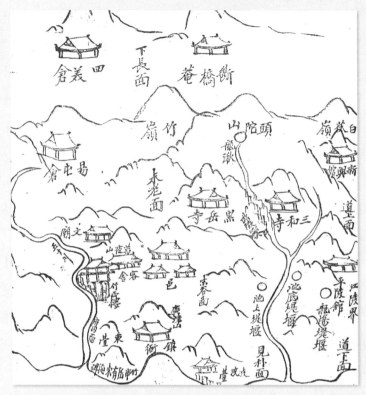

서울대학교 규장각한국학연구원 웹사이트에서 전재

　그리고 무릉계 좌우에 흑악사와 삼화사를 표기함으로써 이들 사찰
이 두타산 권역 내에 있는 사찰임을 잘 보여 주고 있다. 이와 함께 각종
지리지에 삼화사 부속 암자로 소개된 단교암을 하장면에 표기함으로써
현재 하장면 절골 내에서 발견된 절터가 단교암지斷橋庵址임을 증명하는
데 중요한 자료로 제시될 수 있다.

라. 『관동읍지』 삼척부 중 간장사(1871)

서울대학교 규장각한국학연구원 웹사이트에서 전재

　이 지도는 수계와 주요 산을 중심으로 그려져 있고, 산은 주요 산을 중심으로 독립적인 산봉우리 형태로 표현하였다. 지도의 아랫부분을 동쪽으로 설정하였기에, 백두대간의 주요 지점인 '백복령-두타산-댓재'는 지도의 가로 방향으로 나란히 기재되어 있다. 백복령과 두타산을 다른 산에 비해 두텁고 크게 그린 것으로 보아 상대적으로 큰 산으로 여겼음을 알 수 있다.

그리고 권역을 연결하지는 않았지만 두타산 영역에 중대암과 간장사를 표기하였는데, 이는 당시 두타산 권역 내의 주요 사찰이었음을 보여 준다. 간장사는 현재의 천은사이다.

마. 상백본 『척주지』의 흑악사(1870년경)

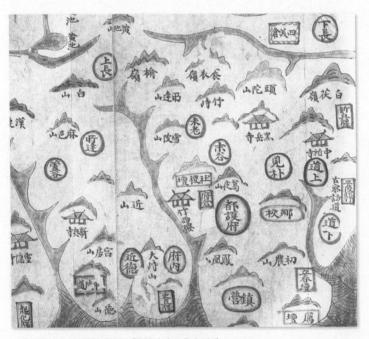

서울대학교 규장각한국학연구원 웹사이트에서 전재

이 지도는 수계와 주요 산을 중심으로 그려져 있고, 산은 주요 산을 중심으로 독립적인 산봉우리 중심으로 표현하고 있다. 지도의 아랫부분을 동쪽으로 설정하였기에, 백두대간의 주요 지점인 '백복령-두타산-댓재'는 지도의 가로 방향으로 나란히 기재되어 있다. 백복령과 두타산을 다른 산에 비해 두텁고 크게 그린 것으로 보아 상대적으로 큰 산으로 여겼음을 알 수 있다.

　그리고 권역을 연결하지는 않았지만 두타산 영역에 중대사와 흑악사를 표기하였는데, 이는 당시 두타산 권역 내의 주요 사찰이었음을 보여 주며, 1870년경에 이 지역에 있었던 사찰명을 실증적으로 보여 준다. 흑악사는 현재의 천은사이다.

바. 「1872년 지방도」 강원도 삼척부지도 중 흑악사(1872)

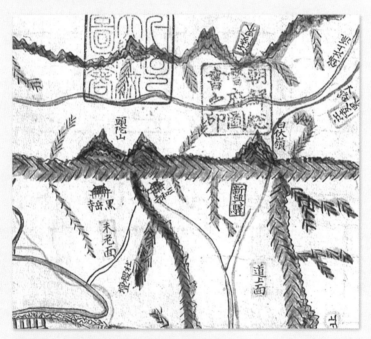

서울대학교 규장각한국학연구원 웹사이트에서 전재

이 지도에서는 백두대간이 뻗어 내려 백복령과 두타산, 유령을 지나 태백산에 이르러 충청도와 경상도 동해안으로 이어지는 산맥을 형성하고 있음을 표기하였다. 주요 산줄기를 회화식으로 간단하게 서로 이어서 묘사한 후 주요 산이나 고개는 해당 지점에 글자를 써서 표기하였다.

백복령과 두타산을 주변의 다른 산에 비해 그 봉우리를 크고 웅장하게 표현한 것으로 보아 주변 지역의 산과 산줄기를 아우르는 중심 산으로 여겼음을 알 수 있으며, 특히 두타산 권역에 2개의 산봉우리를 기재한 것은 이들 봉우리 사이로 영동 지역과 영서를 연결하는 연칠성령이나 이기령을 감안하여 표현한 것으로 보인다.

그리고 권역을 연결하지는 않았지만 두타산 영역에 삼화사와 흑악사를 표기하였는데, 이는 당시 두타산 권역 내의 주요 사찰이었음을 보여 주며, 1872년에 이 지역에 있었던 사찰명寺刹名을 실증적으로 보여 준다. 지도에 표기된 흑악사는 현재의 천은사이다.

사. 「1872년 지방도」 강원도 삼척진영지도 중 흑악사(1872)

다음 지도에서는 아랫부분을 동쪽으로 설정하였기에, 가로 방향으로 백두대간이 뻗어 내려 백복령과 두타산, 댓재, 유령을 지나 태백산에 이르러 충청도와 경상도 동해안으로 이어지는 산맥을 형성하고 있음을 표기하였다. 주요 산줄기를 회화식으로 간단하게 서로 이어서 묘사한 후 주요 산이나 고개는 해당 지점에 글자를 써서 표기하였다. 「1872년 지방도」 강원도 삼척부지도보다 조금 더 사실적으로 묘사하기 위해 노력한 흔적이 보인다.

　백복령과 두타산을 주변의 다른 산에 비해 그 봉우리를 크고 웅장하게 표현한 것으로 보아 주변 지역의 산과 산줄기를 아우르는 중심 산으로 여겼음을 알 수 있다. 특히 두타산 권역에서 동쪽으로 이어진 지맥을 그리고 이를 기준으로 삼화사와 흑악사를 배치한 것으로 보아 이 지맥은 '두타산-쉰움산-내미로리 지역'으로 이어지는 지맥으로 볼 수 있다.

　그리고 권역을 연결하지는 않았지만 두타산 영역에 삼화사와 흑악사를 표기하였는데, 이는 이 두 사찰이 당시 두타산 권역 내의 주요 사찰이었음을 보여 주며, 1872년에 이 지역에 있었던 사찰명寺刹名을 실증적으로 보여 준다. 지도에 표기된 흑악사는 현재의 천은사이다.

2. 지리지地理志를 통해 본 두타산과 천은사

1) 『세종실록지리지』[2]

■ 두타산頭陀山

부府의 서북쪽에 있다. 산허리 돌 사이에 우물 50곳이 있으므로, 이름을 오십정五+井이라 한다. 크게 가물면 모두 마르고 오직 한 우물만 마르지 아니한다. 읍인邑人들이 봄·가을에 제사 지낸다.

2) 『신증동국여지승람』[3]

■ 산천山川

· 두타산頭陀山

부府 서쪽 45리에 있다. 산 중턱에 돌 우물 50곳이 있으므로 그대로 오십정五+井이라 부른다. 그 곁에 신사神祠가 있는데 고을 사람이 봄가을에 제사하며, 날씨가 가물면 비를 빈다.

고려 충렬왕忠烈王 때에 이승휴李承休가 전중시어殿中侍御로서 정사를 말하다가 임금의 뜻을 거스르게 되어 파직당했다. 승휴는 이 산 밑에 터를

---

2 단종 2년(1454)에 편찬된 『세종실록지리지』는 『세종장헌대왕실록』 중에 실린 지리지로서 모두 8권으로 되어 있다. 각 도, 부, 군, 현별로 연혁·고적·물산·지세 등이 기록되어 있는데, 삼척도호부는 제153권에 기록되어 있다. 수록 내용의 순서는 다음과 같은데, 항목별로 간략하게 서술되어 있다. 연혁·산수·사경·호·구·군정·성(토성, 사성)·풍기·전·토의·토공·약재·토산·성지·누정·역·봉화. 金道賢, 1997, 「歷代 地理誌의 三陟郡 敍述에 대한 一考察」.

3 성종 17년(1486)에 완성한 『동국여지승람』(전 35권)을 연산군 5년(1499)에 개수하여 중종 25년(1530)에 李荇 등이 증보하여 간행한 것이 『신증동국여지승람』이다. 44~47권이 강원도에 관한 것인데, 삼척 자료는 제44권 삼척도호부 항에 기록되어 있다. 삼척도호부에 대한 수록 내용의 순서는 다음과 같다. 건치 연혁·관원·군명·성씨·풍속·형승·산천·토산·성곽·관방·봉수·누정·학교·역원·불우·사묘·능묘·고적·명환·인물·제영. 金道賢, 1997, 「歷代 地理誌의 三陟郡 敍述에 대한 一考察」.

잡아 살면서 스스로 동안 거사動安居士라 호하였다. 70살 때에 심왕瀋王의 명을 받고 산에서 나와, 서울에 왔다. 그리하여 이런 시가 있다. "외로운 종적이 몇 해나 강산에 의지했더니, 다시 서울 땅 밟으니 한바탕 꿈속이어라" 하고, 곧 물러가기를 청하였다.

■ 불우佛宇

· 중대사中臺寺

두타산에 있다.

· 삼화사三和寺

두타산에 있다.

○석식영암釋息影菴의 기문에, "산은 고을 서북쪽 30리에 있다. 웅장하게 먼 데까지 걸쳐 있고 큰 바다에 임하여, 산세가 대굴산臺崛山과 함께 이어진다. 산 동쪽 큰 구렁은 깊숙한 것이 긴 언덕 같으며, 뻗은 것은 큰 시냇물 같아, 청명한 모습으로 바다에 들어갔다. 거기에서 한 가닥 산이 높았다 낮았다 하면서 동쪽으로 가다가 50보가 못 되어서 또 남쪽으로 굽어지며 가파르게 솟아, 한 봉우리가 되었다. 봉우리 밑 시내 북쪽에는 40묘畝쯤 되는 지경이 불룩하면서 평평하다. 신라 말에, 세 선인이 있었는데, 각자가 거느린 무리가 매우 많았다. 여기에 모여서 서로 더불어 의논하였는데, 옛날 제후가 회맹하던 예와 같았다. 오랜 뒤에 헤어져 갔으므로, 지방 사람이 그 봉우리를 삼공三公이라 이름하였다. 지난번 도굴산 품일 조사品日祖師가 그곳에 가서 절을 세우고 또한 삼공이라는 현판을 걸었다. 그 후 태조께서 임금이 되자 이 절에 조칙을 내려 절 이름을 문안文案에 기록하고 후사後嗣에게 전하게 하시니, 이상한 일이었다. 대개 신인神人이 그 자리를 알려 주었다. 조사祖師가 그 터에다 절을 지어 상서祥瑞를 기록하였

으며, 신성왕神聖王께서 3국三國을 통일하였으니, 그 영험이 현저하였으므로 이 사실을 이용하여 절 이름을 삼화사라고 고쳤다" 하였다.

· 간장암看藏菴

두타산에 있다.

○안축의 기문에, "지치至治 3년 가을에 이덕유李德孺 군이 나에게 와서, 앞서 동안 선생動安先生이 지원연간至元年間에 충렬왕忠烈王을 섬겨 간관이 되었으나, 정사를 말하여도 받아들이지 않는다는 이유로써 관직을 버렸다. 평소부터 외가 고을인 삼척현의 풍토를 좋아하여, 드디어 두타산 밑에다 터를 잡고 생을 마쳤다. 선생이 당초에는 유학을 공부하였으니, 연구하지 않는 것이 없었다. 천성이 불도를 좋아하였고, 늙어서는 부처 섬김이 더욱 근엄하였다. 이에 별장을 설치하여 거처하면서, 용안당容安堂이라 명명하였다. 이 산에 있는 삼화사三和寺에 가서 불경을 빌려 날마다 열람하였고, 십 년 만에 필독하였다. 그 후에 그 별장을 절에 희사하고 현판을 간장암이라 하였다" 하였다.

3) 『척주지』(허목)[4]

■ 미로리眉老里

흑악사黑岳寺는 옛날의 백련대白蓮臺로 혹 간장암看藏庵이라고도 하는데 두타산 동쪽 기슭에 있고 부 서쪽 40리이다.

---

4 『척주지』는 허목의 저서로서, 건치연혁, 고사에서 부터 약 126개 사항을 항상 서적에 근거하여 각 항목을 조리 있게 서술하고, 예부터 민간에 돌던 사항은 보충하였다. 이 책의 특징은 조선 시대의 삼척 연혁이 편년체 형태로 서술되어 있어서 군사 주둔 관계, 연대·후망 설치, 국가의 수취 관계, 임진왜란 중의 삼척, 향약 관계, 진휼책 등의 구체적인 전개 연도와 사실을 쉽게 파악하여서 당시의

흑악사 위에는 오십정五十井이 있는데 산 바위 위에 돌구멍 50개가 뚫려 있다. 그 가운데 깊은 구멍에는 이끼가 두껍게 끼어 있고 물이 맑아 신정神井이라고도 하는데 날이 가물면 기우제를 지낸다. 또 읍인들이 봄·가을에 큰제사를 지내는 풍속이 있다.

흑악사 동쪽 기슭에는 고려시어사侍御史 이승휴가 살던 산속 별장이 있었다. 이승휴는 충렬왕을 섬겨 간관諫官이 되었지만 왕이 간언諫言을 받아들이지 않자 벼슬을 버리고 두타산 아래에 들어가 일생을 마쳤다. 이승휴는 성품이 불교를 좋아하여 삼화사三和寺의 불경을 10년간 읽고는 별장을 승려에게 시주하였는데 그 승려가 편액을 바꾸어 간장암看藏庵이라 하였다 한다. 이승휴의 산속 별장은 용계별업龍溪別業이라고 불리어졌었다.

흑악사 동북쪽 절벽에는 학사서당學士書堂이 있었다고 한다.

■ 두타산기頭陀山記

6월에 두타산에 갔다. 삼화사는 두타산의 옛 사찰인데 지금은 폐허화되어 그 연대를 알 수가 없고, 우거진 가시덤불 속에 다만 무너진 석탑과 부서진 철불鐵佛만이 남아 있었다. 영은사靈隱寺 고적古跡에 의하면 세 개의 철불이 있는데 하나는 흑련대黑蓮臺(삼화사三和寺이다)에 있고, 또 하나는 청련대靑蓮臺(지상池上에 있다)에 있고, 또 하나는 금련대金蓮臺(영은사靈隱寺라고 한다)에

삼척 상황에 대해 체계적인 접근이 가능하게 하고 있다는 것이다. 그리고 각 이지에는 강역·산천 특징·연혁·고적·누정·풍속·특산물·역원·선행 등을 기록하였고, 덕번리와 장생리를 2개로 분리하여 서술하였다. 대부분의 지리지가 범례나 참고문헌이 있는데, 『척주지』에는 범례와 참고문헌이 없다. 다만 序에 편찬 의도, 『여지승람』·『지지』와 노리들의 개인 소장본을 참고하였음을 간략히 서술하였고, 서 끝부분에 간략히 편찬 체제를 밝히고 있다(金道賢, 1997, 「歷代 地理誌의 三陟郡 敍述에 대한 一考察」). 『척주지』에 실린 내용은 다음 자료를 참고하였다. 許穆, 1662, 『陟州誌』.

있다고 하였다.

산속으로 들어가니 냇가는 모두 우거진 소나무와 큰 돌들이었다. 그 가운데 특히 바위가 소를 이루는 물가에 마주 보고 서서 층대_{層臺}를 이루는 곳이 있었는데 그것을 호암_{虎岩}이라 한다고 하였다. 그 층대 위를 따라 서쪽으로 올라가니 바위 절벽에 올랐는데 사자항_{獅子項}이라고 하는 냇가의 작은 고개였다. 바위 절벽 아래는 물이 맑고 돌은 흰색인데 그 반석_{盤石}을 석장_{石場}이라고 하였다. 암석으로 된 골짜기가 넓게 탁 트였고 물은 암석 위로 흐르는데 맑고 얕아서 건너갈 수가 있었으며, 저녁이 되자 소나무 그림자가 물 위에 길게 드리워졌다. 그 북쪽 언덕의 석대_{石臺}는 반학대_{伴鶴臺}라고 하였다. 반학대를 지나자 산은 다 암석이었는데 높이 솟은 바위들이 마치 깎아 세운 듯하였고, 앞에 있는 미륵봉_{彌勒峯}은 더욱더 기이하였다.

석장_{石場}을 지나 서북쪽으로 올라가니 중대사_{中臺寺}가 있었다. 작년에 중대사는 산불로 다 타 버려 지금 산승_{山僧}이 삼화사를 여기에다 옮겨 지었다. 삼화사는 가장 아래쪽에 있었고, 중대사는 산속 하천의 암석이 즐비한 곳에 있어 가장 아름다운 사찰이었다. 중대사 앞의 계곡은 무릉계_{武陵溪}라 하였다. 그런데 산속 하천의 암석이 아름다운 곳은 모두 옛 부사였던 김효원이 이름을 붙였다고 하였다.

북폭_{北瀑}은 중대사 위쪽에 있는데 암석으로 된 골짜기가 몹시 가팔랐다. 북폭 아래 산은 암석이 평탄하고 점차 내려갈수록 어지럽게 흩어진 돌들이 없어 냇물이 쏟아져 내렸는데 암석 위에는 사람이 올라가 놀 수 있었다.

중대사를 지나자 암벽에 바짝 붙어 기어올라야 하여 두 발을 나란히 하고 지나갈 수가 없었다. 이에 학소대_{鶴巢臺}에서 쉬었다. 이곳에 이르니

산의 기세가 더욱더 우뚝하게 높고 험하여 해가 높이 올랐는데도 아직 아침 안개가 걷히지 않고 있었다. 이끼 낀 바위에 앉아 폭포를 구경하였는데 그것을 천주암濺珠岩이라고 하였다. 앞 산봉우리에는 옛날에 학의 둥지가 있었으나 지금 학이 날아오지 않은 지가 60년이 되었다고 하였다.

여러 층의 높은 사닥다리를 타고 올라가 지조암指祖庵에서 노닐었는데, 이 산의 암벽이 끝나는 곳 옆에는 석굴石窟이 있었으며 그 안에는 마의노인麻衣老人의 토상土床이 있었다. 남쪽으로는 옛 성이 바라보였는데 그 북쪽 산봉우리는 가장 높지만 길이 없어 오를 수가 없었고, 그 동쪽 기슭의 석봉石峯은 깊은 웅덩이까지 뻗어 내려와 멈추었고, 그 동북쪽의 두 번째로 높은 산봉우리는 동쪽으로 향하다가 남쪽으로 뻗어 내리면서 바위기슭을 이루었는데 흑악사黑岳寺의 북쪽 절벽과 서로 마주 보고 있으며 그 가운데로 냇물이 흘러나오고 있었다.

또 그 서쪽 세 개의 석봉은 웅덩이 위의 석봉과 나란히 우뚝 솟아 있었으며, 그 가운데 가장 서쪽에 있는 석봉 최정상에는 바위가 움푹 파인 곳이 있었는데 해묵은 이끼가 끼어 있었고 물은 맑았으며 한 자 정도의 노송老松이 서 있었다. 이 세 석봉 모두를 종종걸음으로 올랐지만 특히 아래를 내려다볼 수가 없었고 또한 발을 나란히 해 서 있을 수도 없었다. 그중 가운데 봉우리는 높은 바위가 세 겹으로 되어 있었는데 한 발만 올려도 흔들리기 때문에 동석動石이라고 한다고 하였다. 그 아래는 용추龍湫인데 바위가 넘어진 항아리 같았고 그 크기는 골짜기를 뒤덮을 정도였으며 그 속에 고인 물은 매우 검푸러 고개를 숙이고 들여다볼 수가 없었다.

옛날에 관음사觀音寺가 중대사 서쪽 10리에 있었으나 지금은 그곳이 어디인지 알 수가 없었고, 여기서 더 깊숙이 들어가니 옛 상원사上院寺의 폐허지가 있었다. 산을 내려온 후에 추가로 적어 넣었기 때문에 석장石場

은 저녁 경치에 대한 묘사가 되었고 학동鶴洞은 아침 경치에 대한 묘사가 되었으니 거꾸로 기록한 셈이다. 신축년 중하仲夏 3일에 미수眉叟가 쓰다.

4)『관동지關東誌』[5]

■ 산천山川

· 두타산頭陀山

부府의 서쪽 45리에 있다. 산 중턱에 석정石井 50곳이 있다. 고려 충렬왕 때에 이승휴가 전중시랑으로 정사를 말하다가 임금의 뜻을 거스르게 되어 파직당하고, 이 산 밑에 터를 잡아 살면서 스스로 동안 거사動安居士라 하였다. 70살 때에 심왕瀋王의 명을 받고 산에서 나와 서울에 왔다. 시詩가 있는데, 말하기를 "외로운 종적이 몇 해나 강산에 의지하다가, 다시 서울 땅 밟으니 한바탕 꿈속이어라" 하고, 곧 물러가기를 청하였다.

---

5 『관동지』의 편찬 경위 및 시기를 정확히 밝혀 주는 기록은 없지만 「방백제명록」의 마지막 인물 이기연의 재직 기간을 유추하여 볼 때 1830년 전후에 편찬된 것으로 판단되고 있다. 『관동지』에 기록된 삼척 관계 사항을 『여지도서』와 비교했을 때 나타나는 차이점은 크게 3가지인데 다음과 같다. 첫째, 『여지도서』와 비교하여 수록 항목의 순서가 바뀌어 있다. 둘째, "방리" 항목의 12개 면의 순서가 다르다. 『여지도서』에서의 12개 면 수록 순서는 府內面·蘆谷面·近德面·遠德面·邁谷面·未老里面·所達面·上長省面·下長省面·見朴谷面·道上面·道下面으로 되어 있는 데 비해 『관동지』에서는 府內面·近德面·遠德面·蘆谷面·邁谷面·未老里面·所達里面·上長省 面·見朴谷面·道下面·道上面·下長省面 으로 되어 있다. 또 『여지도서』와는 달리 『관동지』에는 면별로 거리, 민호, 남·여 인구수를 간략히 표기하고 있다. 셋째, 『여지도서』에 비해 『관동지』에는 "군병" 항목이 매우 자세하게 기록되어 있다는 점이다. 특히 무관의 수와 그에 소속된 병졸의 숫자도 자세히 기록되어 있다. 수록 항목은 총 34가지로 구성되어 있는데, 그 순서는 다음과 같다. 지도·삼척부·선생안·방리·도로·건치연혁·군명·형승·성지·관직·산천·성씨·풍속·능침·단묘·공해·물산·봉름·진공·수전·한전·인물·진보·고적·사찰·누정·봉수·관액·목장·책판·역원·군병·제언·창고·교량. 金道賢, 1997, 「歷代 地理誌의 三陟郡 敍述에 대한 一考察」.

■ 사찰寺刹

· 삼화사三和寺

두타산에 있다. …

· 흑악사黑嶽寺

두타산에 있는데, 옛 간장사看藏寺이다.

· 단교암斷橋菴

두타산에 있다.

5) 『삼척부읍지』

■ 명산名山

· 두타산頭陀山

부에서 45리 거리에 있으며, 미로면으로 내려오는 산 능선에 50개
의 석정石井이 있는데, 물이 매우 맑고 깊어 신정神井이라 이르며, 풍속에
읍민들이 봄과 가을에 제사를 지내고, 가물면 기우祈雨한다.

■ 사찰寺刹

삼화사, 지조암, 대승암, 흑악사, 화엄암

단교암

부에서 서쪽으로 90리에 있으며, 하장면 중봉산에 있다. 삼화사 소
속 암자이다.

6) 『삼척군지』(심의승)[6]

■ 삼척군三陟郡 산악하천山岳河川

본 군의 주요 산맥은 서북방으로부터 동남쪽으로 연이어 뻗어 있으니 그 가운데 저명한 산악은 다음과 같다.

백복산白伏山(옛 이름은 희복希福이다)은 강릉 오대산으로부터 뻗어 내린 것으로 해발 2,706척尺이고, 북삼면 서북방에 우뚝 솟아 있다. 청옥산靑玉山은 백복산 줄기에서 파생된 것으로 해발 5,158척인데, 하장면 동쪽에 우뚝 솟아 있고, 그 동쪽은 두타산頭陀山인데, 해발 4,468척이고 북삼면 서쪽에 위치하고 있다.

---

6 『삼척군지』는 1916년에 삼척군수였던 심의승이 박경호, 심상돈, 이근중 등의 도움을 받아 편집한 것이다. 自序에서 著者는 발간 경위를 다음과 같이 서술하고 있다. "허목의 『척주지』가 만들어진 지 이미 250여 년이 지나서 그간의 사실이 많이 누락되어 심히 개탄함을 금할 수 없어서 1916년 여름에 답사, 편집하여 기재 사항에 대한 심사숙고 끝에 이 지를 발간한다." 『삼척군지』의 편찬 체제에 나타난 특징은 다음과 같다. 첫째, 이 책의 내용은 허목의 『척주지』를 기본으로 하고, 『척주지』 편찬 이후 1916년까지의 사실들을 새로 첨가하였다. 따라서 고종 이후 1916년까지의 일본 침략기에 일본이 삼척 지방에 어떤 행정 조치를 취하였는지를 자세히 알 수 있다. 둘째, 문체는 구어체 형태로서 한자를 기본적으로 사용하고 조사 등은 한글로 기재하고 일본어로 번역하여 부기하였다. 셋째, 대부분의 지리지에 있는 범례와 참고문헌 항목이 없고, 다만 내용 중에 "舊誌曰"이라는 표현으로 보아 허목의 『척주지』를 기본적으로 참고했음을 알 수 있다. 넷째, 『척주지』, 『진주지』에 비해 내용이 비교적 간략하고, 시·기 등의 사조는 책 뒷부분에 일괄적으로 기재하였다. 다섯째, 서두의 목차와 실제 내용상의 목차가 다른 부분이 있다. 예컨대 목차에 "명승구적"이라고 기재되어 있는데, 실제 내용에는 "구적명승"이라고 기재되어 있다. 또한 목차에는 "선생안"이라고 기재되어 있는데, 실제 내용에는 "삼척군 선생안"이라고 기재되어 있다. 이러한 차이는 편집 과정상의 오류라고 생각된다. 여섯째, 리별로 기원·이세·구적·선행에 대한 해당 사항이 있을 경우 기재하였다. 일곱째, 각 읍면의 명칭 변화 과정을 서술하려고 시도하고 있다. 여덟째, 각 면에도 면의 기원·구적·선행을 차례로 기술하고, 각 면의 끝부분에 "보유" 항목을 추가 기재하였다. 아홉째, 삼척군 선생안에 실직군 시절부터 일제하의 심의승 군수 때까지의 연도별 삼척군 행정 책임자의 관명·전직명·이름·임면 연월·전임 직명·사적을 도표화하여 기록하였다. 金道賢, 1997, 「歷代 地理誌의 三陟郡 敍述에 대한 一考察」.

■ 삼척군三陟郡 명승구적名勝舊蹟

· 삼화사: 중대사, 강헌왕이 절 이름을 녹안에 올려 주었고, 부속 암자는 지조암이다.

· 천은사: 부속 암자는 조운암, 화엄암이다.

338